WILEY FINANCE

2013年度国家出版基金资助项目

国家出版基金项目
NATIONAL PUBLICATION FOUNDATION

"十二五"国家重点图书出版规划项目
当代财经管理名著译库

RISK MANAGEMENT

威立金融经典译丛·风险管理系列

U0656954

Chipping away at Public Debt

Sources of Failure and Keys to Success in Fiscal Adjustment

Paolo Mauro

（美）保罗·莫罗 主编　　　　马蔡琛 等译　　马蔡琛 审校

削减公共债务

财政调控的成功之道与失败之源

东北财经大学出版社
Dongbei University of Finance & Economics Press

WILEY

大连

Paolo Mauro：Chipping away at Public Debt：Sources of Failure and Keys to Success in Fiscal Adjustment

Copyright © 2011 by The International Monetary Fund. All rights reserved.

Published by John Wiley & Sons, Inc. , Hoboken, New Jersey.

This translation published under license.

This translation is published with the consent of the International Monetary Fund, the International Monetary Fund does not accept any responsibility for the accuracy of the translation. In case of any discrepancies, the original language shall govern.

No part of this publication may be reproduced, stored in a retrieval system or transmitted in any form or by any means, electronic, mechanical, photocopying, recording, scanning, or otherwise, except as permitted under Section 107 or 108 of the 1976 United States Copyright Act, without either the prior written permission of the Publisher, or authorization through payment of the appropriate per-copy fee to the Copyright Clearance Center, Inc. , 222 Rosewood Drive, Danvers, MA01923, 978-750-8400, fax 978-646-8600, or on the web at www. copyright. com. Requests to the Publisher for permission should be addressd to the Permissions Department, John Wiley & Sons, Inc. , 111 River Street, Hoboken, NJ 07030, 201-748-6011, fax 201-748-6008, or online at www. wiley. com/go/permissions.

辽宁省版权局著作权合同登记号：图字 06-2012-25 号

本书简体中文翻译版由约翰·威立父子有限公司授权东北财经大学出版社独家出版发行。未经授权的本书出口将被视为违反版权法的行为。未经出版者预先书面许可，不得以任何方式复制或发行本书的任何部分。

版权所有，侵权必究。

图书在版编目（CIP）数据

削减公共债务：财政调控的成功之道与失败之源／（美）莫罗（Mauro，P.）主编；马蔡琛等译．—大连：东北财经大学出版社，2013.9

ISBN 978-7-5654-1199-1

Ⅰ．削…　Ⅱ．①莫…　②马…　Ⅲ．国债-研究-世界　Ⅳ．F811.5

中国版本图书馆 CIP 数据核字（2013）第 117534 号

东北财经大学出版社出版

　　大连市黑石礁尖山街 217 号　邮政编码　116025

　　教学支持：（0411）84710309

　　营 销 部：（0411）84710711

　　总 编 室：（0411）84710523

　　网　　址：http：//www. dufep. cn

　　读者信箱：dufep @ dufe. edu. cn

大连图腾彩色印刷有限公司印刷

幅面尺寸：170mm×240mm　字数：292 千字　印张：14 1/4　插页：1

2013 年 9 月第 1 版　2013 年 9 月第 1 次印刷

　　责任编辑：刘东威　高　鹏　　　责任校对：惠恩乐　赵　楠

　　封面设计：冀贵收　　　　　　　版式设计：钟福建

　　定价：38. 00 元

前　言

"计划本身其实微不足道，规划过程却是博大精深"，这是美国前总统德怀特·D. 艾森豪威尔在 1957 年所说的一句名言。其含义在于，军事背景的不断变化，会使得一项计划很快变得过时且无用；然而，针对所有可能发生的意外情况加以事先考量，并采取恰当的应对方式，却是至关重要的。这位已逝将军的名言流传至今，如果适当加以调整，同样适用于经济学和公共财政领域。

自全球性金融和经济危机在 21 世纪前十年后期爆发以来，我和国际货币基金组织（IMF）的同事们就一直在呼吁，要求发布可靠的中期财政调控计划。在危机的早期阶段，在新的大萧条（Great Depression）真的可能到来的情况下，我们强调采取财政刺激政策（当然是在那些具有足够财力承受空间的国家），然而，同时我们也建议颁布相应的财政调控计划，以使公共财政系统逐渐恢复到更加可持续之状态。随着世界经济开始复苏，我们再次呼吁各国开始实施财政调控计划。

对于我们而言，不仅规划过程是至关重要的，如果计划能够设计得有条不紊，计划本身也同样重要。试图调控公共财政体系的计划，是一项漫长且艰辛的使命，这一过程将向广大公众阐释政府如何能够确保公共财政的稳定，进而稳定市场预期。在缺乏计划及其有效执行的条件下，市场参与者们将变得更加关注财政的可持续性，并且迟早会要求政府债券具有高风险溢价，从而导致政府筹资成本攀升，抑或导致利息率上扬。

然而，艾森豪威尔名言中蕴含的核心要义就是，情况时常有变，这一点应用于经济状况恰恰是非常适合的。就财政赤字成本对应的意外事件，列出一个可能的类型清单，将是十分庞大的：特别是其中包括对宏观经济变量产生冲击的事件，如经济增长或利率；有时候银行危机或自然灾害也会导致公共财政体系的重大损失。

鉴于这些可能的突发事件，财政调控计划一定要精心策划，使之既具有足够的韧性，以适应各种冲击的影响；又要具有足够的弹性，即使基本经济环境较之预期发生了根本性的逆转，也足以确保中期财政整顿的目标得以实现。

本书讲述了许多过去发生的"财政战争"故事以及影响事件进程的事态变化。其中的某些故事是在毫无计划情形下的遭遇战；另一些则是进行了周密详细的计划但不得不放弃；有些计划则是具有弹性和可实施性的，最终实现了公共财政运行的有效控制。这些故事是非常重要且信息丰富的，其本身也趣味横生，因而很值得加以记录和阅读。本书记载了这些计划及其相关者的动机、目标乃至最终的成败得失。所谓相关者，系指制订计划并将其付诸实施的、具有相应能力的公民和政治家。这些经验在今天以及未来的很长时间内，都将会有效，其原因不仅在于最近爆发的危机之于财政的影响，需要历经多年才能化解，还在于危机的深化与新的财政挑战，毫无疑问地还将在未来出现。

国际货币基金组织（尤其是其财政事务部）的主要任务之一，就是协助各国制订并执行财政政策，以实现强劲、可持续的均衡增长。我们通过政策建议和技术援助来实现这一使命，正如本书所记载的那样，这些建议是建立在我们数十年集体合作的经验和研究基础之上的。我们的同行和对话者都是重要的国家政要。然而，本书的关键发现之一却是，财政调控的最终成功，必须得到广大公众的支持。因此，本书不仅是针对技术专家的，也是针对纳税人、投资者以及选民的，只要他们希望更好地了解既往的经验是如何引导当前及未来岁月中的政府财政政策的。我希望读者会觉得这些工作是妙趣横生且颇有助益的。

卡罗·科塔莱利（Carlo Cottarelli）
国际货币基金组织财政事务部主任

致　谢

　　本书是一个庞大团队集体努力的成果。尽管在各章中标明了主要作者的姓名，但本书是经由作者团队的多次讨论才得以创作完成的，在讨论中，我们确立并贯彻执行了共同的研究方法，交换了思想，核对了注释，分享了反馈意见。除了各章列出的作者名单外，还有一些同仁的贡献需要专门说明并致以诚挚的感谢。他们是：国际货币基金组织（IMF）财政事务部主任卡罗·科塔莱利，他自始至终对本项目给予大力支持。李嘉图·韦洛索（Ricardo Velloso）和毛里西奥·维拉菲尔特（Mauricio Villafuerte），他们两位在项目整体设计以及部分国别研究小组的细节性意见中发挥了核心作用。我们的助理团队由帕特里夏·奎洛斯（Patricia Quiros）、卡蒂亚·陈（Katia Chen）和爱丽卡·戴泽罗里维克（Alica Dzelilovic）组成，他们提供了完美的编辑和后勤支持，并且在文件搜索方面提供了重要的帮助。本研究项目由保罗·毛姆倡导发起。许多国际货币基金组织的同事、其他组织机构和学术团体提出了富有见地的建设性意见：特别需要加以单独说明的是，浅川雅嗣（Masatsugu Asakawa）、艾伦·奥尔巴赫（Alan Auerbach）、罗埃尔·俾斯麦（Roel Beetsma）、伯努瓦·科利（Benoît Coeuré）、卡罗·科塔莱利、大卫·海尔德（David Heald）、保罗-亨利·拉普安特（Paul-Henry Lapointe）以及其他在各章中加以致谢的同仁。国际货币基金组织对外关系部的肖恩·卡尔汗（Sean Culhance）和帕特里夏·罗（Patricia Loo）高效地联系了我们的出版商。娜塔莎·安德鲁-诺埃尔（Natasha Andrews-Noel）、蒂莫西·布加德（Timothy Burgard）以及约翰·威立父子出版公司数据库的斯泰西·里维拉（Stacey Rivera），在整个编辑和出版过程中均给予了高效的帮助。

　　本书的观点均系作者和编辑的个人见解，并不代表国际货币基金组织及其董事会、管理层或者任何与国际货币基金组织相关的机构的意见。

目　录

导言

　　在发达经济体中，广大公众对于政府债务及其后果的关注，已经达到空前高涨的程度。事实上，自21世纪前十年后期的全球金融和经济危机爆发以来，发达经济体的公共财政正处于第二次世界大战（以下简称"二战"）以后最为广泛且日益显著恶化的境况。① 目前，在七国集团（G7）中，政府债务占国内生产总值（GDP）的比重已高于20世纪50年代初期的水平，而那时还是二战余波未平之时（参见图I-1）。来自与老龄化相关领域（如养老金）的支出压力，尤其是卫生保健方面，在未来几年中还将带来进一步的挑战。

　　2008—2009年"大衰退"（Great Recession）之前，[②] 在发达经济体中，公共债务与赤字的进展，很少成为重头戏。只是在偶然情况下，才会出现预算谈判导致执政联盟分裂甚至政府倒台的现象。紧缩性举措有时会引发公众示威或罢工，甚至严重的暴力事件。然而，由于财政变量（诸如总收支）在年度间通常只是缓慢变化，公众对于公共债务的感觉，总体上有些类似于胆固醇：水平偏高会增加患严重疾病的概率，但没有人能确定问题一定会发生，最起码在近期不会。众所周知，债台高筑终将在某一时点导致经济崩溃：最终财政调控将被启动，以避免采行诸如违约（default）或通胀（inflation）等破坏性方式来削减债务。然而，延迟进行调控的诱惑是巨大的，这意味着（正如本书后面所讲到的）财政调控计划在设计与执行过程中往往力度不够。正如发展中国家和新兴国家所呈现的，财政危机最终促成了财政调控计划，这些调控计划主要涉及以下方面：利息率高度攀升、再融资困难（refinancing difficulty）、国际金融机构的援助以及主权债务违约。[③]

　　随着财政危机近期已然开始影响到一些发达经济体（尽管迄今为止还仅是相对较小的经济体），目前更多人士日益认识到，今后财政调控是极其重要的，并且毫无疑问在未来很长时间内，这将是关键性的政策措施。与之相应，许多政府已然开始准备并细化未来期间的中期财政调控计划。在沉寂多年之后，财政政策的学术研究正处于重新振兴之中。

---

　　① 国际货币基金组织的《财政监测》（*Fiscal Monitor*）（每年出版两期）反映了财政变量的发展变化，并评估了财政调控所需的大量国家样本。贯穿该书的术语"财政调控"一词的含义是，政府支出减少和收入增加的结合，改善了财政平衡，阻止或逆转了GDP中公共债务的增长。
　　② 国际货币基金组织称此次经济危机为"Great Recession"。此前，历史上影响最深远的经济危机为1929年至1933年间的全球性经济"Great Depression"（大萧条）——译者注。
　　③ 自20世纪40年代以来，发达经济体从未尝试过强力地削减债务/GDP的比率。恶性通货膨胀只有在大规模战争之后才发生。在战争过程中曾发生部分的政府违约，比如20世纪20年代末的意大利（Alesina，1988）和1933年的美国，当时债务合约中规定的防止政府债务/GDP比率高于25%的"金条款"（gold clauses）被废除了（Kroszner，2003）。在过去的几个世纪中，大多数发达经济体的历史均充斥着频繁的债务危机（Reinhart and Rogoff，2010）。

（占 GDP 百分比）

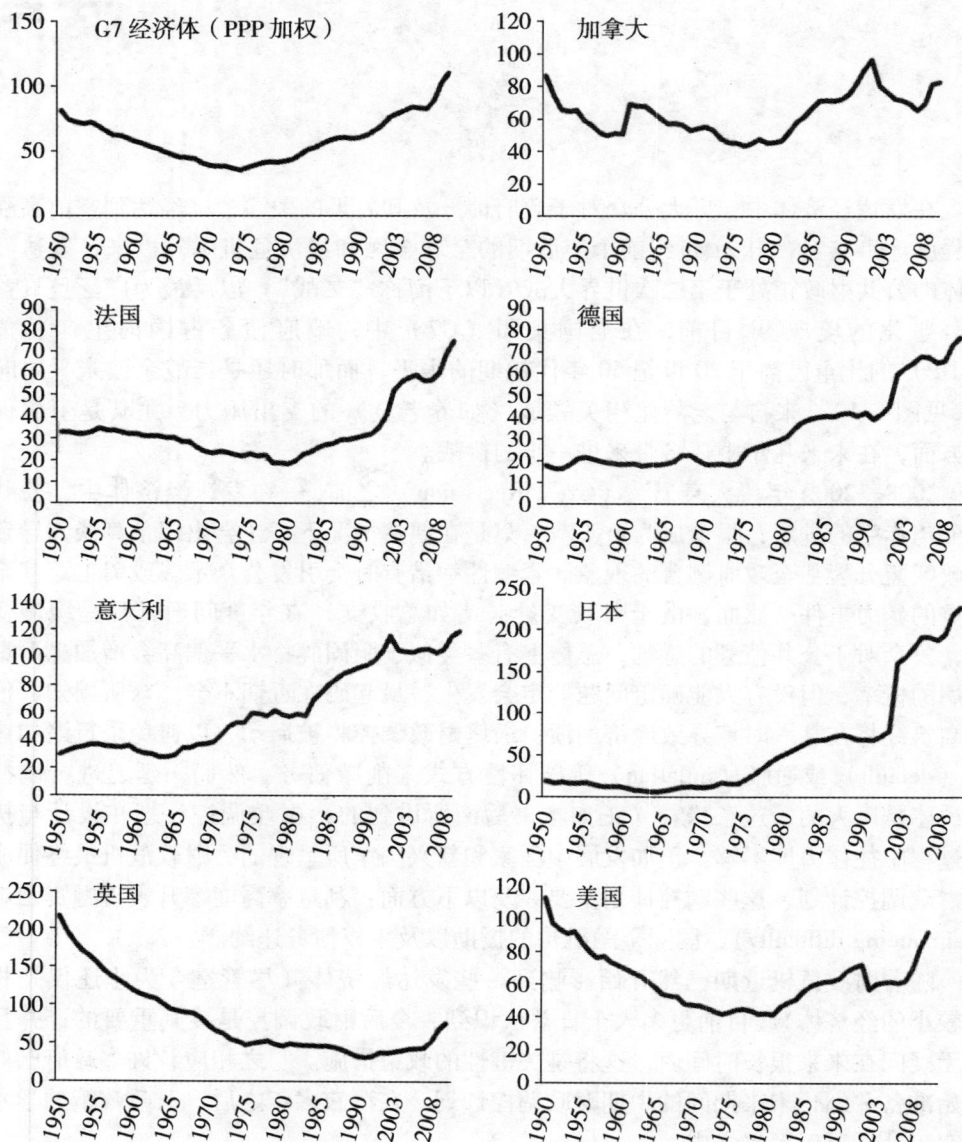

图 I-1　1950—2010 年七国集团（G7）政府的总负债率

资料来源：数据主要来源于国际货币基金组织财政事务部的政府负债数据库，另有以下来源作为补充：加拿大（1950—1960）：联邦政府总债务（哈维分析库）；法国（1950—1977）：国家债务（古德哈特，2002）；德国（1950—1975）：信用市场债务与贷款（德国联邦统计局）；意大利（1950—1978）：国家政府债务（意大利银行）；日本：中央政府债务（日本财政部）；英国（1950—1979）：国家债务（古德哈特，1999）；美国：联邦总债务（管理与预算办公室、美国人口调查局）。七国集团平均值是国内生产总值按购买力平价计算的。

本书的目的就在于，通过对既往财政调控计划及其后果的系统分析，让公众舆论了解如何在未来确保财政调控的成功。[①] 我们坚信，尽管今天的环境或许与以往有所不同，然而历史总是会提供有益的指引。我们期待，当下诸计划之设计与施行，能够避免以往计划所遭遇的陷阱，并能从过去的经验中得到启迪。在某种意义上，目前所面临的挑战，极大地激励着我们的工作。毕竟我们感到，汲取的经验在未来许多年中都会派上用场。通过财政调控使发达经济体的公共财政重新步入可持续的轨道，将会历时数年，乃至数十年：我们正是走在这样的漫漫征途上。此外，纵观整个历史进程，财政调控曾经在很多情况下采用，可以肯定地预期，在今后这种状况还将会反复出现。

的确，政策制定者和公众一直以来都十分关注居高不下且不断增长的政府债务，且不断定期地尝试财政调控。本书在分析中就使用了这些既往的经验作为佐证。财政调控问题在公众舆论中的影响，根据时间及国别有所不同，这取决于经济发展状况、金融市场情况，甚至还可能取决于基于共识积淀的社会文化准则及观念。无论如何，可以说在过去四十年的大部分时间里，多数发达经济体都尝试着去努力解决政府债务及赤字问题。因为财政收入与主要（包括社会福利、养老金及卫生保健）的政府支出之间，总是存在着缺口。

特别是在 20 世纪 80 年代和 90 年代早期，许多发达国家都出现了债务迅速增长的现象，这导致了若干大型财政调控计划的设计和实施（这些计划在不同程度上取得了成功）。在 20 世纪 90 年代中期到末期，财政调控——作为加入欧洲货币联盟（European Monetary Union）先决条件的一部分，是许多欧洲国家日常频繁讨论的话题。对于另一些发达经济体而言，在 20 世纪 90 年代末以及 21 世纪头十年的早期至中期，由于经济提升和资产价格的暴涨，这种关注被暂时性地淡化了。当时收入上升，政府赤字减少，因经济增长致使债务相对国内生产总值的比重降低了。然而事后看来，显而易见的是，公共债务始终是一项重要的政策挑战。公众对于这一问题的关注通过多种方式表现出来：既包括数不清的辩论，辩论焦点为适宜的财政状况与财政调控的政策举措；也包括各种引人注目的行为方式（诸如曼哈顿的"美国国债钟"广告牌，还有在美国和其他国家出现的各种类似的时钟以及在线债务追踪方法）。

从分析问题的角度来看，本书试图改变我们观察大规模财政调控的视角，将实证分析的重点，转移到大规模财政调控计划本身，进而就计划与结果进行配比性分析。早先的研究关注于事后的成功，以财政调控在政府债务改善及财政平衡方面是否取得了显著的成效，作为判断其成功与否的标准。[②] 那些传统的研究方法提出了一些重要问题（例如，在更加依赖于支出削减，而不是增加税收的情况下，财政

---

① 更为明确地讲，我们关注的对象，是如何确保财政调控计划实现其预期的财政目标。我们并不分析财政调控对经济绩效的影响（这个问题的近期研究和早期研究的回顾，参见国际货币基金组织，2010）。
② 早期的研究包括，关于发达经济体的：Alesina and Perotti，1995；Alesina and Ardagna，1998、2009；von Hagen 等，2001；囊括较多国家样本的：Giavazzi 等，2000；Gupta 等，2005；Tsibouris 等，2006；Baldacci 等，2006。

调控是否会长久持续且更加成功），并且获得了有用的信息。然而，令人困惑的一些重要细节却仍旧不为所知。在我们看来，有益的经验不仅可以从成功中获得，也可以来自于失败。此外，重要的是，不仅需要知道结果，还需要明了结果是否如预期般出现。因此，对于一些通过传统的以结果为基础的研究方法所得到的结果，在本书中将展开进一步的剖析与诠释。

我们的研究方案采用了另一种互补性的方法。它始于事前的财政调控计划，而非实际的事后结果数据。对于大规模财政调控计划的判断，将主要基于计划中的大量削减债务和赤字。展开实证分析进而追踪事后结果与事先计划的对比。我们关注宏观经济变量（经济增长率、利率等）相对于计划确定时的预期水平，其间的偏离程度。我们也关注支出是否超过预期，或者收入是否低于预期，进而分析其成因，以及预计债务削减的实际进展，到底是快于还是慢于相应的计划预期。

事先方法（ex-ante approach）在分析大规模财政调控中的优势，是本书的重点。据此我们单纯依据事先标准，选择了案例研究的国家样本。我们期待，本书中描绘的经验，对于最为迫切需要财政调控的发达经济体中的读者们，尤其能产生共鸣。我们也希望，作为案例研究分析样本的国家，能够具有两个或更多的大规模中期财政调控计划，这些计划有必要的细节，具有普遍性，至少具有三年的应用前景。最后，可能也是最重要的，我们试图还原财政调控背后的原动力，再现决策者们面临的约束因素，以及在当时可知信息条件下，他们所必须做出的现实抉择。换言之，是为当今的选择提供信息，我们希望读者们（以及目前的决策者）能够将自己置身于前辈们当时所处的情况，以便能够学到前辈们的经验。为了展开深度考察，我们的国家样本就必须聚焦于数目相对较少的案例研究。于是我们选择了七国集团（加拿大、法国、德国、意大利、日本、英国和美国），这是一个历史悠久且又声名显赫的最大发达经济群体。

针对每个国家，我们需要鉴别出最大（或者最重要）的财政调控计划，用来进行案例研究（再次强调是仅以"事先"作为基础）。我们运用的主要遴选标准如下：

■财政调控的规模大小，其测度依据是财政平衡的改进程度（或者是周期性的财政调控平衡，或者是周期性的总体调控平衡，财政措施被最为紧密地置于政府掌控之下）。

■计划的公开性和媒体上的曝光程度。

■计划的正式性和细节介绍。

■计划定位为中期调控。

依据这些主要的遴选标准，针对各国的具体情况以及可获取的信息量，从事个案研究的团队采用了更为具体的事先标准来遴选调控计划，每个案例研究都详细阐释了其选用的方法，简言之：

■加拿大。尽管财政调控是经常提出的政策目标，但只有两个中期财政调控计划公之于众。

■法国。该案例简要地分析了 20 世纪 70 年代和 80 年代的两次紧缩性计划，进而深入研究了这两个最富雄心计划的细节。这两个计划都是在欧洲国家为加入欧元区而实行措施的背景下制订的：计划意在满足《马斯特里赫特条约》加入欧元区的门槛要求，以及在欧盟超额赤字程序（European Union's Excessive Deficit Procedure）的指导下，校正财政赤字。

■德国。中期财政调控计划每年都会准备很长时间（基于滚动机制）。该案例的研究者测度了每项计划预期实现的目标（通过对预期上一周期性总体调控平衡中的指标改进来加以测度，其中的周期性调控指标，则仅以当时可获得的实时数据加以分析），进而依据这种测度事先数据的方法，分析了四项最为雄心勃勃的财政调控计划。

■意大利。在意大利，政府债务长期居于高位，每年都出台中期财政调控计划，但政府总是短命的。这一案例研究分析了两个问题：（i）最为重要且最具雄心的财政调控计划（为满足《马斯特里赫特条约》加入欧元区的门槛要求）；（ii）唯一的一项由同届政府制订并完整地付诸实施的计划。

■日本。正式的中期财政调控计划是 20 世纪 90 年代后期才出台的，只有两项计划是拥有足够细节且公开发布并具有分析价值的。

■美国。对于中期财政调控计划历来不太重视，且不够规范。然而，与之特别相关的计划主要有三个，这是为了遏制财政赤字由政府和国会共同倡导提出的：20 世纪 80 年代中期的《格拉姆-林德曼-霍林斯（Gramm-Rudman-Hollings）法案》，以及 20 世纪 90 年代早期的两项《综合预算调整法案》（Omnibus Budget Reconciliation Acts，OBRA）。

■英国。四项入选中期财政调控计划，都是由新任财政大臣在新一届立法机构和政府的任期开始时出台的。每项计划都体现了强烈的事先预期目标和促进财政平衡的愿望。

在案例研究中得以详尽分析的大规模财政调控计划，其主要特征，可以归纳为表 I-1。尽管计划完全是基于事先预期的考量而遴选的，但根据事后绩效以及针对初始计划目标的达成情况，表 I-1 中还是简要描述了涉及广泛的各种成果。这是为了激发读者对案例分析的兴趣。在这些案例研究中，将对比事前目标与事后结果，并试图辨析导致这些差异的相关因素。

为了充实案例分析，我们扩大了样本国家的范围，并就大规模财政调控计划进行了系统的跨国统计分析。同样，我们基于事先性来审慎地选择样本，并分析了欧盟（EU）诸国。为了成为欧盟成员国，作为相应责任，这些国家不得不出台财政调控计划。特别需要指出的是，我们运用了自己组建的综合性数据库，该数据库包括了每一欧盟成员国在过去几十年中逐年制定的三年期"收敛性"（convergence）或"稳定与增长"计划。① 除了未来三年的财政变量（收入、基本支出和利息支出等），还包括基础性的宏观经济假设（经济增长、通货膨胀等）。

---

① 为了构建我们的数据库（该数据库由 25 个国家 1991—2007 年的 229 个三年期计划组成），我们首先从众多的档案资源中收集了 1998 年之前的计划，将这些硬拷贝（纸介）资料信息输入数据库。而 1998 年之后的计划，是从既有的 EU 数据库中导入到新的数据库中的（详见第 9 章）。

这就使得预期与结果之间的比较，不仅包括了财政变量，还涵盖了宏观经济变量。运用实时数据，我们就可以分析计划执行中的差错和比率（以实际调控效果对比计划调控效果）以及相应的经济和政治决定因素。

在本书的其余部分中，有一点是非常清晰的：所有的计划都遭遇了惊人的意外。尤其是，实际经济增长较之计划中蕴含的预期增长，二者之间存在的差异。这不仅对于财政账户具有巨大的直接影响，还将通过改变决策者和公众的认知而产生间接影响，这种认知是针对财政调控较之刺激计划的相对优势而言的。此外，其他宏观经济冲击、以往财政数据的修订、政治上的重要变化，都会导致重大的挑战。这一普遍的规律显示了计划的设计与实施方式的重要性，要使计划具有足够的灵活性以应对变化，同时又要确保中期目标得到强化。

那些忙忙碌碌的政策制定者或许期望直接阅读我们的结论性章节，因为他们正在寻觅我们提供的政策要旨的简要总结。然而，我们相信症结恰在细节之中，深入解读第 1 章至第 7 章的案例分析，不仅是一种享受，也足以增长见识，因为这些章节提供了一些重要的细节以及针对特定国家的反思。第 1 章和第 2 章剖析了加拿大和美国的案例，尽管在试图巩固和稳定宏观经济发展的时机选择上，二者具有相同之处，但相对而言，在方式和结果上却存在不同。第 3 章到第 5 章由法国、德国和英国的案例组成，并且这三个欧洲国家在经济周期（或经济发展）方面体现了共性，法国和德国因遵循并适应欧元区政策，还呈现出更多的相同之处。第 6 章和第 7 章聚焦于日本和意大利，这两个国家在过去的 20 年中，饱受高额债务与经济增长相对低迷的折磨。第 8 章是我们的跨国统计分析。第 9 章是总结和结论部分。

表 I-1 　　　　　　　　　　　**大规模财政调控计划的总结**

国别	大规模财政计划	目标/设计	评论/结果
加拿大	1985—1991 年	■6 年时间将总赤字降低至 GDP 的 3.5% ■全方位的削减和冻结	达到了削减总赤字的目标，但是决心不够大，未能阻止债务的上升
	1994—1997 年	■3 年时间将赤字减少至 GDP 的 3% ■重大的支出改革，包括失业保险，针对各省的转移支付和养老金保险改革	成功达到了目标，并实现长期债务动力的逆转
法国	巴尔计划（Plan Barre），1976—1977 年	■一系列紧缩政策来遏制通胀，削减经常性账户的赤字 ■并非置于多年期框架	有效地削减了赤字，满足了总体要求，但仅具短期影响
	紧要关头的转折，1982—1984 年	■增税与控制支出的综合应用 ■1982—1984 年的改革	
	1994—1997 年的计划旨在符合《马斯特里赫特条约》原则	■引入多年期框架 ■旨在满足《马斯特里赫特条约》的量化目标	满足了《马斯特里赫特条约》要求，部分通过最后时限的收入措施来加以实现。控制支出上有困难

续表

国别	大规模财政计划	目标/设计	评论/结果
	欧盟超额赤字程序所要求的2003—2007年财政整顿措施	■聚焦于支出控制的财政调控政策 ■具有法律约束力的中央政府支出零增长法案；健康和养老保险改革	一些支出减少了，一定程度上通过收入增长来冲抵
德国	1976—1979年的计划	■削减赤字至GDP的2.75% ■后置型（back-loaded）计划关注支出一翼（普遍削减，削减劳动力市场的支出，限制工资）	虚弱的经济增长，导致政府的工作重点从财政调控转移到经济刺激
	1981—1985年的计划	■削减赤字至GDP的1.25% ■前置型（front-loaded）计划，减少权益性支出和工资性支出	很成功
	1991—1995年的计划	■削减赤字至GDP的1.5%，同时最大限度地减缓金融一体化带来的税收增长 ■主要基于支出方面（国防、社会支出）。自1990年开始实施的有关收入的一系列计划以及提高增值税税率	未能实现预期目标
	2003—2007年的计划	■削减赤字和"2010议程"的结构性改革共同进行（劳动力市场、养老金） ■后置型计划。均为支出方面：削减失业保险、转向养老体系系统、福利和补贴方面	非常成功。劳动力市场改革的代价比预期中的高。在减轻劳动税收负担的同时，增值税的增长使目标得以实现
意大利	1994年出台的1994—1997年度经济与金融项目文件（Economic and Financial Program Document，EFPD）	■从1996年初开始削减债务相对于GDP的比率 ■非常有意于加入欧元区（EMU）。意大利的计划最初并非旨在满足《马斯特里赫特条约》的3%赤字率标准，但其中期目标更有魄力	最终实现了债务/GDP比率的下降，尽管仍处于高位。经过最终的努力，达到了《马斯特里赫特条约》规定的标准
	2002年出台的2002—2005年的经济与金融项目文件（EFPD）	■计划有限地改善财政平衡（占GDP的1%），同时削减占GDP 2%的收入，也就意味着需要减少GDP 3%的支出	收入率依然没有改变。巨额支出和财政平衡的破灭
日本	1997年——《财政结构调整法案》（Fiscal Structure Reform Act）	■至2003财政年度将赤字降低至GDP的3% ■在主要政策领域制定三年期支出上限的初始预算 ■没有出台增加收入的举措。需要未来的决策促进目标实现	立即因亚洲危机和银行业危机而搁浅

国别	大规模财政计划	目标/设计	评论/结果
	2002 年——中期财政调整计划（分两个时段：2002— 及 2006 年）	■目标是在 20 世纪第一个十年的早期，实现基本盈余 ■引入五年滚动框架 ■在 2006 财政年度，在主要的政策领域，提出五年支出削减计划 ■没有出台增加收入的举措。需要未来的决策促进目标实现	最初获得了部分成功。最终因全球经济危机而搁浅
英国	豪（Howe）1980 年提出的中期财政战略（1980—1983 财年）	■遏制政府举债，以减少货币供给和抑制通胀 ■通过降低支出和一项石油收入的预期增加，将赤字减少至 GDP 的 5.5%	在社会保障、公众的薪酬和支持公共企业方面的支出超支
	劳森（Lawson）1984 年提出的预算（1984—1988 财年）	■从直接税向间接税转变，降低边际税率，重新平衡税收负担 ■缩减国有的疆界（Shrink the State）（撒切尔政府的议程） ■减少公共部门中的雇员	支出的削减超出了预期。大型公共企业的私有化
	克拉克（Clarke）1993 年 11 月的预算（1994—1998 财年）	■至 1998 年，消除占到 GDP8% 的赤字 ■增加国民保险的缴费率和消费税，扩大增值税的税基。结合零基预算的"基本支出审查"，冻结相关运营成本	稳步削减了财政赤字
	达林（Darling）2007 年的前瞻预算报告（Pre-Budget Report）和综合支出审查（Comprehensive Spending Review）（2008—2012 财年）	■通过降低支出的增长，计划温和的赤字削减	由于世界经济危机而搁浅：收入表现不佳，支出超支，向银行业注资
美国	1985 年格拉姆-林德曼-霍林斯法案（GRH）（《平衡预算和紧急赤字控制法案》）	■总统每年提交的预算与 GRH 的目标要求一致，至 1991 年平衡财政预算 ■如果预计立法创立的政策将提高财政赤字，会自动实施削减支出的"扣押"（sequestration）	未能到达目标，但如没有 GRH，财政赤字将会更大

国别	大规模财政计划	目标/设计	评论/结果
美国	1990 年的综合预算调整法案（OBRA）	■1991—1995 年累计减少 5 000 亿美元的财政赤字（约占 1991 年 GDP 的 8.5%） ■ 对自由裁量性的支出（discretionary spending）设立上限，结合现收现付机制增加一些税收	未能抑制福利项目意外开支的增长（尤其是医疗卫生和医疗补助）
	1993 年的《综合预算调整法案》（OBRA）	■结合 1998 年的无政策变动的原则（the no-policy-change baseline），将赤字减少至 GDP 的 1.75% ■PAYGO 机制继续运行，可按需支配的支出上限提升，辅之以五年期的名义支出冻结。增加了某些税收，对漏洞采取弥补措施	随着较之预期更强劲的经济增长和收入增加，赤字削减情况优于预期目标，而与此同时支出上限仍然有效

第 1 章 加拿大：一个成功的故事

杰米莱·桑贾克 （Cemile Sancak）

露西·刘茜 （Lucy Qian Liu）

中田泰介 （Taisuke Nakata）

1.1 引言

加拿大最初的财政压力始于 20 世纪 70 年代，在 20 世纪 80 年代中期变得空前严重，这与大多数发达国家的情况相似。然而，在此后的数十年中，加拿大通过大规模且持久的财政调控计划，成功应对了这些财政压力，使其在七国集团中脱颖而出。本章中采用的"事前方法"显示，依据速度和调控措施的性质，该国之财政调控是以相当不同的两种计划作为支撑的。在本章中，基于事先设计和事后绩效，对比分析了这两种计划。

我们从以下方面对计划进行了剖析：

■调控计划的规模，特别是计划的调控规模是否足以稳定债务。

■对比计划及其分别对应的结果。

■调控措施的特性。

■在调控期过后，这种调控是否具有一定的可持续性。

本章的分析主要着眼于联邦政府预算，因为财政调控计划仅是在联邦政府层面上制定的，并不基于包括省、准州级地区（territories）及地方政府在内的广义政府层面。当然，从完整性出发，本章单设一个部分，讨论了地方政府层面的共同努力。

对于联邦政府调控计划的判别，是基于对 1961—2010 年间联邦预算文件的研究。我们采用三个标准来选择调控计划：（i）调控计划明确地向公众宣布（在预算部分中）；（ii）明确规定了实际财政调控的中期财政目标；（iii）是在中期框架下制定的。基于这些标准，我们遴选了两个调控计划，即 1985—1991 年实施的 1985 年计划、1994—1997 年实施的 1995 年计划。在这两个计划中，联邦政府在债务大规模增长的背景下，公布了中期财政目标。①

在这两项计划调控下的总体财政平衡水平及主要目标完成情况，都要优于

---

① 更确切地说，1985 年计划是在 1985 年 2 月的预算案中提出的，实施的期限是从 1985—1986 财政年度到 1990—1991 财政年度。1995 年计划是在 1994 年 2 月的预算及 1995 年 2 月的预算中提出的，实施的期限是从 1994—1995 财政年度到 1996—1997 财政年度。加拿大的财政年是从 4 月 1 日到第二年的 3 月 31 日。

预期。实际上，在事后绩效与事先设计的一致性程度上，加拿大在七国集团中也是一个例外。也就是说，由于力度不够，1985 年的计划在国内和国际上均受到了批评：计划未能做出足够努力来减少赤字，在主要支出项目上，也未能使用强硬的举措。而另一方面，吸取了 1985 年计划的教训，1995 年的计划表现得更好。就计划调控的速度和举措特征两方面而言，1995 年的计划是魄力十足的，它致力于促使政府项目和服务的重要改变。当然，就结果而言，这两项计划的主要目标——真正的债务稳定，只有在 1994—1997 年的调控期间才得以实现。在 1994—1997 年间，整体上的平衡取得了约占 GDP 5% 的改进，并向 1997—1998 年度结转了盈余，直到 2007—2008 年度仍有盈余（参见图 1-1）。相比于 1995—1996 年度的 74%，联邦净负债到 2007—2008 年度降至 GDP 的 34%（参见图 1-2）。

以下关键因素，最终促成了加拿大财政状况得以持续改善：

■公众的广泛支持

■重新定位政府的作用和深刻的结构性变革

■审慎的宏观经济和财政假设

■地方政府层面的联合财政整顿（fiscal consolidation）

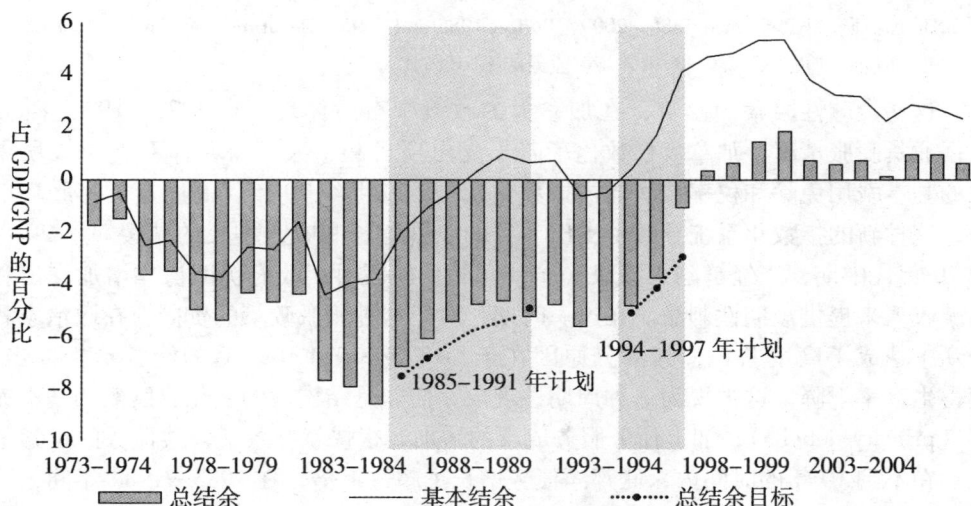

图 1-1 1973—2008 年联邦政府的初始收支/总收支状况

Source：Fiscal Reference Tables 2009，Budget 1985 and 1995，Department of Finance Canada.

注：1984—1985 年与 1990—1991 年间收支结余的 GNP 占比。

1.2 背景

加拿大的债务问题在 20 世纪 70 年代中期开始浮出水面（参见图 1-2）。全球经济环境和国内政策因素均推动了债务的积聚。主要的国际因素包括：（i）1973—

1974 年的能源价格暴涨，能源供给锐减削弱了经济增长；（ii）发达经济体的利率升高；（iii）随着布雷顿森林体系的崩溃，1973 年开始实施浮动汇率制，这就改变了国内融资的规律。这些因素的共同作用，使得利率和经济增长之间的差距越来越大——这恰恰是债务/GDP 比率动态变化的关键决定因素。

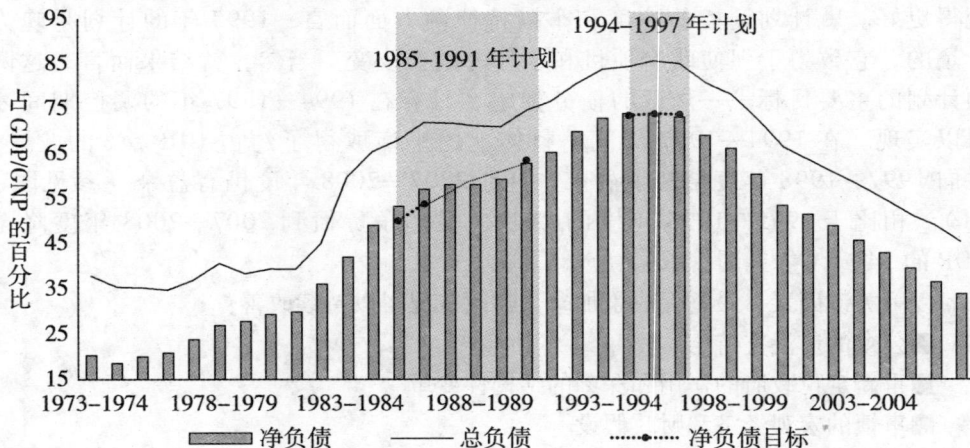

图 1-2 1973—2008 年联邦政府总债务和净债务

Source：Fiscal Reference Tables 2009，Budget 1985 and 1995，Department of Finance Canada.

注：1984—1985 年和 1990—1991 年债务的 GNP 占比。

这些全球性因素的影响，在加拿大的政策中有所体现。在 1973—1974 年间，根据通货膨胀情况，加拿大指数化了若干支出项目和个人所得税体系（个人所得税的基本费用免除和税率档次均被指数化）。在 20 世纪 70 年代高度通货膨胀环境下，这种新的指数化系统导致了支出项目的急剧增长和收入增长的减缓。[1][2] 20 世纪 70 年代中期，当经济陷入滞胀（stagflation）阶段时，政府仍旧依靠增加支出和削减收入来提供短期性刺激。在这一时期，对于这种刺激政策的赞同，在政治家和公众中达成了高度共识，其部分原因在于，1973—1974 年之后的能源价格冲击，使得生产率下降，这被视为一种周期性现象，而非是结构性的变化。巨额的基本赤字（primary deficits），加上债务服务成本的增加，很快就导致了公共债务的迅猛增长。在不到 10 年的时间内，联邦净债务增长了超过 1 倍，在 1983—1984 年间，达到国民生产总值（GNP）的 42%。

1.2.1 1985 年计划（实施期间为 1985—1991 年）

首相布莱恩·马尔罗尼（Brian Mulroney）领导下的新的保守党政府意识到，更多地追求扩张性财政政策，长此以往会损害加拿大的经济。1984 年，为重塑财

---

① 1973 年之前的生产力迅速增长和通货膨胀，导致了税级攀升，这使得 20 世纪 60 年代和 70 年代初期的个人所得税收入大幅提高。

② 20 世纪 80 年代初期到中期，加拿大银行的政策重点，逐渐转移到价格稳定上，进一步促使了利率在短期和中期的提高（详细论述请参阅：Courchene，2005）。

政责任并控制债务增长，马尔罗尼建立了"尼尔森特遣小组"（Nielsen Task Force），来审查联邦部门全部的项目。1984 年 11 月，政府提出了"经济复兴议程"（Agenda for Economic Renewal）的总体框架，其目标是采用有序的方式，削减财政赤字。该议程的核心要素体现在 1985 年度的预算案中——也就是后来的"1985 年计划"。

1985 年计划由两个截然不同但又相互关联的要素构成。第一个要素，也是基本的出发点，就是该计划确立了一系列结构性改革，旨在提升加拿大的竞争力，包括 1989 年生效的美加自由贸易协定（Canada-U. S. free trade agreement）和 1991 年的联邦销售税体系改革。这些结构性改革为经济增长和财政调控提供了重要的持久性基础。第二个要素，也是我们分析的重点，强调需限制总赤字（overall deficit）来稳定公共债务。1985 年的计划将这两个目标视为相互关联的：结构性改革所提供的经济增长，将会通过增加税基推动财政调控；稳健的财政状况能促进经济增长，从而使人们对于促进经济的投资也越发有信心。

针对遗留的高额债务和预期的中期实际利率，1985 年计划的目标定位为：在 1990—1991 年度将债务稳定在 GNP 的 65%。这意味着要在 6 年时间内将总赤字削减 GNP 的 3.6%（从 1984—1985 年度 GNP 的 8.5%，减少至 1990—1991 年度的 4.9%）。其中，调控计划任务的 4/5，将通过支出措施来实现，其余的交由收入措施完成。1985 年计划的支出调控，主要依靠全面削减和冻结支出（across-the-board cuts and freezes）以及效率改进（efficiency gains）来实现。1985 年计划中收支措施的细节参见本书 1.4 节"调控计划的性质和构成"。

1.2.2 1995 年计划（实施期间为 1994—1997 年）

得益于 1985 年计划，在削减赤字问题上，政府起初取得了良好的进展。到 1988—1989 年度，时隔 20 年，第一次实现了少量的基本盈余（primary surplus）。然而，通胀压力的加大导致了利率不断上升，而政府一再低估了其应付利息（the interest bill）。伴随着 1990 年的衰退冲击，总赤字又再次上升，达到了 GDP 的 5.6%，联邦净负债在 1992—1993 年度，达到了前所未有的占 GDP 的 70%。

20 世纪 90 年代初期的民意调查表明，削减财政赤字成为加拿大的首要经济问题。1993 年的德西玛民意调查（Decima Research polls）显示，加拿大公众对赤字的关注已到达前所未有的程度。一份 4 月份的盖洛普民意调查也显示，70% 的加拿大公众期望通过削减支出来降低赤字，而不是增加开支来刺激经济（Bourgon，2009）。这与此前的 1985 年计划前的民众意愿形成了鲜明对比。在 1984 年的德西玛民意调查中，只有不到 2% 的被调查者认为，联邦赤字和国家债务是加拿大最重要的经济问题。①

---

① 《环球邮报》，"遭遇债务"（Confronting Debts），1984 年 8 月 14 日。

公众是如何在这段期间认识到了财政危机的日趋严重呢？一段时期以来，国际组织、国际评级机构、加拿大研究团体以及媒体一直强调加拿大无法承受的债务问题的紧迫性。截至 1993 年，联邦政府净负债占到 GDP 的 73%，加拿大成为 G7 国家中继意大利之后财政状况第二差的国家。1994 年 10 月，政府发布了"经济政策新框架"的报告，来教育公众认识财政调控的重要性。[①] 通过强化的沟通策略来宣传报告中的主要信息，包括由财政部长保罗·马丁（Paul Martin）组织的国家及地区层面的会议，以及全国范围内的大量公开辩论。[②] 而且，有别于各利益集团分别举行协商会议的传统，政府将具有不同背景的利益集团整合在一起，来开会讨论。政府"期望在预算案提交之前，公众能够尽可能理解，由于没有完美的解决方案，将不得不做出艰难的抉择，为了更大、更长远的利益，每个人都要承担一定的负担，这就意味着每个人都必须付出"（Martin，2010）。因而，加拿大民众迅速认识到高额债务对经济增长以及代际公平意味着什么，也认识到了什么是负债服务的机会成本（在 20 世纪 90 年代早期，该项花费消耗了政府收入的 35%）。

在 1993 年联邦竞选期间，大多数政党的竞选政纲包括削减赤字。首相让·克雷蒂安（Jean Chretien）领导下的新自由党政府于 1993 年 11 月成立。新政府在竞选中承诺，1996—1997 年，将联邦政府的全部债务降至不超过 GDP 的 3%（从 1996—1994 年的 5.9%）。1994 年的预算重申了这一承诺，但只是发布了项目重审（Program Review）方案，回顾了联邦政府的项目和服务，相关配套措施却一直不明确。[③] 这一预算在当时就被金融市场所诟病，原因是力度不够。

1994 年墨西哥比索危机后，[④] 1995 年 1 月《华尔街日报》的评论指出："墨西哥并非是美国近邻中唯一在金融危机深渊中挣扎的国家……如果在下个月的联邦政府预算中，仍不采取有力措施的话，不难想象，加拿大很有可能遭遇债务危机。"[⑤] 这一评论文章在加拿大引起轩然大波，加大了政府出台强有力预算举措的压力。而且，在 1995 年预算之前不久，穆迪公司将加拿大纳入"信用观察"（credit watch）名单。随着事态的发展，稳定债务成为政府的首要任务。

1995 年计划开启了联邦政府部门支出的重要改革，包括失业保险金计划的改革，调整针对省级的转移支付，以及养老金改革。[⑥] 1994 年 5 月，政府出台了一个

---

① 加拿大政府，《经济政策的新框架》，渥太华，1994。
② 另一个重要文件（"创造良好的财政氛围"）提出，为了完成 1995—1996 年和 1996—1997 年的赤字削减目标，所需要的财政措施；加拿大政府，《经济政策的新框架》，渥太华，1994。
③ 这个预算包括了几个削减支出的措施，主要是针对国防支出和失业补贴。
④ 20 世纪 90 年代，墨西哥为了遏制通货膨胀，实行了稳定汇率的政策，即利用外资的流入来支持已非常虚弱的本国货币，使新比索与美元的汇率基本稳定，仅在一个很窄的范围内波动。但由于外贸赤字的恶化，外国投资者信心动摇，在资本大量持续外流的压力下，1994 年 12 月 20 日，墨西哥政府不得不宣布让新比索贬值 15.3%。然而这一措施在外国投资中间引起了恐慌，资本大量外流愈加凶猛。墨西哥政府在两天之内就失掉了 40 亿～50 亿美元的外汇储备。至 12 月 22 日，外汇储备几近枯竭，墨西哥政府不得不被迫宣布让新比索自由浮动，政府不再干预外汇市场。几天之内新比索下跌了 40%。出于北美自由贸易区和墨西哥金融稳定对美国经济重要性的考虑，克林顿政府决定从美国 340 亿美元的外汇稳定基金中提出 200 亿美元援助墨西哥政府，以挽救一泻千里的比索，才稳定了墨西哥金融危机——译者注。
⑤ 《华尔街日报》，"加拿大破产？"（Bankrupt Canada），1995 年 1 月 12 日。
⑥ 1995 年计划触发了（联邦政府）与省级政府关于加拿大养老金计划（CPP）改革的讨论。养老金改革于 1998 年实施。

项目重审方案（例如支出审查），"回顾所有的联邦项目，以期引入最富效率且成本最经济的方式，来分配项目和提供服务，这是符合加拿大联邦之于联邦政府的定位的（1995 年预算，第 11 页）"1995 年预算中包括了项目审查的决定。1995 年预算的举措，旨在确保政府实现 1996—1997 年将赤字降至占 GDP3% 的过渡期目标，最终目标是达到预算平衡。政府的策略是采用为期两年的滚动式目标，也就是说，每个年度的预算均仅确定未来两年的目标，而不做出长期承诺。这种方式的目的在于帮助提升政治问责，通过向项目负责人施加压力来确保承诺的节余（promised savings），确保目标不因经济的不确定性而偏离。持续地达成目标，反过来也有助于在项目运行中坚定公众的信心。① 尽管 3% 的目标是在 1994 年预算中呈现的，但行之有效的举措则是在 1995 年预算中呈现的（故而本章将该调控计划称为"1995 年计划"）。大约 90% 的调控方案聚焦于支出举措，其余的调控方案则寄望于收入举措。② 上述两个计划（尤其是 1995 年计划）之所以均着眼于支出削减，其原因在于，（加拿大的）税收负担尽管低于经合组织（OECD）的平均水平，相对于美国来说，却已经很高了。在加拿大和美国经济联系日益紧密的背景下，尤其是 1994 年北美自由贸易区协定（NAFTA）签署后，在税收负担问题上，美国成为更具比较价值的参照体系。1995 年计划的具体收支举措，将在"调控计划的实质与组成"一节中加以讨论。

1.3　计划与结果的对比：宏观因素

为了评估整体计划的实施情况，理解基本的宏观经济发展之功能是至关重要的。例如，收入的增长总是与经济周期的高涨相联系的。我们将收入分解为周期性收入和结构性收入两部分，以验证计划和结果之间的差异在何种程度上可以归因于经济周期的影响。同样，我们也将支出分解为基本支出和利息支出。③

1.3.1　结构性部分和周期性部分

表 1-1 和表 1-2 列示了根据名义收入计算的财政总额的框架和结构。④ 标注 "$\Delta a - \Delta p$" 的列表示的是实际提升与计划提升的比较。从表 1-1 和表 1-2 中我们可以找到许多有趣的发现。

---

① 1995 年计划提出了未来三年（1995—1996 年到 1997—1998 年）的收入和支出调控措施。然而，对中期收入和支出的计划，只局限于头两年。

② 预算中 GDP 的 0.4% 被作为应急储备（a contingency reserve），因此，不被计入计划内的赤字降低（见表 1-2）。

③ 前述分析中，已经说明了支出弹性（the elasticity of expenditures），所以，周期性的开支在加拿大所占份额是很小的。

④ 为了与官方的原始介绍相一致，我们将 GNP 作为 1985 年计划的缩放变量，将 GDP 作为 1995 年计划的缩放变量。为了简便起见，我们将主要变量及结构变量，调整为名义 GNP（或者是 GDP），而不是潜在 GNP（或者是 GDP）。我们使用的分解等式是

$$\frac{R}{Y} = \frac{R}{Y} \frac{Y^P}{Y} + \frac{R}{Y} \frac{Y - Y^P}{Y}$$

R 是名义收入，Y 是实际 GNP（或者 GDP），Y^P 是潜在 GNP（或者 GDP）。为了便于比较，我们也在备忘项目中将主要的结构变量编著为潜在 GNP（或者 GDP）的百分数。

表 1–1   结构性和周期性分解——1985 年调控计划

以所占 GNP 的百分数表示

	计划 (p)			实际 (a)			超出预期表现（实际相对于计划）		
	FY 1984—1985p	FY 1990—1991p	Δp	FY 1984—1985a	FY 1990—1991a	Δa	1990—1991 年实际的减 1990—1991 年计划的	$\Delta a - \Delta p =$ 实际提高减计划提高[a]	1984—1985 年实减 1984—1985 年从计划的预估（"基本效应"）
收入	15.2	15.9	0.7	14.6	16.3	1.7	0.4	1.0	-0.6
周期性	-0.2	0.0	0.2	-0.2	0.4	0.6	0.4	1.0	-0.6
结构性	15.4	15.9	0.6	14.8	15.9	1.1	0.0	0.5	-0.6
支出	23.7	20.8	-2.9	23.4	21.2	-2.3	-0.4	-0.6	0.3
基本	18.4	14.9	-3.5	18.3	14.7	-3.6	0.2	0.1	0.1
利息	5.3	5.9	0.6	5.1	6.5	1.4	-0.6	-0.8	0.2
总结余	-8.5	-4.9	3.6	-8.8	-4.9	3.9	0.0	0.3	-0.3
基本结余	-3.2	1.0	4.2	-3.7	1.6	5.3	0.6	1.1	-0.5
备忘项目（以潜在 GNP 的百分数表示）：									
结构性基本结余	-3.0	1.0	4.0	-3.4	1.3	4.7	0.2	0.7	-0.5
结构性收入	15.2	15.9	0.7	14.6	16.3	1.7	0.4	1.0	-0.6
基本支出	18.1	14.9	-3.3	18.0	15.0	-3.0	-0.1	-0.2	0.1

[a] 对于开支，公式为 $-(\Delta a - \Delta p)$。

表 1–2   结构性和周期性分解——1995 年调控计划

以所占 GDP 的百分数表示

	计划 (p)			实际 (a)			超出预期表现（实际相对于计划）		
	FY 1993—1994p	FY 1996—1997p	Δp	FY 1993—1994a	FY 1996—1997a	Δa	1996—1997 年实际的减 1996—1997 年计划的	$\Delta a - \Delta p =$ 实际提高减计划提高[a]	1993—1994 年实减 1993—1994 年从计划的预估（"基本效应"）
收入	16.3	16.7	0.4	15.9	16.8	0.9	0.1	0.5	-0.3
周期性	-0.5	-0.2	0.4	-0.6	-0.5	0.1	-0.3	-0.3	0.0
结构性	16.8	16.9	0.1	16.5	17.3	0.8	0.4	0.7	-0.3
支出	22.2	19.3	-2.9	21.7	17.9	-3.8	1.4	0.9	0.5
基本	16.9	13.1	-3.7	16.5	12.5	-4.0	0.7	0.3	0.4
利息	5.3	6.2	0.9	5.2	5.4	0.2	0.8	0.7	0.1
总结余	0.0	0.4	0.4	0.0	0.0	0.0	0.4	0.4	0.0
基本结余	-5.9	-2.9	3.0	-5.8	-1.1	4.7	1.9	1.7	0.1
备忘项目（以潜在 GNP 的百分数表示）：									
结构性基本结余	0.0	3.7	3.8	0.0	4.7	4.6	0.9	0.9	0.0
结构性收入	16.3	16.7	0.4	15.9	16.8	0.9	0.1	0.5	-0.3
基本支出	16.3	13.0	-3.3	15.9	12.2	-3.7	0.8	0.4	0.4

[a] 对于开支，公式为 $-(\Delta a - \Delta p)$。

在两项调控计划中，总结余和基本结余（overall and primary balances）均高于预期。尽管 1995 年计划的主要目标只是针对短期的，但从 1994—1997 年间一直都显著地超额完成了总结余目标。实际的总结余超额完成了计划，比计划超出了 GDP 的 1.7%，而 1985—1991 年间超出计划完成量仅相当于 GDP 的 0.3%。

1995 年的计划是更加强有力的，尤其是就主要支出调控的速度而言：其目的在于，在 3 年内削减的主要支出达到 GDP 的 3.7%。而 1985 年计划的设想是，用 6 年时间减少相当于 GNP 的 3.5% 的支出。尽管 1995 年计划的持续时间，较之 1985 年计划更短，但前者提供了更大规模的主要支出累积调整。1994—1997 年间，实际的主要支出削减，达到 GDP 的 4%，而 1985—1991 年间仅为 GNP 的 3.6%。当初，1985 年计划因削减赤字的速度过慢而饱受指责，甚至是在超额完成了削减总赤字的指标，且因 1990—1991 年的经济衰退，政府控制赤字力度减弱之前，也是如此。例如，全国性刊物《环球邮报》（Globe and Mail）1990 年的社评中就曾指出，"但凡涉及实质上的主要支出项目，强有力的决策都被推迟了"，并且，政府的措施被批评为临时性的、零散的且缺乏有效性。[1] 国际机构也认为加速财政整顿的步伐是有利的，尤其是在 20 世纪 80 年代后期的经济强劲增长背景下。[2] 回顾过去，在 20 世纪 80 年代后半期，显然从有利的经济环境中获取机会是更好的选择。

上述两个计划中在总结余上的表现差异，被解释为因支出方面的表现差别而导致的。在 1985—1991 年的系列计划中，支出比预期高出了 GNP 的 0.6%，其原因在于，低估的利息支付占到了 GNP 的 0.8%——这是一个重大的负面影响因素。结果是，尽管收入和主要支出较之计划表现得更好，但总赤字的削减，仅较计划多出了 GNP 的 0.3%。与之相比，1994—1997 年的系列计划中，总支出的削减较之计划多出了 GDP 的 0.9%，其中 GDP 的 0.3% 归因于主要支出的额外削减，GDP 的 0.7% 则归因于名义利率的审慎假设。

基于 1985—1991 年系列计划的教训，政府在 1995 年预算中引入了名义利率和其他关键宏观经济及财政变量的审慎假设。这使得在 1994—1997 年期间，在总结余方面获得了巨大的成功。从事前原则的观点来看，1995 年计划中的审慎假设也有利于为主要的支出计划确立更加严格的限制。1995 年的预算案申明了其对于宏观经济变量的假设是十分审慎的，强调指出（预案中的）这些变量比一般私人部门的预测要更加谨慎。1995—1996 年，短期和长期利率的假设，分别比私人部门的预测高出 60 和 70 个基准点。与政府的假设相比，最终实际的长期利率低了 180 个基本点，而短期利率则低了 240 个基本点，部分原因是由于政府的调控计划和加拿大银行（the Bank of Canada）的价格稳定政策为公众树立了信心（参见图

---

　　① 《环球邮报》，"（财政部长）威尔逊先生做的还不够"，1990 年 2 月 21 日。上一年类似的评论见《环球邮报》，"渥太华迫切需要减少 290 亿赤字"，1998 年 2 月 22 日。
　　② 国际货币基金组织，"1988 年第四条款磋商会议工作人员报告"，华盛顿，1989；经合组织，"OECD 经济调查：加拿大"，巴黎，1994。

1–3)。① 三年间总体财政赤字减少了 GDP 的 4.7%，比计划多削减了 GDP 的 1.7%。

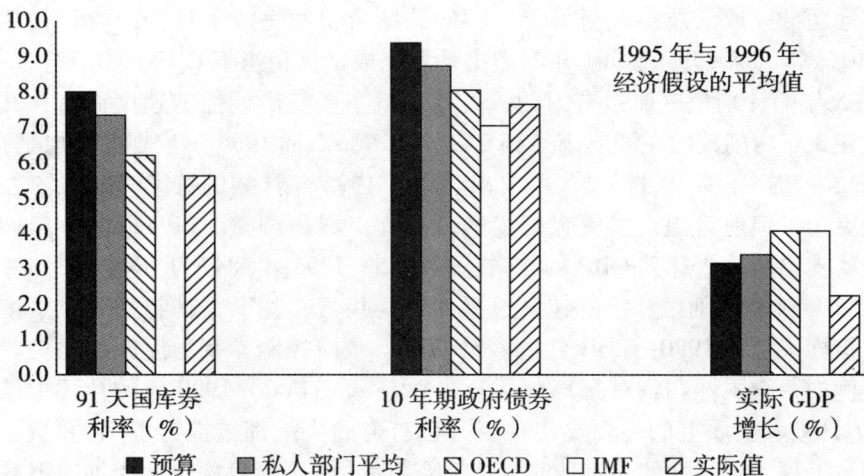

图 1–3 （政府预算案）与其他经济假设预测的比较（1995 年 2 月）

1994—1997 年间的总体结余表现好于计划的另一个因素，是将一项应急储备（contingency reserve）（占 GDP 的 0.4%）纳入了该赤字削减计划。这是用来防范不可预知事件和预测误差风险的。这项储备被列入了支出中，但是并不能用作新项目的资金来源；如果它未被使用，则须用于归还债务。

尽管上述两个计划均强调以支出削减作为主要调控工具，但收入增长在其中也发挥了作用，尤其是在 1985—1991 年的调控期间。这一时期的实际收入增长比计划多出了 GDP 的一个百分点。得益于该收入的增长，周期性收入超出了计划，多增长了 GNP 的 0.4%。同时，在 1985 年预算案中未预见的新增所得税政策措施，又使结构性收入超出了计划预期，超额为 GNP 的 0.5%。1994—1997 年期间，实际收入增长仅比计划超额了 GDP 的 0.5%，原因是负数的生产量差距（the negative output gap）抵消了 GDP 0.3% 的收入增长。结构性增长超出计划，超额了 GDP 的 0.7%，这一数字实际上要高于上一个调控期。

1.3.2　增长（分母）和通胀的影响

在计划和实际支出削减的比较中，即实际的支出削减与 GDP（或 GNP）的比率，较之计划数出现的偏差，是由于名义支出的削减要高于或低于预期（分子的影响），或名义 GDP 增长高于或低于预期（分母的影响）。为了考察政府坚持其既有削减开支计划的程度，我们将计划调控的支出与 GDP 比率分解为：（ⅰ）通胀影

---

① 政府对实际 GDP 增长的假设，相比私人部门和 OECD 的假设，也是相当审慎的。然而，政府的假设最终却仍比实际结果要乐观。

响；（ⅱ）名义 GDP 增长（分母）影响；（ⅲ）实际支出变化。① 我们采取相同的方法来分解实际的支出削减占 GDP 的比重，来考察这几种因素对于计划调控和实际调控偏差的影响程度。

1985—1991 年系列计划期间，即使主要支出的实际削减只比计划多出 GNP 的 0.1%，实际总支出的减少仍比计划超出了 GNP 的 0.8%（见表 1-3）。这种出乎意料的结果，主要是由于低估了通胀（基准年 GNP 的 1.0%）。另外，分母影响又造成了基准年 GNP 的 0.4% 的差异。相比之下，在 1994—1997 年系列计划中，大多数实际支出的减少都比计划中的多，GDP 增长和通胀的影响都是微小的。

表 1-3　　　　　　　　　　　　　　　超出预期的支出削减的来源

	1985 年调控计划（占 GNP 的百分数）				1994—1995 年调控计划（占 GDP 的百分数）			
	超额完成	分母效应	通胀效应	实际变化	超额完成	分母效应	通胀效应	实际变化
基本支出	0.1	−0.4	−1.0	0.8	0.3	0.1	0.0	0.4
对个人的转移支付	−0.4	−0.2	−0.3	−0.3	0.1	0.1	0.0	0.2
对其他各级政府的转移支付	0.0	−0.1	−0.3	0.2	0.0	0.1	0.0	0.1
国防	0.1	0.1	−0.1	0.3	0.2	0.1	0.0	0.2
其他ᵃ	0.4	−0.1	−0.4	0.7	−0.1	0.0	0.0	−0.1

ᵃ 其他支出包括不同部门（国防除外）、机构、国有企业的支出以及除针对个人和其他各级政府的主要转移支付以外的其他转移支付。

1.4　调控计划的性质和构成

前述分析阐释了 1985 年计划和 1995 年计划在调控支出的结构上有所不同。在此，我们将进一步分解收入和支出，来了解这两项整顿计划（consolidation plans）在调控措施性质上的差异。（1985 年计划，分类收入预测只含最初的两年）

1.4.1　收入

在两个计划中，收入增长对赤字减小的贡献都未被寄予厚望。事后，收入增加的表现在两个计划中则均超出了预期。如前所示，收入增长的良好表现在 1994—1997 年间完全是结构性的，在 1985—1991 年也是结构性强于周期性。

---

① 将 G 记作计划的名义政府支出，Y 为名义 GDP。脚标 t 代表财政调整出台的年份，$t+N$ 代表目标年。支出与 GDP 比率的调整（计划和实际）可以分解为如下的式子：

$$\left(\frac{G_{t+N}}{Y_{t+N}}-\frac{G_{t-1}}{Y_{t-1}}\right)=\frac{P_{t-1}\left(g_{t+N}-g_{t-1}\right)}{Y_{t-1}}+\frac{\left(P_{t+N}-P_{t-1}\right)g_{t+N}}{Y_{t-1}}-\left(\frac{Y_{t+N}-Y_{t-1}}{Y_{t-1}}\right)\left(\frac{G_{t+N}}{Y_{t+N}}\right)$$

假设政府支出与消费者价格指数 P 完全挂钩，等式右边的第一项描述了实际情况下支出的变化产生的影响，第二项是通胀影响，最后一项是来自名义 GDP 增长的分母效应。这个分析在高通胀和产出波动期间非常重要，比如 20 世纪 80 年代。

在 1985 年计划中，从 1984—1985 年到 1990—1991 年，预期的收入增长为 GNP 的 0.7%，约占总调控成效的 20%。关键的收入增长措施包括：

■ 改变个人所得税豁免、扣除，税级从消费价格指数（CPI）的完全指数化变为部分指数化，使得 CPI 减少了 3 个百分点。

■ 对高收入个人和大公司征收临时附加税。

■ 取消联邦个人所得税"减免"（一项规模庞大的税额减免）。

■ 通过减少免税来扩大消费税税基。

■ 将消费税税率提高 1%。

■ 提高燃油税。

在 1995 年计划中，从 1993—1994 年到 1996—1997 年，预期的收入增长为 GDP 的 0.4%，约占总调控成效的 13%，比 1985 年计划低。关键的收入增长措施包括：

■ 取消对营业收入的延期纳税。

■ 限制对高收入群体注册退休储蓄计划的税收援助。

■ 对私人公司的投资收入开征新税。

■ 提高大公司的税率和企业附加税。

■ 提高烟草和汽油的消费税。

汽油的消费税是最大的增项。

表 1-4 和表 1-5 体现了两个系列计划中收入计划与结果的基本特点，以及最终构成总收入超过计划目标的各项分类收入。表 1-4 统计的是两年间预算计划与实际结果的不同，因为难以获得 1985 年计划的六年期分类收入预算数据。例如，表 1-4 中，数据部分的第二列，列出的是 1984—1985 年和 1986—1987 年两个年度计划与实际变动的差异。

实际收入在 1985—1991 年系列计划中，比计划多了 GNP 的 1%（见表 1-1），在 1994—1997 年系列计划中，比计划多了 GDP 的 0.5%（见表 1-5）。两个计划中超计划收入的构成是不同的。更具体地讲，在 1985—1991 年系列计划中，个人所得税收入的表现一直优于预算，这要归功于一些未包含在 1895 年计划中的税收政策之实施，在一定程度上补偿了超出预期的公共债务费用（具体措施是：个人所得税附加税的税率由 3% 提升到 5%，在 1989 年又额外向高收入群体征收了 3% 的附加税）。另外一个引起超收的因素是：税级的指数化限制，使得消费价格指数（CPI）的增长超过了 3%。所谓的"税级攀升"每年约为 GNP 的 0.2%。消费税在整个 1988—1989 年到 1990—1991 年阶段的表现都出乎意料地低于预算的计划，这可能是由于增值税的征收（在加拿大称"货物与服务税"）。增值税原本具有收入中性（revenue neutral）的意味，但事实上却引起了暂时的收入下降。税收中性的增值税使得当时的收入减少。企业所得税收入也呈现低于计划预期的态势。在 1994—1997 年系列计划中，个人所得税收入略低于预期，其他的收入都仅仅稍高于计划，原因是 1995 年计划对收入弹性的规划是十分有先见之明的（见表 1-5）。

表 1-4　　　　　分类收入（两年滚动变化）——1985 年调控计划
以占 GNP/GDP 的百分数表示

	1984—1985 年（基准年水平）	1984—1985 年 至 1986—1987 年	1985—1986 年 至 1987—1988 年	1986—1987 年 至 1988—1989 年ᵃ	1987—1988 年 至 1989—1990 年	1988—1989 年 至 1990—1991 年	1990—1991 年（末年水平）
2 年预计变化							
预算收入	15.2	0.8	0.8	不详	-0.4	0.5	17.9
税收收入	13.4	0.9	0.9	不详	-0.2	0.8	16.7
个人所得收入	6.9	0.7	0.9	不详	-0.4	0.5	8.2
企业所得收入	2.3	0.2	0.0	不详	0.1	0.2	2.2
失业险税收ᵇ	不详	不详	0.0	不详	-0.3	0.0	1.8
营业税、消费税和关税	4.3	-0.1		不详	0.3	0.2	4.5
其他收入	1.8	0.0	-0.1	不详	-0.1	-0.3	1.2
2 年实际变化							
预算收入	14.6	0.8	1.7	不详	-0.2	0.6	17.6
税收收入	13.0	0.9	1.5	不详	-0.2	0.4	15.9
个人所得收入	6.7	0.9	1.3	不详	-0.2	1.0	8.5
企业所得收入	2.2	-0.2	0.1	不详	0.0	-0.2	1.7
失业险税收ᵇ	不详	不详	0.1	不详	-0.2	0.0	1.9
营业税、消费税和关税	4.2	0.1	0.1	不详	0.2	-0.4	3.8
其他收入	1.5	0.0	0.1	不详	0.0	0.1	1.6
超出预期表现（实际相对于计划）							
预算收入	-0.6	0.0	0.9	不详	0.2	0.0	-0.4
税收收入	-0.4	0.0	0.6	不详	0.0	-0.4	-0.8
个人所得收入	-0.2	0.2	0.4	不详	0.2	0.4	0.3
企业所得收入	-0.1	-0.4		不详		-0.4	-0.4
失业险税收ᵇ	不详	不详	0.1	不详	0.0	0.1	0.0
营业税、消费税和关税	-0.1	0.2	0.1	不详	-0.1	-0.5	-0.7
其他收入	-0.2	0.0	0.3	不详	0.2	0.4	0.4

ᵃ1987—1988 年预算案未公布。
ᵇ1985 年预算案记录及预测的净失业险支出（补贴减去纳税）。

表 1–5 分类收入——1995 年调控计划

以所占 GDP 的百分数表示

	计划 (p)			实际 (a)			超出预期的增加部分
	1993—1994 (p)	1996—1997 (p)	Δp	1993—1994 (a)	1996—1997 (a)	Δa	Δa-Δp
预算收入	16.3	16.7	0.4	15.9	16.8	0.9	0.5
税收收入	14.9	15.6	0.7	14.5	15.4	0.9	0.2
个人所得收入	7.2	7.9	0.7	7.1	7.6	0.5	-0.2
企业所得收入	1.4	2.0	0.6	1.3	2.0	0.7	0.1
失业险税收	2.6	2.3	-0.3	2.5	2.4	-0.1	0.2
营业税、消费税和关税	3.8	3.5	-0.3	3.7	3.5	-0.2	0.1
其他收入	1.4	1.1	-0.3	1.4	1.4	0.0	0.3

1.4.2 支出

在这两项计划中，关于支出调控运用手段的区别是很明显的。1985 年计划的主要措施包括：（i）政府项目合理化及效率提高；（ii）国有企业行为的私有化和合理化；（iii）减少对多个部门的转移支付及补贴。1985 年计划对非法定支出的调控主要依赖全面的缩减、冻结和提高效率，而不是进行根本的审查或授权上的更改（change in mandate）。[①] 1986 年预算中声明，在 1986—1987 年度，将实施对非法定支出的 2% 的缩减（不包括国防和国外援助）。在此基础上，运行及维护的资金每年只允许增长 2%，该方案将执行至 20 世纪 80 年代末，并鼓励各部门提高效率并加以利用。尽管 1985 年预算认识到，要想在中期削减赤字，就需要减少向个人及地方政府的转移支付（这一项就占据了主要支出的一半），但针对这一领域的措施却很有限。[②]

吸取了 1985—1991 年系列计划的教训，加之空前的公众支持，政府推出了 1995 年计划，新的举措主要以四个方面为中心：

i. 项目复审，包括对联邦部门支出的全面综合审查，仅重大法定项目除外。

ii. 失业保险项目的改革

iii. 对省级转移支付体系的重大修改

iv. 养老金改革

在本部分中将重点分析项目审查，其他三大举措将留待"结构改革"的章节

---

① 非法定支出（nonstatutory expenditures）是议会每年通过拨款法案批准的支出。联邦部门支出就属于此类支出。法定支出（statutory expenditures）是指议会通过立法（而不是拨款法案）批准的支出。这种支出的目的及使用条款，都经立法规定。向个人及地方政府的转移支付就属于这类支出。

② 支出的主要构成：（i）向个人的转移支付（占主要支出的 28%）；（ii）向省级政府的转移支付（22%）；（iii）国防（9%）；（iv）1984—1985 年其他支出（40%）。

中讨论。

项目审查，在 1994 年预算中提出，并成为 1995 年预算的组成部分，其目标是"保证政府有限的资源，可以优先分配到最需要（或联邦政府服务最能发挥效用）的用途。"（1995 年预算案，11 页）。它强调了财政调控并不是发展经济和提高就业的唯一策略。因此，审查是通过检验作为整体的联邦政府及其各部门的授权，来重新凝聚政府的职能。[①] 除了像失业保险、养老保险和向各省的重要转移支付[②]等重大的法定支出以外，所有项目都是审查对象。部长们需要根据以下六个标准来评估自己的项目和活动：

i. 服务公共利益

ii. 政府参与的必要性（相对于需要私人部门参与而言）

iii. 联邦政府作用的适当性（相对于其他各级政府而言）

iv. 寻求公众和私人部门协作

v. 效率提升的空间

vi. 支付能力

项目审查建议，"针对政府职能和任务，展开长期性的结构改革"，另外"对政府执行项目和提供服务的方法，进行根本性变革"（1995 年预算，11 ~ 12 页）。主要的改革措施包括：

■ 取消和大量减少补贴。

■ 重新设计方案来提高效率。

■ 合并和整合方案。

■ 将项目转移给地方政府。

■ 项目民营化。

项目审查工作是颇具政治挑战性的，即便在政府内部也是如此。许多部长起初很难接受如此大力度的削减计划。尽管如此，在总理让·克雷蒂安的鼎力支持下，财政部长保罗·马丁最终赢得了部长们的支持。[③] 审查过程是在一项前提下严格进行的，即各项支出的削减，最终必须累积达到一个预先设定的水平，以实现预算目标（Martin，1996）。"如果有些部长不能达成预设的削减目标，审查委员会就会帮他完成……委员会有权更改各部门的具体目标，但这是一场零和博弈（此得彼失的局面）：假设他们想将一个部门的目标从 20% 降到 10%，他们可以做出这样的（削减）决策。但随后必须针对其他部门做出更多缩减，以实现相对平衡（Martin，2008）。在委员会批准了各部门的缩减量后，各部门的部长再确定自身责任领域内的优先事项。

由于政府项目的削减和取消，一些部门的支出甚至减半。相比于 1994—1995

[①]　有关项目审查的详述及具体方法参见博尔贡（Bourgon，2009）。
[②]　1995 年预算简介，8 页。
[③]　有关项目审查过程的政治挑战性的话题，曾与时任财政部长的保罗·马丁和经济与财政政策部助理副部长保罗-亨利·拉普安特进行过探讨。讨论的细节请参见保罗·马丁的回忆录（马丁，2008）。

年的水平，联邦公务员的人数在三年时间内将减少 14%。另外，公务员工资的冻结范围也扩大了。[①] 另外一些主要的支出缩减还包括减少了占 GDP 达 0.4% 的国防支出。

表 1-6 和表 1-7 显示，在两个系列计划中，主要（项目）支出的削减结果均好于预期。从支出调控的构成来看，1995 年计划相对于 1985 年计划，将更多的重点放在财政转移支付上：1995 年计划的支出调控中，主要支出计划的 55% 转移支付给了个人和各级地方政府，而 1985 年计划中的该部分占到 45%。从事后角度来看，1994—1997 年转移支付低于计划，1985—1991 年转移支付则高于计划。这体现出 1985 年计划缺乏结构性改革，而是依靠指数化体系的变化。不同的是，1995年计划对失业保险体系做出了重大的改革。相似地，其他支出也是 1985 年计划的主要关注点，在 1985—1991 年间也优于预期。另外，1995 年计划的大多数支出的削减都超出了预计。在下一个章节中，我们会进一步考察 1985 年计划和 1995 年计划的结构性改革。

表 1-6　　　　　　　　　　**分类支出——1985 年调控计划**

以所占 GNP 的百分数表示

	计划 (p)			实际 (a)			超出预期的削减部分
	1984—1985p	1990—1991p	Δp	1984—1985a	1990—1991a	Δa	$-(\Delta a - \Delta p)$
预算支出	23.7	20.8	-2.9	23.4	21.2	-2.3	-0.6
项目支出	18.4	14.9	-3.5	18.3	14.7	-3.6	0.1
对个人的转移支付	4.0	3.1	-0.9	3.8	3.3	-0.4	-0.4
对其他各级政府的转移支付	4.2	3.5	-0.7	4.3	3.5	-0.8	0.0
国防	2.1	2.0	-0.1	2.0	1.8	-0.2	0.1
其他[a]	8.1	6.3	-1.8	8.3	6.1	-2.2	0.4
公共债务支付	5.3	5.9	0.6	5.1	6.5	1.4	-0.8

　[a] 其他支出包括不同部门（国防除外）、机构、国有企业的支出以及除去主要的对个人和其他各级政府的转移支付以外的其他转移支付。

---

　① 公务员工资冻结首次是在 1991 年 3 月推行的。

表 1-7   分类支出——1995 年调控计划

以所占 GDP 的百分数表示

	计划 (p)			实际 (a)			超出预期的削减部分
	1993—1994p	1996—1997p	Δp	1993—1994a	1996—1997a	Δa	-(Δa-Δp)
预算支出	22.2	19.3	-2.9	21.7	17.9	-3.8	0.9
项目支出	16.9	13.1	-3.7	16.5	12.5	-4.0	0.3
对个人的转移支付	5.5	4.5	-1.0	5.2	4.1	-1.1	0.1
个人失业保险金	2.5	1.7	-0.8	2.4	1.5	-0.9	0.1
对其他各级政府的转移支付	3.8	2.8	-1.0	3.7	2.6	-1.1	0.1
国防	1.5	1.2	-0.4	1.6	1.0	-0.5	0.2
其他[a]	6.0	4.6	-1.4	6.1	4.8	-1.3	-0.1
公共债务支付	5.3	6.2	0.8	5.2	5.4	0.2	0.7

[a] 其他支出包括不同部门（国防除外）、机构、国有企业的支出以及除去主要的对个人和其他各级政府的转移支付以外的其他转移支付。

1.5 结构性改革

1994—1997 年的支出削减计划，是以对重要法定支出项目进行结构性改革为支撑的。这项改革与面向个人及各级地方政府的转移支付有关。然而，1985—1991 年系列计划中却未能尝试相关改革。[①]

1985—1991 年，大部分法定支出的减少，是在家庭津贴和老年保障补助的指数化因素改变等背景下实施的。其调控基础，由完全的消费价格指数（CPI），改为 CPI 上涨率减 3 个百分点——这是在 1985 年预算案中提出的。老年保障指数化的改变，后来因公众的强烈批评而被迫撤销了。到了 1985—1991 年调控的后期，还尝试向各省转移支付（通过冻结和设置上限）和失业保险改革等措施，但规模及覆盖面均比较有限。1995 年计划则与之不同，其目的在于通过以下几项重大改革来减少法定项目支出。

---

① 向个人的转移支付主要包括老年保障补助、家庭补贴和儿童补助以及失业保险补助。向地方政府的转移支付包括既有项目融资（the Established Programs Financing）、加拿大援助计划（Canada Assistance Plan）和均衡性拨款（Equalization Payments）。

1.5.1 向个人转移支付：失业保险

20世纪90年代初期，加拿大的失业保险体系不仅扭曲，而且与其他OECD国家相比，财政消耗更大。[①] 主要有两点畸形现象：（i）该系统使得频繁适用者的出现率过高；（ii）地区间的福利差异使得各地的失业状况差距显著。

最初的改革举措是在1994年预算中提出的，包括：（i）延长满足申请失业保险补助资格所要求的最短工作时间；（ii）尤其是针对失业率高的地区，缩短补贴的最长时限，并降低补贴率。1996年的《就业保险法案》（Employment Insurance Act）出台了一项重要的劳动力市场改革措施，彻底整改了劳动力市场政策和福利体系及其融资系统。[②] 综上所述，这些改革有助于缓解失业保险体系的扭曲状况，并降低了过高的成本。

1.5.2 向各省转移支付

1995年预算中，向各省的转移支付体制发生了改变，转向提高成本效益和灵活性。加拿大援助计划（一个省际社会福利成本共享项目）和既有项目融资方案（一项联邦政府资助各省高中后教育及卫生的固定拨款），将被加拿大卫生和社会转移支付计划（资金来源完全由政府固定拨款）所取代。除了减少联邦政府对省一级的转移支付，这种从部分共同负担成本，变为全额政府资金支持的举措，也是为了激励省级政府限制额外社会支出。通过这一成本共享项目，联邦政府在广泛的社会服务与社会援助领域，帮助省政府承担了多达一半的社会支出。但是，这一成本共享项目也以惊人的速度增长，即使在经济发展强劲的时期，也是难以承受的。这种政府全部出资的举措，还使得省级政府在分配社会支出时，具有更多的灵活空间。

在这些改革中，省级政府在削减联邦政府赤字中扮演了重要的角色。向省级政府的实际转移支付，从1984—1985年到1993—1994年，减少了GNP的0.5%。到1996—1997年，又进一步减少了GDP的1.1%——从1993—1994年GNP的3.7%，到1996—1997年GDP的2.6%。除了转移支付的缩减，各省还提高了各自的财政水平，简述如下。

两个调控计划都是在联邦政府的层面上实施的，而非合并的广义政府层面。然而，从减少向地方政府之转移支付的角度看，我们的分析论证，是通过评估广义政府的总结余来进行的。[③] 由于可获得的地方政府预算数据有限，评估是建立在事后原则的基础上的。图1-4分别描绘了联邦政府、地方政府和广义政府层面的总结

---

① 见OECD经济调查，加拿大，1994。
② 福利体系的主要变化包括：（i）满足申请资格的基点，从按周工作量计算变为按小时工作量计算；（ii）收入补贴的计算基础以固定的时间段为参照；（iii）推行新的强度规则来降低频繁适用者的替代率；（iv）缩短高失业地区的补贴享受时间；（v）降低可保收入的上限；（vi）为经常性的高收入者，发放加税补贴（a clawback of benefits）。
③ 有些削减省级转移支付的个案，显得过于激烈。这些转移支付后来有所回升，但是再没有回到1994—1997调控前的GDP比重水平。

余水平。从 1986—1987 年到 1989—1990 年，地方政府总结余和联邦政府总结余，均呈上涨趋势。然而，1989—1990 年后，前者比后者恶化了很多，导致了广义政府的总结余也迅速下滑。地方政府总结余的下滑，主要归因于 1990—1991 年经济衰退中地方政府支出的增加。金融市场通过下调省级信用的利率，来应对上述变故，这就导致了大多数省级政府在 1993 年预算中采用激烈的调控措施。大多数省级政府的反应是，计划通过一些临时性的平衡预算法案，在三年内使其预算收支平衡。[①] 在 1994—1997 年期间，地方政府、联邦政府及广义政府的总结余都得到了提升。

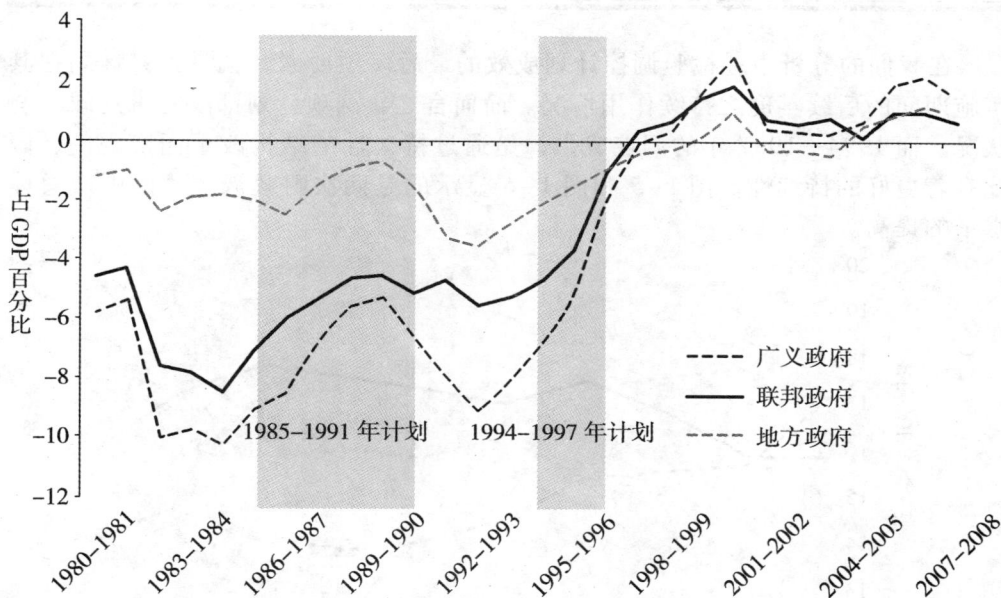

图 1-4　广义政府、联邦政府及地方政府的总结余

1.5.3　养老金改革

为了与财政的长期可持续发展步调一致，并经过了广泛的讨论，联邦及各省政府还在 1998 年整改了加拿大养老金计划。加拿大养老金计划的资金全部来源于雇主与雇员上缴的税金。因此，公共养老金账目不被列在联邦政府预算账目之中。[②] 然而，在其他发达经济体中，养老金却是政府长期财政责任的关键所在，独具挑战性。

在 20 世纪 90 年代中期，很明显，考虑到人口老龄化，生产力增长缓慢，大量的福利补贴，政府急需采取行动来确保养老金系统的可持续性。1995 年加拿大养老金计划没有偿还资金来源的债务净现值是 GDP 的 75%，在当时堪比联邦政府的

---

① 两个最大的省（安大略和魁北克）调整得较为缓慢。
② 加拿大养老金计划是政府一般类账目，这与国际上的比较相关。

净负债。基于当时的状况，不得不将缴款率从 1995 年的 5.6% 调高到 14.2%，来满足量入为出的可持续性。1998 年，联邦和地方政府同意采用 1998—2003 年间将养老保险金从 5.6% 提高到 9.9% 的方法，向加拿大养老金计划预先投入资金。此外，还允许创立一个独立的加拿大养老金计划投资管理委员会，负责运用市场驱动策略，对剩余的资金进行投资（Courchene, 1997）。幸亏有这些措施，加拿大养老金计划后来的精算评估良好。

1.6 调控持续的程度

在我们的分析中，检验调控计划成效的最后一项要素，就是考察计划在其实施期间的后续年度之持续作用情况。简而言之，两项计划都改善了财政平衡状况。而 1994—1997 年的调控成果，是通过持久性的结构改革而实现的，因此有着更好的持续性。图 1-5 和图 1-6 显示的是两次财政调控后的财政总体水平的提高。

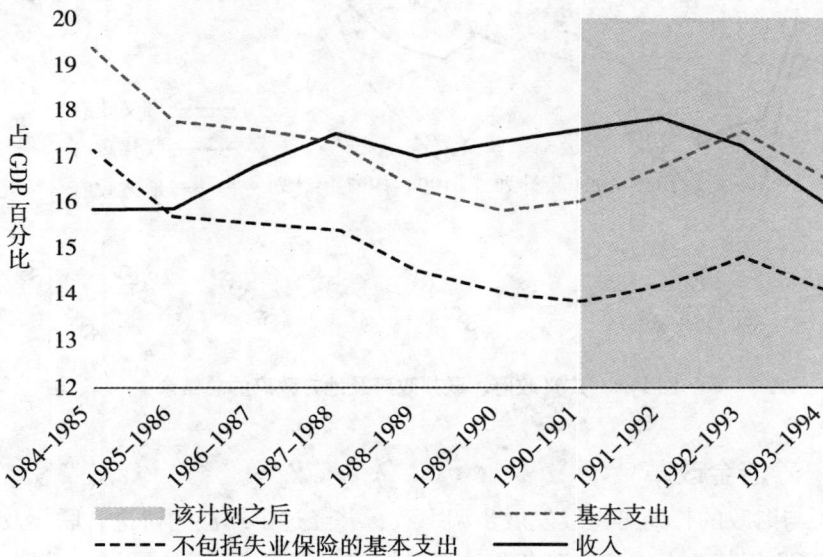

图 1-5 1985—1991 年计划以后的时期

1985 年计划给 1990—1991 年度带来了占 GDP 1.6% 的基本结余。然而，在接下来的三年当中，经济衰退和随之而来的缓慢增长使得基本结余状况不断恶化。这种恶化是由收入下滑和开支增长双重原因造成的（见表 1-5）。支出的增长源于失业保险金补贴的自动增长和其他一些自由裁量政策。

1995 年计划坚决地将 1996—1997 年的基本盈余提升到 GDP 的 4% 以上，使债务与 GDP 的比率呈现下降的态势，也为随后几年在保持稳定的支出/GDP 比率的同

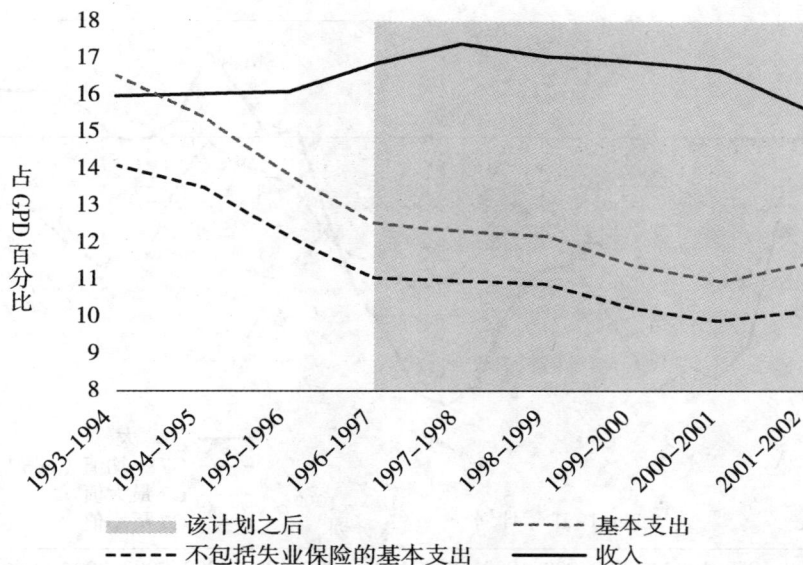

图 1-6　1994—1997 年计划以后的时期

时，创造了减税的可能性。① 此后基本结余连续保持了 11 年，直到 2008—2009 年的经济危机。

1.7　结语

加拿大是目前 G7 国家中广义政府的净负债与 GDP 比率最低的国家。该国之所以能脱颖而出，主要由于其政府制定了大规模可持续的财政调控计划，从而成功应对了财政压力。本章对两个财政计划的分析，得出使加拿大财政状况持续改善的四个因素：

i. 广泛的公众支持

ii. 政府角色的重新定位和深度的结构改革

iii. 审慎的宏观经济和财政假设

iv. 地方各级政府的财政整顿

在两个调控计划中，实际的总收支表现均优于预期。然而，1985 年计划并未能稳定公共债务相对 GDP 的比率。1985 年计划主要依靠全方位的缩减和冻结，由于力度不够，在国内外都饱受诟病。事实上，整个 1985—1991 年期间，加拿大政府的总赤字一直高于除意大利之外的其他几个 G7 国家。

相比之下，在 1994—1997 年调控期间，加拿大的整体政府总结余在 G7 国家中，从倒数第二上升为第一名，结余最高，并将这种情况一直持续到了 2009 年（见图 1-7）。

---

① 加拿大 2000—2001 年的经济衰退相对于美国同时期或者本国 1990—1991 年的萧条，要温和得多。

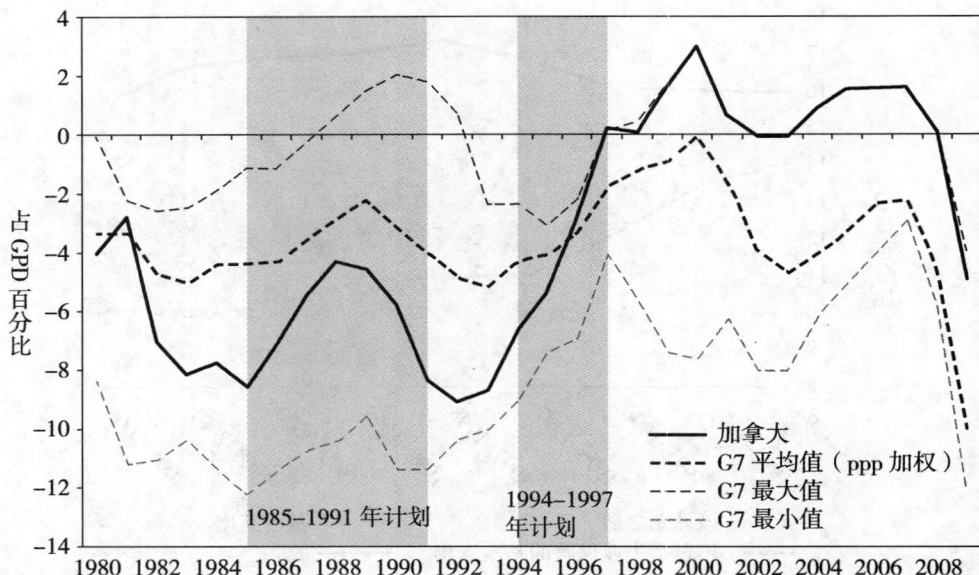

图 1-7   加拿大与其他 G7 国家的广义政府结余对比

尽管时间较短，但得益于政府角色的重新定位和深度的结构性改革，1995 年计划实现了债务稳定。联邦部门支出的全面审查极大地改变了政府行为及其项目运作、提供服务的方式。另外，结构改革还着力改进了向各省转移支付、失业保险及养老保险体系中的低效率和可持续性问题。审慎的宏观经济和财政假设，对总结余能够持续超越预期目标起到了助力作用，也增强了公众对于调控计划的信心。地方政府在联邦政府削减转移支付的情况下，仍然能够提高财政结余，这也有利于广义政府结余的提升。

1995 年计划所追求的目标，反映出公众对于财政整顿（fiscal consolidation）的要求增强了。1985—1991 年计划前，只有很少一部分人认为联邦赤字和国家债务是主要的经济问题；而到了 1994—1997 年计划前，70% 的加拿大人都赞成削减开支以降低赤字，而不是用增加开支来刺激经济。有关高额债务对于经济发展以及代际公平的影响，政府采取了与公众加强沟通的策略。这样能够帮助公众意识到财政调控的必要性，从而促使人们支持结构性改革。

1.8   致谢

我们感谢毛里西奥·维拉菲尔特（Mauricio Villafuerte）和编辑的指导。感谢保罗-亨利·拉普安特提供的非常有用的评论和论述。本章还得益于与乔斯林·博尔贡（Jocelyne Bourgon）、托马斯·霍金（Thomas Hockin）、丹·霍姆斯（Dan Holmes）、葛伦·珀维斯（Glenn Purves）以及皮埃尔·圣埃芒特（Pierre St-Amant）的讨论。另外，朴俊亨和凯蒂娅·陈高效地完成了辅助工作。

第 **2** 章　美国：寻求财政纪律

伊里·乔纳斯（Jiri Jonas）

"在设计一个由人来管理人的政府，需要解决的难题：首先，必须使政府能够控制被管理者；其次，要强迫政府控制自己。"

——亚历山大·汉密尔顿（Alexander Hamilton，美国第一任财政部部长）

2.1　引言

美国近期财政状况的急剧恶化以及相关财政展望，都将财政调控问题推到了风口浪尖。降低财政赤字和减少公共债务成为政策优先考虑的问题，对于政府来说这并不是第一次。在二战之后到 20 世纪 70 年代初期的这段时期内，财政赤字是适度的、暂时性的，即便是在 1974 年的衰退期间，联邦预算也大致是收支平衡的。然而，1975 年财政赤字急剧增长，直到 20 世纪 90 年代末，赤字都一直居高不下（见图2-1）。从 20 世纪 80 年代到 90 年代前半段，政府债务一直在持续不断地增长。在经济衰退中，自动稳定器（automatic stabilizers）发挥作用，往往会导致支出增加、收入减少，因而赤字主要是结构性的（见图 2-2）。[①] 在过去的数十年中，预算中的赤字缺口越来越大，导致政府不得不反复控制赤字。这就是亚历山大·汉密尔顿强调的难题——政府应如何具备自控能力，又应如何履行自控义务呢？

从图 2-1 可以清楚地看出，恢复财政秩序的尝试大多失败了，直到 1993 年才出现了明显的好转。但是这种好转的局面也未能得以维持，2000 年以后，联邦预算再次呈现出巨额赤字。

在本章中，我们将回顾政府试图控制联邦赤字的三次尝试：（1）《1985 年平衡预算与紧急赤字控制法案》（《葛兰姆-林德曼-霍林斯法案》（Gramm-Rudman-Hollings Act），以下简称 GRH）；（2）《1990 年综合预算整顿法案》（Omnibus Budget Reconciliation Act of 1990，OBRA-90，以下简称 90 法案）；（3）《美国政府 1993 年预算协调综合法案》（Omnibus Budget Reconciliation Act of 1993，OBRA-93，以下简称 93 法案）。[②] 我们旨在

[①]　要想了解造成赤字扩大的因素，可以参阅马森和穆萨（Masson and Mussa，1995）。本章所有表格和图表均使用 CBO 给出的自动稳定器的定义，该定义较之本书其他章节的界定要窄。

[②]　更早些时候，也有一些试图改善预算过程和控制赤字的尝试。1946 年的《立法重组法案》（Legislative Reorganization Act）试图设立拨款上限，但是这一上限在开始实施的第一年就被打破了。1974 年，《国会预算和扣押控制法案》（Congressional Budget and Impoundment Control Act）出台，为参众两院都建立了预算委员会，并且负责设定整体的财政收入、支出和赤字或者盈余的目标，这样总支出就不再是各项拨款的总和了。尽管在当时被誉为具有革命性，但事实上 1974 年法案在限制支出和赤字方面毫无作为，只是显现了这些状况而已。正如布坎南和瓦格纳（Buchanan and Wagner，1977）所说："支出上限和馅饼的饼皮一样，注定是要被打破的。"

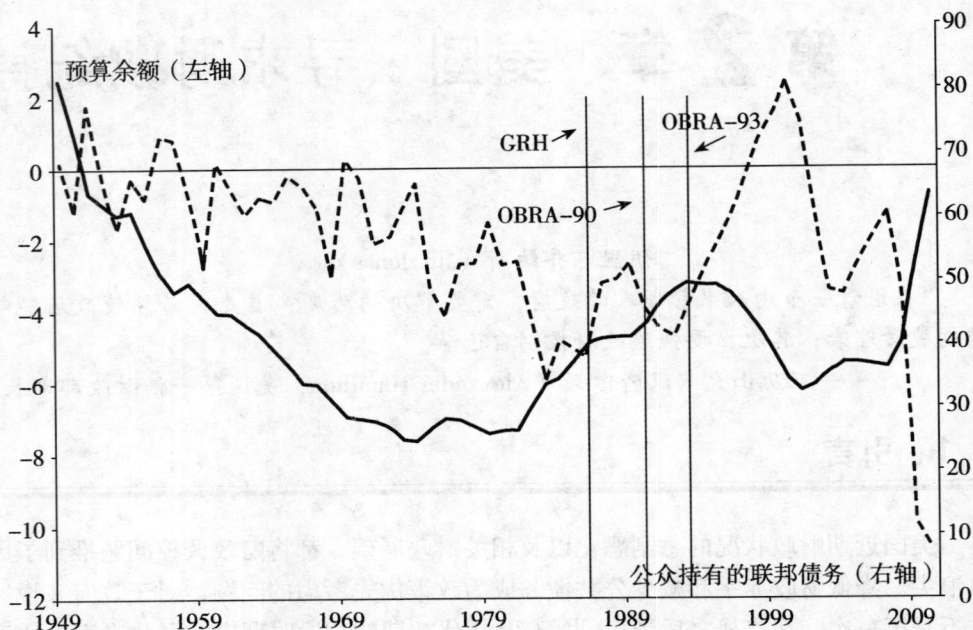

图 2-1 1949—2009 年联邦预算余额与负债（占 GDP 的百分比）

Source：Congressional Budget Office（CBO）GRH：Gramm-Rudman-Hollings；OBRA：Omnibus Budget Reconciliation Act.

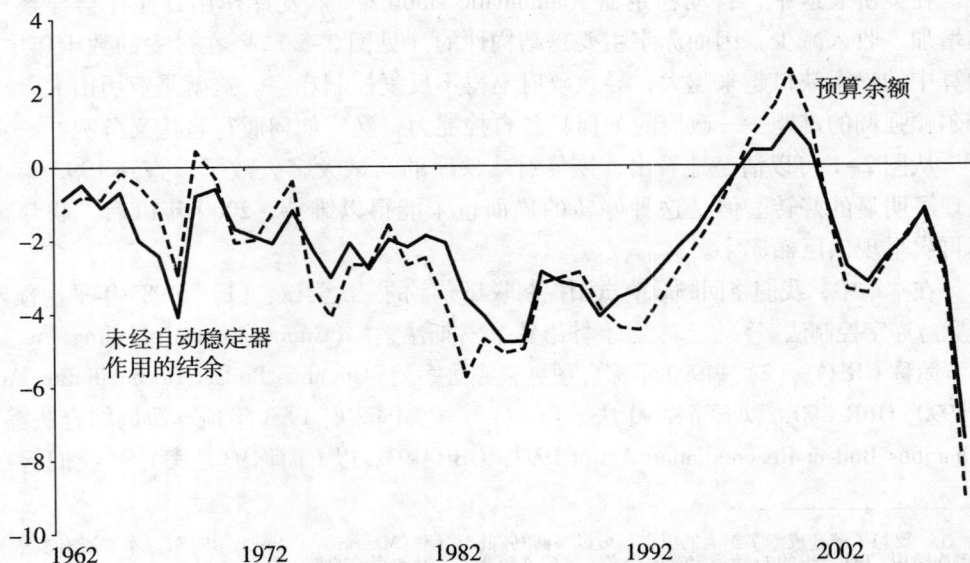

图 2-2 1962—2009 年联邦预算余额与负债（占潜在 GDP 的百分比）

Source：CBO（2010）.

回答以下问题：第一，这些财政整顿计划的目标（赤字减少的规模和速度）及财政整顿的预期机制（预算规则）是什么？第二，目标是否达成？成功或失败的根本因素是什么？第三，是否执行贯彻了计划的规则与政策？宏观经济的发展是否与计划中的财政整顿假设相一致？是否存在其他始料未及的因素影响了财政整顿的结果？

我们将会发现，前两次尝试（GRH 和 90 法案）未能如计划所预期的那样控制财政赤字，一方面，是因为实际上的宏观经济发展，较之预期更为严峻；另一方面，则由于所采用的预算规则，并没有真正治理财政状况恶化的根源，加之这些规则也不具备政治上的可实施性。相比之下，始于 1993 年的第三次财政整顿带来的财政赤字减少比预想的有效得多。其中一个重要的因素，就是 20 世纪 90 年代中后期的实际 GDP 增长比预计要多。当然，仅仅这一个因素并不能解释这次整顿与前两次的差别；其他起作用的因素还包括收入的激增以及支出的削减，这些都为赤字减少和最终的财政盈余做出了重要的贡献。不幸的是，此次预算结余的迅速增长，也为 21 世纪前 10 年的财政形势逆转埋下了隐患；事实上，随后的政策有可能是建立在错误假设之上的，认为 20 世纪 90 年代末的财政盈余，反映了宏观经济和财政绩效根本性的持续发展。事后来看，我们当时认为的良好结果，其实部分来源于暂时性的因素。

2.1.1　第一次尝试：《1985 年平衡预算与紧急赤字控制法案》

在 20 世纪 80 年代中前期，联邦赤字急剧增加，达到了和平时期的空前水平。1983 年联邦预算赤字为 GDP 的 6%，达到了最高点，在 1984—1986 年间，尽管经济增长状况有所好转，但预算赤字依然保持在 GDP 的 5% 左右。剔除了自动稳定器作用的财政赤字，在 1985 年和 1986 年几乎达到 GDP 的 5%，居于最高点。民主党将责任归咎于里根总统的减税和军事扩张行动，而共和党则将责任归咎于国会在控制支出方面的无能。[①]

20 世纪 80 年代中前期的财政赤字增加，恰好与当时不断增长的经常性账户赤字相一致（从 1980 年的零赤字到 1985 年占 GDP 的 3.5%），这引发了关于"双赤字"之危险的争论。很多经济学家认为，财政赤字刺激了当时的经常账户赤字和外债积累，加剧了金融不稳定或美元暴跌的风险。然而，里根政府则认为，不断上升的财政赤字，反映了较高的支出及政府在经济中发挥着日益重要的作用，这会导致资源配置效力的降低和经济增长缓慢。[②]

作为对财政赤字不断增加的回应，国会通过了《1985 年平衡预算与紧急赤字控制法案》（后来也称为 GRH）。GRH 提供了一个争论双方都能接受的折中方案：

[①]　尽管里根总统在 1984 年获得多数选票再次当选，而且共和党控制了参议院，但众议院却是在民主党的掌控之中。

[②]　《总统经济报告》，1986，7 页。或参见萨默斯（Summers，1986），他认为，尽管政府负债的增长没有构成违约风险，但由于挤出效应，很可能给经济增长带来严重后果，而且利率的攀升，可能加剧私人机构的债务问题。

缩减国防开支并更加严格地控制非国防开支。法案为每一年都设定了一个明确的财政赤字目标：最初 1986 年的赤字水平定为 1 800 亿美元，之后每年减少 360 亿美元，到 1991 年时预算达到平衡（见图 2-3）。① 总统每年都要提交一份符合 GRH 赤字目标的预算，如果法定政策预计会导致较高的赤字，自动"扣押"（automatic "sequestration"）机制就会启动，即将支出削减额均摊于国防支出和非国防支出（不包括社会保障、利息支付及一些扶贫项目）②·③。

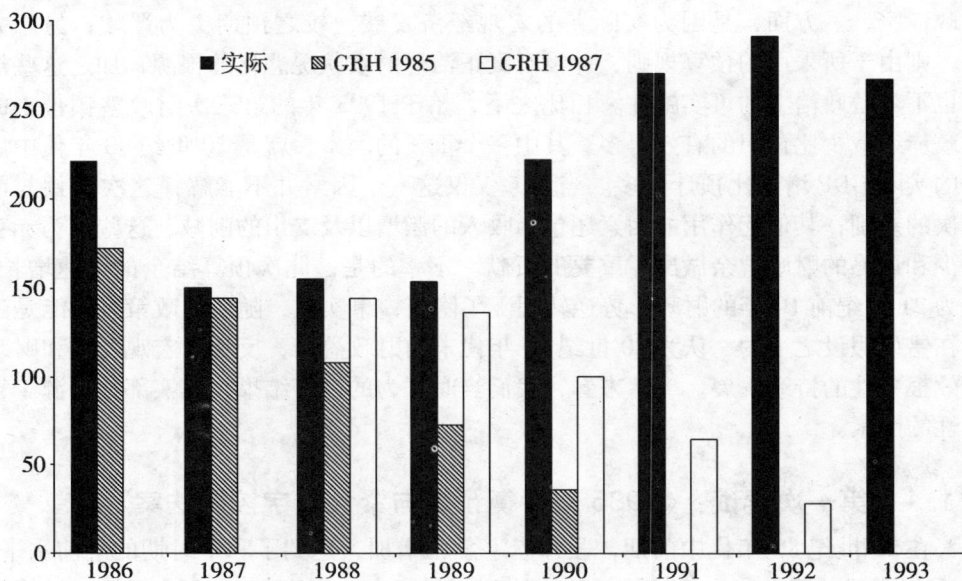

图 2-3　1986—1993 年 GRH 法案赤字削减目标与实际赤字的对比（以 10 亿美元为单位）

Source：CBO.

最终 GRH 的目标并没有实现。而且，在 1987 年，为了应对法律上的问题（参见本页注释②），该法案中的一些规则被修改了。很显然，想要达到 1985 的 GRH 赤字目标，需要后来几年都大量削减开支。因此，政府放宽了赤字目标的要求，同时将实现目标的时间从 1991 年推迟到 1993 年。然而，即便如此，修改后的目标最终仍被证实太过奢望了：20 世纪 90 年代，由于衰退导致的收入减少，赤字非但没有降低，反而再次开始提升。1991 年和 1993 年，分别是最初的和修正后的预算平衡实现时间，赤字却达到了 GDP 的 4% ~4.5%。

为什么预算目标非但没有完成，反而相差甚远呢？一个因素是实际经济增长比预计的要差。尽管政府的宏观经济假设与私营机构的预测相比（见表 2-1），并没有很出格，但由于 1990—1991 年的衰退，实际 GDP 增长还是比预计的要少。而经

---

①　里根总统支持 GRH 并且承诺每年提交的预算符合 GRH 的预算目标。他甚至声明支持修改宪法来制定永久的预算平衡（《总统经济报告》，1986，7 页）。

②　关于做出这一决定并且命令进行全面削减的责任，最初是赋予总审计长的（总审计署的最高长官）。然而，这一法律遭到反对，最高法院裁定总审计长没有这项权力。国会修改了立法，把这一责任赋予了管理和预算办公室（OMB）。

③　"扣押"主要是自动的全方位支出缩减（参见 Keith，2004）。

济增长的减速，仅仅导致赤字增加了 GDP 的一个百分点（见图 2-2）。主要问题是未能成功控制支出。尽管 GRH 没有规定怎样实现赤字的减少，但政府希望通过削减开支来达到这一目标。在 1986 年和 1991 年之间，剔除社会保障的非利息支出，最初预计要从 GDP 的 15.7% 下降到 GDP 的 12.5%，预计净利息支付至少下降 GDP 的一个百分点（美国总统经济报告，1987，71 页）。税收增加没有明确规划（尽管 1986 年的税收改革法案使收入增加了 GDP 的 1%，为 1987 年的赤字减少做出了显著贡献——参见 Reischauer，1990）。

表 2-1　　　　　　　　　　　　　实际 GDP 增长（百分比）

关于 1986—1991 年度的预期及实际结算数字（1986 年发布）

	1986	1987	1988	1989	1990	1991
政府	3.4	4	4	3.9	3.8	3.5
国会预算办公室（CBO）	3.2	3.1	3.3	3.5	3.5	3.2
实际	3.4	3.5	4.2	3.5	1.7	-0.2

Source：CBO，*Economic and Budget Outlook*，*Fiscal Years 1987–1991*，February 1986；Economic Report of the President，1986。

最终，净利息支付占 GDP 的份额有轻微的增加，却未如设想中的减少。[1] 更重要的是，除社会保障之外的非利息支出并没有减少：像预想的那样，社会保障支出占 GDP 的份额保持不变，而尽管国防支出减少了 GDP 的 1%，其他非利息支出在 GDP 中所占的比率仅轻微地下降了。造成这种状况的一部分原因是，存款保险的资本重组暂时使支出激增。评估 GRH 影响的研究发现，该法案限制了非豁免项目的开支，但豁免类项目的支出却大幅增长了。一项研究估计：到 1989 财年，受 GRH 限制削减的开支达到了 590 亿美元，但是由于没有更高的收入，终究没能达成预期的赤字缩减目标（参见 Hahm 等，1992）。

GRH 的规则设计上也存在缺陷：第一，把目标直接对准了预算赤字，这受到很多政府无法控制因素的影响，不利于激发政府之受托责任。第二，大量的支出项目（例如社会保障）不受"扣押"机制限制，结果导致非豁免类支出需要大量削减，才能满足赤字目标。第三，GRH 中有一条在严重衰退期的免责条款，规定在经济恢复的第一年就要恢复支出削减，这对财政紧缩期来讲，是很大的挑战。总的来说，要满足 GRH 目标，就必须继续大规模削减非豁免项目的支出，这已是政府无力承担也不愿承担的了（尤其是在 1990—1991 年这段经济衰退期间）。尽管有这些缺陷，仍旧有广泛的观点认为，如果没有 GRH，财政赤字将会

---

[1]　在某种程度上，更高的利息支付，反映了更高的债务存量，这是由于没有遵守 GRH 设定的目标而造成的。然而，更重要的是，国库券的收益率并没有如预期般下降：在 1986 年 2 月，CBO 预测三个月期的国库券利率，会逐渐从 1986 年的 6.8% 下降到 1991 年的 5.4%。1991 年的情形，勉强达到了预期（经济衰退的结果），但此前两年的收益率却在 7.5% ~8% 之间。

更大。[①]

2.1.2　第二次尝试:《1990 年综合预算整顿法案》

1990 年度的财政赤字将要超出(修订的)GRH 预算赤字上限约 1 000 亿美元,这个事实在该年的春季已然显而易见了。(修订的)GRH 目标所包含的赤字需求将会很大,在政治上也难以接受支出削减。管理和预算办公室估计,为了达到 1990年的赤字目标,需要扣押 850 亿美元。然而,由于一些预算项目免于被扣押,这就意味着国防项目支出需减少 32%,而非国防项目支出要减少 35%。[②] 显然,这是不可行的。

有鉴于此,1990 年 5 月,布什总统与国会领导层进行了关于预算的谈判。1990 年 11 月,布什总统签署了 90 法案,其中包括预算执行法案(Budget Enforcement Act,以下简称 BEA),规定用两项强制执行的原则取代了 GRH 中的赤字上限机制:(1)对 1991—1995 年选择性开支(discretionary spending)的拨款设置上限,并结合扣押机制来保证其履行;(2)推行"即用即付"(pay-as-you-go,PAYGO)机制,要求影响法定开支与收入的法规,不得导致赤字增加(如有需要,还可另行扣押)。BEA 还规定国会及行政部门也同样实施上述两项原则。除了BEA,90 法案还提高了收入税和消费税的税率。[③]

90 法案的目标是,在 1991—1995 年间,相对于基线(baseline)(政策与法规不变的情况下),累积削减预算赤字 5 000 亿美元。这主要依靠减缓支出的增长:降低选择性开支,这部分相对于基线而言,占赤字削减总量的 40%(主要是抑制国防支出增长)。另外,福利开支的减少占 20%,其余的 40% 则来自于提高税收。[④]

表 2-2 总结了 90 法案制定前的财政状况,以及该计划的预期作用和实际结果。第一行显示的是,在 90 法案实施前,国会预算办公室(以下简称 CBO)的预期基线,起始时间是 1990 年 7 月。预计赤字占 GDP 的比例,会在 1991 年达到最大值4%,之后逐渐下降。[⑤] 同时预计 1993 年赤字占 GDP 的比例会接近 3%,而根据修订后的 GRH 目标,当年的赤字应为零。第二行显示的是,将 BEA 作用考虑在内的CBO 赤字预期。由于预期经济增长较低以及受储贷危机(savings-and-loan crisis)[⑥]影响的储蓄保险支出较高,即便是考虑到了 BEA 发挥的作用,1991 年 1 月的赤字

---

　　① 赖肖尔(Reischauer, 1990)这样总结道:"GRH 并没有使得赤字这头牛返回牛棚,但至少是没让它冲下悬崖。"

　　② 《参议院预算委员会:委员会历史》。

　　③ 老布什违背了 1988 年在共和党全国代表大会上竞选时的承诺——"我承诺:不会有新的赋税",这一点成为 1992 年总统选举时的一个主要问题。

　　④ 《总统经济报告》,1991,64~65 页。

　　⑤ 除了经济疲软之外,造成 1991—1992 年赤字的重要因素,是为了应对储贷危机而成立重组信托公司(Resolution Trust Corporation)的支出。

　　⑥ 所谓"储贷危机"系指,在 20 世纪 80 年代以前,由于长期低利率货币政策使得储蓄贷款机构的住房抵押贷款基本上都是固定利率贷款。但里根政府上台后,为应对滞胀采取了货币主义和供给学派相结合的经济政策,其货币政策就是紧缩,于是利率不断提高,美联储基金利率一度曾经达到 16% 以上。利率不断升高之后,使得储蓄贷款机构的存贷利率出现了严重的倒挂,原先以固定利率发放的住房抵押贷款变成了不良资产,储贷机构大面积倒闭。——译者注。

预期，仍然要比 1990 年 7 月 BEA 实施前的赤字预期要大。为了更清楚地对比，第三行显示了排除 BEA 影响的 1991 年 1 月的 CBO 预期赤字。第一行与第三行的巨大差异，显示 1990 年 7 月到 1991 年 1 月间财政状况与预期相比，明显恶化了。最后一行——"隐含的 BEA 影响"（"implied BEA impact"）——评估了 BEA 的影响：将排除了 90 法案作用的 1991 年 1 月的 CBO 预期赤字，与（同时受 BEA 和其他因素影响的）实际赤字相比较，后者比前者累计少 3 000 亿美元，大约实现了 1991 年 1 月 CBO 预估的 BEA 调节作用的 2/3。

表 2-2　　　　　　　　　　　1991—1996 年 CBO 财政预期

（单位：10 亿美元）

	1990	1991	1992	1993	1994	1995	1996
1990 年 7 月 CBO 基线	−195	−232	−239	−194	−146	−138	n. a.
1991 年 1 月 CBO 预测（含 BEA 作用）	−220	−298	284	−215	−160	−57	−56
1991 年 1 月 CBO 预测（不含 BEA 作用）	−220	−332	−353	−303	−291	−217	n. a.
实际收支结算	−221	−269	−290	−255	−203	−164	−108
CBO 预估的 90 法案作用	n. a.	33	69	89	131	160	n. a.
反映出的 BEA 作用[a]	…	63	63	48	88	53	
占 GDP 百分比							
1990 年 7 月 CBO 基线	−3.6	−4	−3.8	−2.9	−2.1	−1.8	n. a.
1991 年 1 月 CBO 预测（含 BEA 作用）	−4.1	−5.3	−5	−3.7	−3.1	−1.8	−1.8
实际余额	−3.9	−4.5	−4.7	−3.9	−2.9	−2.2	−1.4

Source：CBO，*Economic and Budget Outlook*（1990 Update and 1991 issue covering 1992–1996）.
[a] 1991 年 1 月 CBO 预测（不含 BEA 作用）减去实际收支结算。

　　90 法案的目标是锁定 1990 年谈判达成的关于减少赤字的政治协议，防止将来的立法和自主性政策破坏这种共识。然而，尽管实行了选择性开支限制和税收措施，财政赤字的情况仍然在继续恶化，主要有三个原因：（1）1990—1991 年的经济衰退及 1992 年相对较慢的经济复苏；（2）解决储贷危机的额外成本；（3）没能成功控制福利支出。"即用即付"机制（PAYGO）阻止了无资金支持的支出项目及免税政策的出现，并且限制了选择性开支，但并没有控制住像医疗保障方案（Medicare）和医疗补助计划（Medicaid）这样的福利性项目支出的迅速增长，这也是始料不及的。因此，BEA 的规定并未能阻止财政预期的迅速恶化（见表 2-3）。

表 2-3   CBO 对 1991—1996 年的财政预期

（占 GDP 的百分比，不同时期）

	1991	1992	1993	1994	1995	1996
1990 年 12 月	-5.3	-5.0	-3.7	-3.1	-1.8	-1.8
1991 年 1 月	-5.3	-4.7	-3.4	-2.4	-0.8	-0.7
1991 年 8 月	-5.0	-6.1	-4.4	-3.5	-2.5	-2.1
1992 年 1 月	-4.8	-6.0	-5.2	-3.9	-2.8	-2.4
1992 年 8 月	-4.8	-5.4	-5.3	-4.1	-3.5	-3.5

Source：CBO, Economic and Budget Outlook, various issues.

2.1.3 第三次尝试：《1993 年综合预算整顿法案》

然而，尽管存在上述缺陷，90 法案和 BEA 的支出限制，还是为提高 20 世纪 90 年代的财政绩效打下了基础。当然，在 1992 年这种情况并不明显，当时预计中期财政赤字仍会维持在 GDP 的 3.5% 以上（见表 2-3 中的 1992 年 8 月 CBO 预期）。克林顿总统在 1993 年 1 月上任之后，将减少财政赤字作为经济上优先考虑的主要问题之一，并且提出了一个五年期的赤字削减一揽子计划，计划在 1994—1998 年间，相比基线，累计减少 5 000 亿美元的财政赤字，这个目标与 90 法案相同。经过了激烈的讨论，《1993 年综合预算整顿法案》（OBRA-93，以下简称 93 法案）终于在 1993 年的 8 月出台了。①

93 法案计划将 1998 年的预算赤字减少 GDP 的 1.75%（相对于没有政策变化时的基线），从 3 330 亿美元降低到 1 870 亿美元（见表 2-4）。其中，2/5 来自于较高的税收收入，剩下的 3/5 来自于开支减少。1990 年执行法案中，设置选择性开支上限的政策继续沿用，还增设了 5 年期的名义支出冻结：1998 年的选择性开支上限为 5 480 亿美元，仅比 1993 年的 5 500 亿美元略低。这段时期的预期通胀率平均低于 3%，这意味着实际的赤字缩减要达到 13%。假如实际通胀率低于预期通胀率，名义支出也要相应地减少。法定开支预期相比基线低 260 亿美元，这主要是由于医疗保障支出的减少。提高收入的措施包括提高公司税和所得税的税率以及逐步堵塞税收漏洞。到 1998 财政年度，预计这些措施会带来将近 600 亿美元的税收收入（与基线相比）。最后，不断下降的利率，预计到 1998 年会减少超过 250 亿美元的公共债务服务成本。还有一项缩短债务期限的决定，也有望促进利息成本的降低。

① 赞成与反对的票数非常接近：所有的共和党和部分民主党反对提案：众议院以 218 比 216 的票数通过，而副总统戈尔的投票打破了平局，使得参议院票数为 51 比 50，最终才使提案通过。共和党提交了另一份议案，即缩减 3 550 亿美元的开支，其中 1 290 亿美元从福利项目中缩减（实际减少的福利项目开支仅仅为 420 亿美元）。这份议案中没有增税政策。

表 2-4   **93 法案对 1998 年预算的预期影响**

（单位：10 亿美元）

	无 93 法案作用	93 法案调节后	差异
支出	1 825	1 738	-87
自主性	584	548	-36
强制性	971	945	-26
利息	270	245	-25
收入	1 492	1 551	59
1998 年预期赤字	333	187	-146

Source：Economics Report of the President，1994.

　　此次财政调控计划的目标是：将调控后的结构性或周期性赤字，从 1992 年占 GDP 的 3.5%，降低到 1995 年占 GDP 的 2.1%，并将该赤字水平保持下去（见表 2-5）。

表 2-5   **1992—1998 年结构性赤字预期**

	1992	1993	1994	1995	1996	1997	1998
单位：10 亿美元	206	214.7	190.8	149.1	156.1	162.8	171.4
占 GDP 的百分比	3.5	3.4	2.9	2.1	2.1	2.1	2.1

Source：Economic Report of the President，1994.

　　克林顿政府担心公共财政恶化的危险会影响美国经济，这促使其下定决心扭转一直以来赤字不断增加的局面。美联储主席艾伦·格林斯潘和财政部长罗伯特·鲁宾在促成这项决定中发挥了重要的作用。[1] 他们担心预算赤字和公共债务的不断增加会导致利率提高，给经济绩效表现带来有害的影响。政府认为，财政整顿及采取特定且可靠的措施，来降低未来的赤字水平，会带来长远的利益：长期债券收益率会降低，私人投资会增加，经济增长将以一种持久的方式加速。93 法案还将重点放在"支出转移"上：将支出从消费（公共的和私人的）转移到投资。由赤字减少带动的利率降低，被认为是这次支出转移的一个主要工具。

　　赤字缩减的规模是经过调整的，这是为了能切实地改善财政赤字状况，同时避免急剧的财政紧缩损害近期的经济增长。尽管减少的支出和增加的税收会降低总需求，而较低的长期利率的刺激作用则有望弥补这种影响，进而可以促进中期和长期的经济增长。[2]

　　关于 93 法案财政影响的 CBO 评估，概括在表 2-6 中。第一行和第二行显示了 CBO 的预期基线（未考虑 93 法案的作用）及 1993 年 3 月 CBO 对于政府预算提案

---

　　[1]　想要了解决定做出前的争论，可以参阅鲁宾和韦斯伯格（Rubin and Weisberg），2008。
　　[2]　1994 年《总统经济报告》34~36 页提到：随着赤字缩减措施的宣布，长期利率下降，能使财政整顿对经济增长的有害影响降到最低："缩减赤字如能有效地降低长期利率，就不一定会引起经济紧缩，这是……我们在 1993 年所经历的。"

的初步评估（根据政府文件"变革美国的愿景"（A Vision of Change for America）中描述的提案和预估）。第三行显示的是 1993 年 9 月之后 CBO 修订的评估，当时 93 法案已经在国会通过了。为了做比较，第四行显示的是 1993 年 3 月的政府赤字预期（报告来自 CBO）。[①] 最后一行显示的是 CBO 预计的 1994—1998 年间 93 法案条款作用下的累积收入。观察这些预期值，其中有几个结果是值得重点分析的。

表 2-6　　　　　　　　　　政府与 CBO 对 93 法案财政影响的估计

（单位：10 亿美元，其他单位标准另注）

	1994	1995	1996	1997	1998	Total
1. 赤字（CBO 基线，1993 年 3 月）	286.7	284.4	290.0	321.7	359.7	1 542.5
占 GDP 的百分比	4.4	4.1	4.0	4.3	4.6	…
2. 赤字（CBO,1993 年 3 月）	268.1	257.0	222.0	204.9	228.5	1 180.5
占 GDP 的百分比	4.1	3.7	3.1	2.7	2.9	…
3. 赤字（CBO,1993 年 9 月）	253.0	196.0	190.0	198.0	200.0	1 0374.0
占 GDP 的百分比	3.9	2.9	2.6	2.6	2.5	
4. 赤字（政府）	262.4	241.6	205.3	206.4	241.4	1 130.1
占 GDP 的百分比	4.0	3.1	2.9	2.7	3.1	
5. 93 法案对收入的影响	26.4	43.5	51.5	60.7	58.5	240.6

Sources：CBO, *The Analysis of the President's February Budget Proposal*, March 1993; *Economic and Budget Outlook Update*, September 1993; and *Economic and Budget Outlook*, Fiscal Years 1994-2004, January 1994.

在没有 93 法案作用的情况下（CBO 基线），对赤字的预期是保持在 GDP 的 4% 以上并会逐渐增加。这证实了克林顿政府成立初期的财政前景之困境。比较 CBO 基线和 CBO 对政府提案的评估（第一行和第二行），可以看出 CBO 预计的 1994—1998 年间 93 法案作用下的赤字减少，总计为 3 620 亿美元，相当于 1998 年预期 GDP 的 4.6%。相较 CBO 的预测，政府对于同一时期预计的赤字总量要低约 500 亿美元。而在 1993 年 8 月 93 法案通过之后，修订过的 CBO 财政预期就较为乐观了：相比 1993 年 3 月的预期累积赤字减少了 1 430 亿美元，比政府预期也少 1 000 亿美元。

CBO 预期的赤字削减，来源于 93 法案调控下的收入增加和支出减少两个方面，表 2-7 显示了这两方面的具体情况。在 CBO 预期的累计赤字减少量 3 620 亿美元中，有大约 3/4 来自于税收收入的提高，另外 1/4 则来自于支出的减少（主要是法定开支和债务服务支出的减少）。在赤字的减少量中，收入与支出分别所占的份额，政府未能提供每一年的预估详情，只有 1998 年的分类情况可以在表 2-4 中

---

① 有趣的是，1998 年的 CBO 的赤字预期为 2 400 亿美元，比 1993 年 2 月份出版的《总统经济报告》（表 2-4）的预测大约多出 500 亿美元。

找到。1998 年政府预计降低支出对赤字削减贡献的份额，要超过提高收入的份额，这恰好跟 CBO 的预期相反。

表 2-7 **CBO 关于政府政策提案对赤字影响的预估**

（单位：10 亿美元）

	1994	1995	1996	1997	1998	总计
赤字变化总量	−18.6	−27.4	−68.1	−116.7	−131.2	−362.0
收入	−27.6	−39.1	−56.4	−72.2	−71.7	−267.0
支出	9.1	11.6	−11.7	−44.5	−59.5	−95.0
自主性	9.6	14.9	−3.4	−16.8	−18.9	−14.6
强制性	−0.4	−1.6	−10.8	−17.9	−23.5	−32.6
债务服务	−0.2	−1.5	−4.2	−9.8	−17.1	−24.4

Source：CBO，*Analysis of the President's February Budget Proposals*，March 1993.

2.2 实际的与预期的财政绩效表现对比：基于综合预算整顿法案（1993 年）

93 法案调控下的实际财政绩效表现，要比政府和 CBO 的初始预期好得多。1993 年 3 月的 CBO 关于政府预算和 93 法案措施的初始评估，预计了暂时性的赤字减少，即从 1993 年预期的 GDP 的 5% 下降到 1997 年的 2.7%，而预计此后之赤字，会在 1998 年再次走高。1993 年 9 月之后，重新修订的预期是将赤字水平稳定在 GDP 的 2.5% 左右。

这些预期表明，政府希望通过 93 法案提出的措施，将 1992 年占 GDP 达 4.7% 的赤字，削减掉大约一半。而且，在没有政策改变的假设下（参见 CBO 基线），预期的 1998 年赤字水平，与 1992 年基本相同。因此，93 法案以基线为参照的预期效果，与以 1992 年赤字为参照的预期效果，大体相似。

与实际结果相比，政府和 CBO 的赤字预期均相去甚远（见图 2-4）。1993 年的实际赤字较之预期，就已降低了 GDP 的 1 个百分点。在接下来的三年，实际赤字的削减速度大体上与预期一致，实际的赤字较之预期，大约低了 GDP 的 1 个百分点。但在 1997 年，实际赤字没有像预期那样保持平稳乃至加大，反而进一步缩小并在 1998 年出现了自 1969 年之后的第一次财政盈余——几乎比政府最初预期的水平高出了 GDP 的 4%。2000 年，联邦预算盈余超过了 GDP 的 2%。

由于实际的赤字水平比预期的赤字水平要低得多，结果到 20 世纪 90 年代末，由公众持有的联邦政府债务，比 1993 年预计的要少得多（见图 2-5）。值得注意的是，1993 年在评估克林顿政府计划的时候，CBO 预计在整个五年调控期间，债务／GDP 的比率是适度的，呈稳定上升趋势。

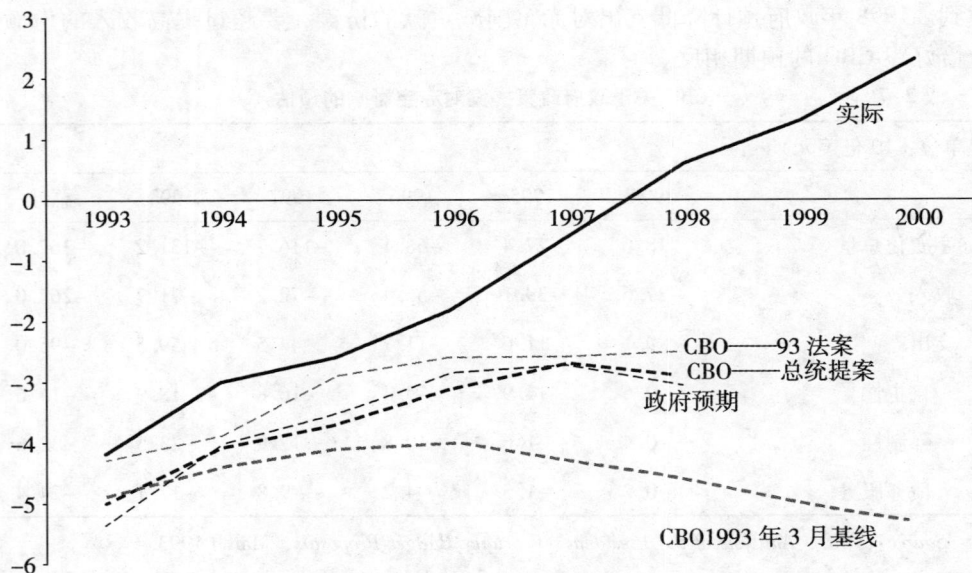

图2-4　1993—2000年联邦政府预测结余与实际结余（占GDP的百分比）

Source：CBO.

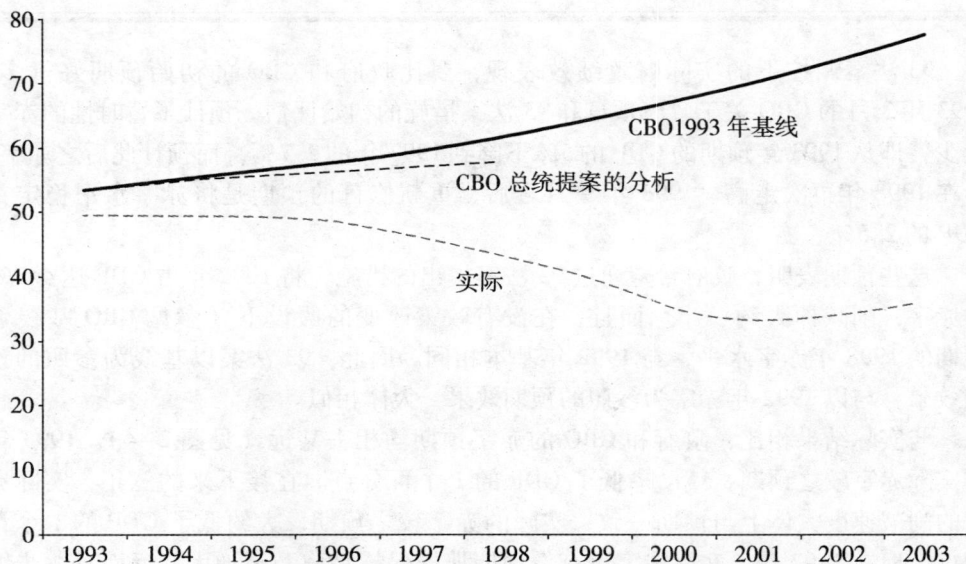

图2-5　公众持有的联邦政府债务（占GDP的百分比）

Source："Economic Report of the president," different issues.

那么实际赤字较之预期下降更快的主要驱动力是什么呢？表2-8总结了结论。第二列显示的是，政府预计的93法案对1998年预算执行结果的影响（摘自1994年的"美国总统经济报告"）。第三列显示的是CBO在1994年1月发布的对1998年的预期，与政府的预期几乎相同。第五列显示的是1998年的实际值与政府预期值的差异。结果实际的赤字额比预期低了超过 2 500 亿美元: 这其中的 2/3 是源于收入的提高 (主要是由于实际的个人所得税收入比预计的要高),其余的1/3则得益于支出的减少。选择性开支的上限能够按计划实施,最终实际的选择性开支额接近 1993 年执行法案设定的最初目标。有趣的是,尽管总赤字额低于预期,实际的净利息支付额却接近于预期值。

表 2-8 　　　　　　 **1998 年预算执行结果: 实际与 93 法案预期相比**

（单位: 10 亿美元）

	1993 年实际	政府对 1998 年的预期	CBO 对 1998 年的预期	1998 年实际	1998 年实际与 政府预期差值
支出[a]	1 409.4	1 738.2	1 736.0	1 652.0	−86.2
自主性		548.0	547.0	555.0	7.0
利息	125.4	245.0	249.0	241.0	−4.0
收入	1 154.4	1 550.8	1 556.0	1 721.0	170.2
余额	−255.0	−187.4	−180.0	69.0	256.4

Source: "Economic Report of the President," 1994; CBO, *Analysis of the President's February Budget Proposal*, March 1994 and *Monthly Budget Review*, November 1999.

[a] 总支出额还包括补偿收入 (offsetting receipts),因此不等于自主性、强制性和净利息支出的总和。政府没有对 1998 年的补偿收入加以单独预测,但这一部分支出是包含在支出总额内的。

2.3　20 世纪 90 年代的赤字缩减: 政策好还是运气好?

20 世纪 90 年代发生的财政赤字缩减,在美国历史上是前所未有的,同时正如之前所论述的那样,也是始料不及的。究竟是什么原因成就了这些呢? 是政府出于财政审慎的原则做出的削减赤字决定吗? 是国会乃至社会对于财政调控的大力支持吗? 还是 93 法案调控下的政策实施? 还是说,更多是由于好运以及与财政政策选择无关的良好宏观经济运行?

首先,我们来看看 1993—1998 年间的宏观经济发展情况。在制定这 5 年预算缩减计划时,克林顿政府对于经济增长前景的展望,是切合实际的: 预计实际GDP 增长将低于 3% 且会逐渐下降。这与当时各种预测的共识是非常相符的 (尽管某种程度上与 1993 年 4 月的 IMF《世界经济展望》的预测相比,要更显乐观)。然而,正如图 2-6 所示,除了 1995 年之外,真正的实际 GDP 增长大大超出了预测。通过自动稳定器的作用,较高的 GDP 增长,会使周期性支出减少 (这里主要指补助失业人员的支出),还会使财政收入增加。由于自动稳定器在促进收入增长方面更具效力,所以一般的预期是: 经济繁荣发展带来的收入增加,会大于支出的减少。所显示的数据也证实了这一点。

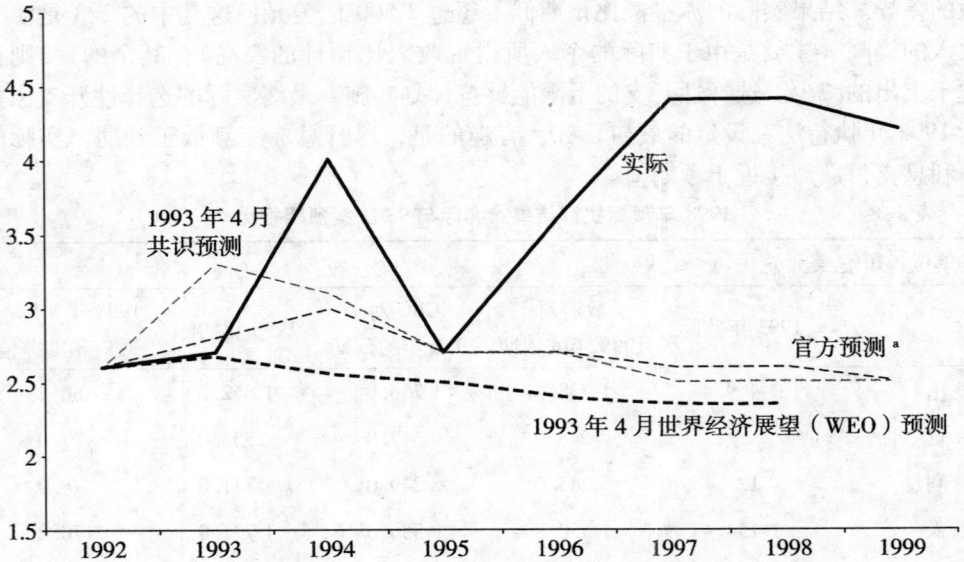

图 2-6 实际 GDP 的预期增长与真实增长（百分比）

ᵃ"总统经济报告"，1994。

另一个重要变量是政府的借贷成本。如图 2-7 所示，在 1993—1998 年期间，长期和短期的名义利率都要比预测值平均高出一到两个百分点。只有 1998 年的长期债券收益率低于预测值。可以说，（需求拉动的）经济增长比预测更加强劲，是导致利率高于预测值的原因之一。

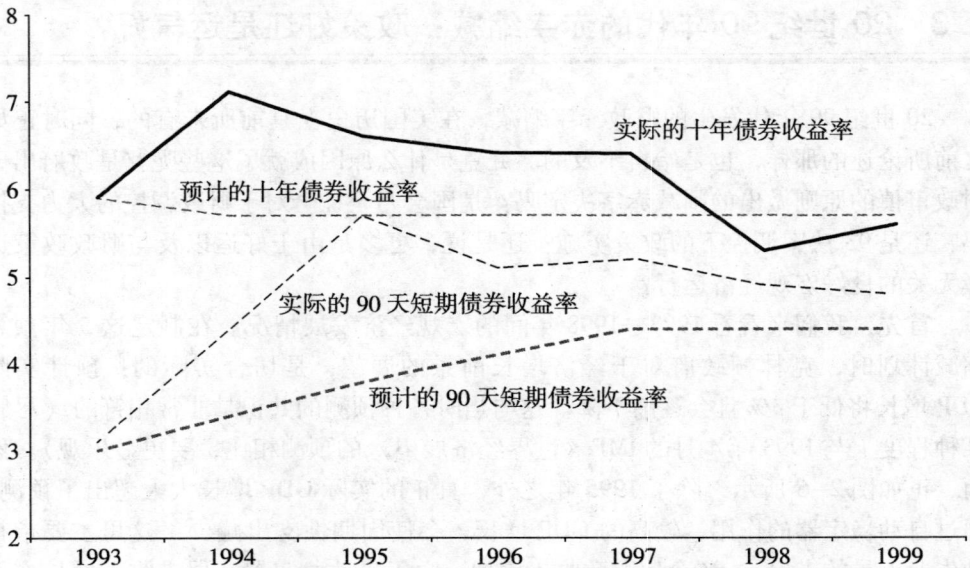

图 2-7 预计收益率与实际收益率的对比（百分比）

Sources："Economic Report of the President," February 2004；*World Economic Outlook*，IMF.

另一方面，更高的通货膨胀（以及通货膨胀预期）似乎并不是高利率的成因：GDP 平减指数（GDP deflator inflation）在 1994—1998 年之间是 2%，比初始的预期低了一个百分点。然而，通货膨胀低于预期值这一点，对赤字缩减的作用是负的。总的来说，较高的实际 GDP 增长和较低的 GDP 平减指数的作用，大体上相互抵消，所以名义 GDP 增长率最终与预测值非常接近。

综上所述，比预期更高的实际 GDP 增长，导致了更多的财政收入和更低的支出，然而这只是赤字大量削减的一部分原因。事实上，如图 2-2 所示，周期性调整的预算余额（budget balance）在 20 世纪 90 年代也有很大的提升——尽管略低于总余额（the overall balance）。

非周期性因素对削减赤字具有重要作用，这一点似乎在相关文献中已是共识。莱迪（M. Leidy，1998）认为，在 1992—1997 年间的赤字缩减，不到一半是由于周期性因素，将近一半的（周期性调整的）结构性赤字的减少，是税收增长的结果。[①]莱迪估算，这些税收增长，使得结构性财政收入/GDP 的比率，提高了两个百分点（93 法案措施的调节作用是税收收入增长的主要推动力量）。其余的结构性赤字缩减，主要是国防开支削减了 GDP 的 1.5%，非国防的自主性开支减少了 GDP 的 0.5%。

奥尔巴赫（Auerbach，1999）也提出了类似的观点：他认为 20 世纪 90 年代财政余额的改善，很大程度上得益于非周期性的因素。直到 1996 年，大部分的赤字缩减，是由于这期间 93 法案和其他政策变化成就的。这一点从图 2-4 上也是显而易见的：在 1993—1996 年期间，表示 CBO/政府预测赤字的曲线与实际的赤字曲线是平行移动的。然而，从 1997 年开始，赤字额的改善则是受到其他因素影响的结果。和莱迪一样，奥尔巴赫也强调了税收增加的作用，尤其是个人所得税收入：联邦税收从 1992 年的占 GDP 17.5%，增长到 1999 年占 GDP 的 19.5%，几乎都是由个人所得税从 GDP 之 7.6% 到 9.4% 的增长所带动的。[②]

奥尔巴赫认为，个人所得税的增长，一部分系因其运作机制的累进性：首先，20 世纪 90 年代期间，实际收入的迅速增长，使得更多的纳税人面临更高的边际税率。更为重要的是，收入分配的扩大，导致更大份额的收入累积到高收入群体手中，使得他们面临更高的税率。另外，股票市场的繁荣，实现了资本收益的增加，这也促进了个人所得税收入的增长。[③]

在支出方面，赤字缩减背后的主要助推力量是国防支出的缩减，即"和平红利"（peace dividend）。由于经济的繁荣和失业率的降低，收入保障支出（主要是对失业人员的扶持）也有所减少。而且，随着 20 世纪 90 年代中期的

---

① 莱迪（Leidy）适当地指出：测量产出缺口以及财政收入和支出相对产出缺口之弹性的方法，具有不确定性。政府和 CBO 估计在 1992—1997 年之间，35%~40% 的赤字缩减是由周期性因素造成的。
② 其他研究显示，周期性因素对财政改善的贡献，占到不止一半——不过这是相对长期而言的，也就是从 1992—2000 年。见姆莱森（Mühleisen，2004）。
③ CBO 的《2004—2013 财年经济预算展望》，2003 年 1 月，57 页，对造成 1994—2000 年个人所得税纳税义务增长更快这一现象的因素进行了详细分类。

（经济增长）峰值的到来，利息支出显著下降，反映出公共债务和长期债券收益率的降低。医疗保障（Medicare）支出是 20 世纪 90 年代唯一呈现逐渐稳步上升态势的主要开支项目。国防开支的缩减占到总开支缩减的 2/3，这反映了主流国际政治和安全方面的进步。另外，莱迪（1998）还认为，在 93 法案中设立的法定支出上限（statutory spending caps），使得在 1992 年之前始终急剧增长的法定开支（mandatory spending）（包括对失业人员的扶持）发生了逆转。

　　CBO 分析统计了 1980—2002 年期间，每年在财政收入、支出及预算余额方面的预算决议目标与实际结果之间的差距[①]，将其称为预算的"意外结果"。这为评析 20 世纪 90 年代的财政调控效果（与预算计划/预期相比较）提供了另一种观点。CBO 归纳了产生这些差距的三个根源：（1）政策差异——比如制定了预期之外的法律，或预期的法律未被设立的情况；（2）经济差异——实际的和假设的 GDP、应征税收入、失业率、通胀率以及利率之间的差异；（3）技术性差异——例如税务行政规则的变化，福利受益者（entitlement beneficiaries）数量的变化等。

　　图 2-8 反映了每年的预算决议（1999 年没有决议）预期的财政收支额，与实际财政收支之间的差异。可以发现，20 世纪 90 年代的图形走势发生了明显的变化：实际余额超过了预算决议的目标余额——这一走势直到 2001 年才出现反转。图 2-9 显示了促成（实际与预算）支出差异诸因素的具体情况：这一次又是在 1991—1998 年的时间段凸显出来，因为实际的支出比预算决议设定的目标低。尽管政策因素使得实际支出增加了，但这基本上被经济因素抵消了，而技术性因素发挥了主导作用（存款保险的支出比预期额低，发挥了主要作用）。同样，在预算收入方面（见图 2-10），20 世纪 90 年代也是突出的，财政收入比预算决议目标要高，经济因素和技术性因素都发挥了作用。这一趋势在 2002 年的戏剧性逆转是值得关注的，其中技术性因素再次起到了重要作用。

　　总而言之，20 世纪 90 年代的大多数年份，都取得了实际收入高于预算决议预期、而实际支出低于预期的财政表现。每年的"意外结果"与五年的"意外结果"相符（见表 2-8 的最后一列）。这种意外的结果重复出现了好几年。经济和技术性因素是财政收入提高的主要驱动力，而技术性因素是使支出降低的主要原因。政策因素在财政收入方面的作用尽管微不足道，却是使支出高于预期的成因之一。

　　最后，赤字缩减的预期收益如何？克林顿政府认为，缩减财政赤字会降低利率并促进投资和经济增长。这些效益实现了吗？它们与赤字缩减有关吗？

　　根据实证观察，克林顿时期的投资和经济均有所增长。与 1983—1992 年间相

---

　　① CBO，《经济预算展望》，2003 年 1 月。预算决议是国会两院都通过的合议，这一决议阐明了国会预算计划在财政收入、支出、预算余额和公众持有债务等各方面的目标，并且通过随后制定的法律来实现。

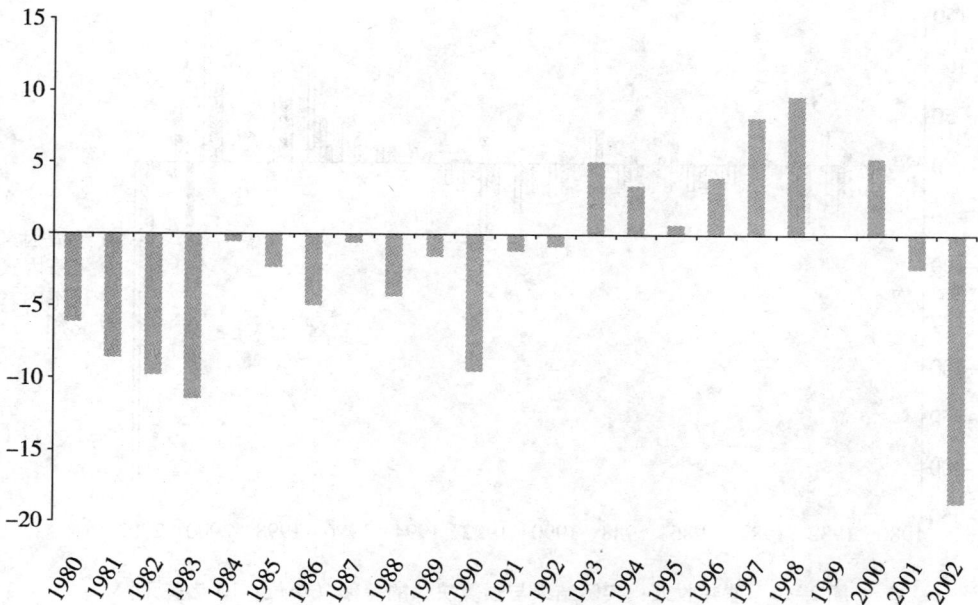

图 2-8 预算收支差额：实际结果与预算决议的差值（占实际支出的百分比）

Source：CBO.

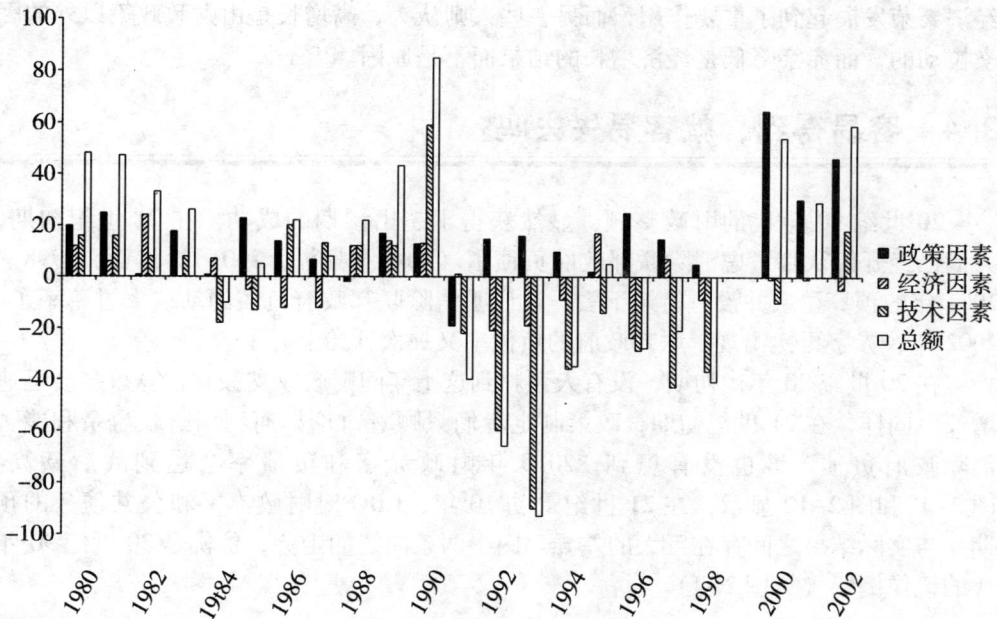

图 2-9 联邦支出：实际结果与预算决议的差额（单位：10 亿美元）

Source：CBO.

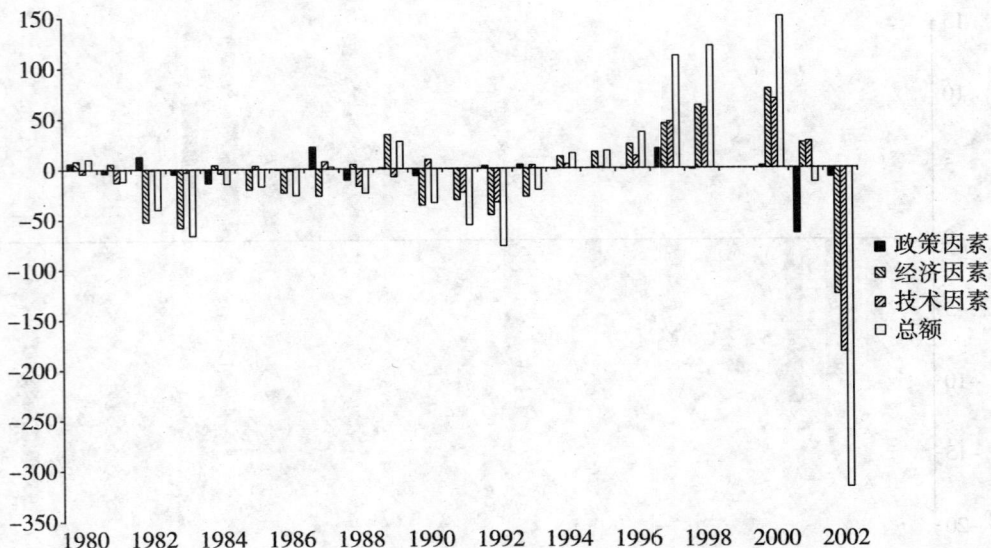

图 2-10 联邦收入：实际结果与预算决议的差额（单位：10 亿美元）

Source：CBO.

比，美国在 1993—2000 年期间的投资增速迅猛，是七国集团中最快的。然而，是否财政赤字缩减造成了高投资和高增长，还有待讨论。一些学者认为，赤字缩减对经济繁荣发展起到了重要作用，而另一些人则认为，高增长是由财政政策以外的因素拉动的，而赤字降低是经济增长的结果而不是原因。①

2.4 容易得到，就容易失去吗?

20 世纪 90 年代的财政整顿，显然获得了超出预期的成功。在 21 世纪初期，人们已经开始认真考虑消除联邦政府负债了（如格林斯潘，2001）。然而，1998—2001 年的预算盈余并没有持续下去，这说明消除联邦政府负债的动议太过草率了。2002 年，赤字再次出现，联邦政府的负债率又一次开始上升了。

在 20 世纪 90 年代初期，没有人预料到这十年间财政收支额和预算盈余会迅速增长。同样，在 21 世纪初期，政策制定者们只顾着讨论如何利用财政盈余和能否消除政府负债。谁也没有想到，2010 年财政赤字和负债率会达到战后新高。图 2-11 和图 2-12 显示，在 21 世纪最初 10 年，CBO 对财政赤字和公共债务的预期，与实际结果之间存在巨大的差异。图中两条曲线的走势，仿佛是 20 世纪 90 年代的镜像倒置（见图 2-4）。

---

① 例如，弗兰克尔和奥斯泽格（Frankel and Orszag，2002）指出，政府财政结余的增长，是 1993—2000 年间国家净储蓄增长的全部原因，这限制了长期利率并且促进了私人部门的投资和增长。相反，伯格伦德和贝尔嫩戈（Berglund and Vernengo，2002）认为，赤字缩减基本上是经济繁荣的结果，故其受到股市泡沫和对未来收益不合理预期的推动，是这二者造成投资和消费的上升。

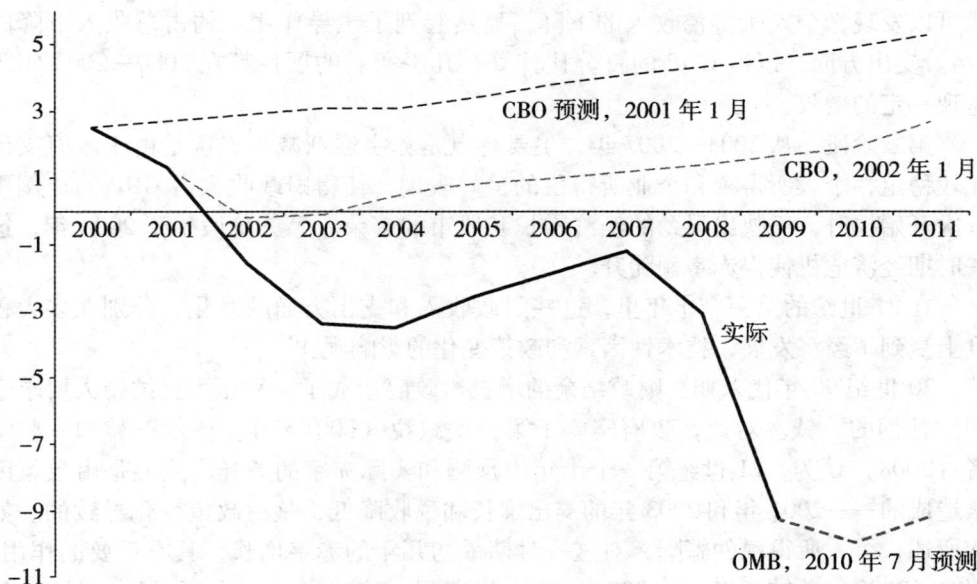

图 2-11　2001—2011 年联邦政府收支余额，预测与实际对比（占 GDP 的百分比）

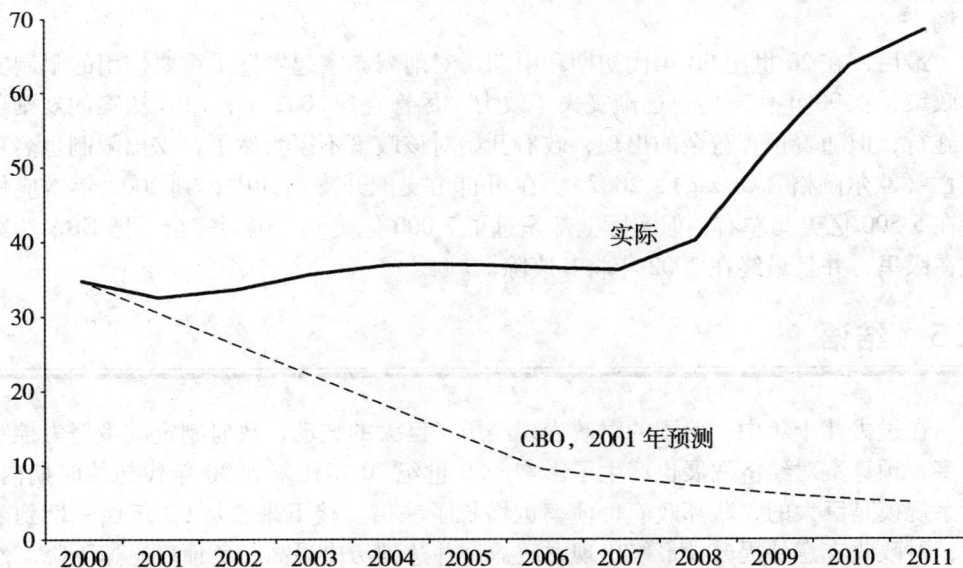

图 2-12　2000—2011 年公众持有的联邦债务，预测与实际对比（占 GDP 的百分比）

Source：The Budget and Economic Outlook：fiscal years 2002-2011.

　　是哪些因素造成了 21 世纪第一个十年的财政状况恶化？第一阶段，从 2000—2003 年，赤字逐渐扩大但比较稳定。财政收入的降低和支出的增加，都导致赤字扩大，但主要因素是财政收入的下降超过了 GDP 的 4%。① 观察政府预算收入的构

──────────

① 尤其值得一提的是，其后三年名义财政收入的下降，这在战后的历史上是第一次。

成可以发现，个人所得税收入的下降，显然起到了主导作用：约占总收入下降的3/4。支出方面，以占 GDP 的百分比计算，几乎所有的项目都在 2000—2003 年间呈现一定的增长。

第二阶段，从 2003—2007 年，主要特点是赤字逐渐减少。这是由于政府支出比较稳定，个人所得税和企业所得税的良好表现，使得财政收入占 GDP 的比例再一次开始提升，反映出强劲的经济增长和股市的繁荣。第三阶段始于 2008 年，这一时期经济危机使得赤字额陡升。

在 21 世纪的第一个十年里，这些财政收入和支出方面的变化，分别在多大程度上受到了经济发展、技术性因素和政策变化的影响呢？[①]

20 世纪 90 年代末期，财政结余的增长给政府造成了一种压力：纳税人要求拿回"他们的"钱。对此，政府实施了第一次减税（2001 年）。奥尔巴赫和一些学者（2008）认为，21 世纪第一个十年中预测和实际赤字的差异，主要是由政策因素造成的——2001 年和 2003 年的支出增长和税收降低，是由政策变化导致的。如前所述，个人所得税的骤降，对这一时期最初几年的赤字增长，具有重要的作用。CBO（2008）总结指出：在 2000—2004 年期间，该项目（个人所得税）的下降，大约有一半是源于法律的作用，另一半则是其他因素造成的——特别是低迷的股票市场。[②]

最后，在 20 世纪 90 年代初期和中期，对削减赤字起发挥了重要作用的限制支出政策，在 90 年代末期也逐渐丧失了效力。尽管直到 2002 年，EBA 法案的规则还在施行，但随着预算盈余的出现，政府开始对该政策不以为然了，支出限制也名存实亡（欧尔萨格（Orszag），2007）。在可自由支配开支预计中，到 2002 年本应保持在 5 500 亿美元左右，但实际上却超过了 7 000 亿美元。国会完全不把 EBA 法案放在眼里，并且最终在 2002 年将其废除。

2.5 结语

在过去几十年中，美国的财政表现经历了巨大的波动，政府制定政策努力控制赤字，预算案对经济发展也产生了影响。20 世纪 70 年代末到 90 年代初的时期内，赤字规模是巨大的，联邦政府负债率也增长了一倍。接下来，从 90 年代中期到末期，财政收支意外提升，最终出现财政盈余并达到历史最高，负债率迅速下降。然而，这一盈余并没有持续多久，财政状况很快又急转直下。从长期的视角考察过去的一个世纪，可以看出负债占 GDP 的比率在急剧增长之后（不包括二战时期），并没有回到其最初的水平，而是呈现出上升的趋势（见图 2-13）。

[①] 我们关注的是这一时段早期的赤字增加，因为这与评估 20 世纪 90 年代的财政整顿政策的效力更为相关。关于 2008 年后驱动赤字扩张因素的讨论，可以参阅 IMF（2010b）。

[②] 姆莱森（Mühleisen，2004）估计，20 世纪 90 年代末期财政结余的增长，其中有超过 GDP 的 1% 的部分，得益于已实现资本收益带来的个人所得税暂时性增长。随着 21 世纪初期股市泡沫的破灭，这一因素开始反方向作用，反而使得个人所得税收入下降了。

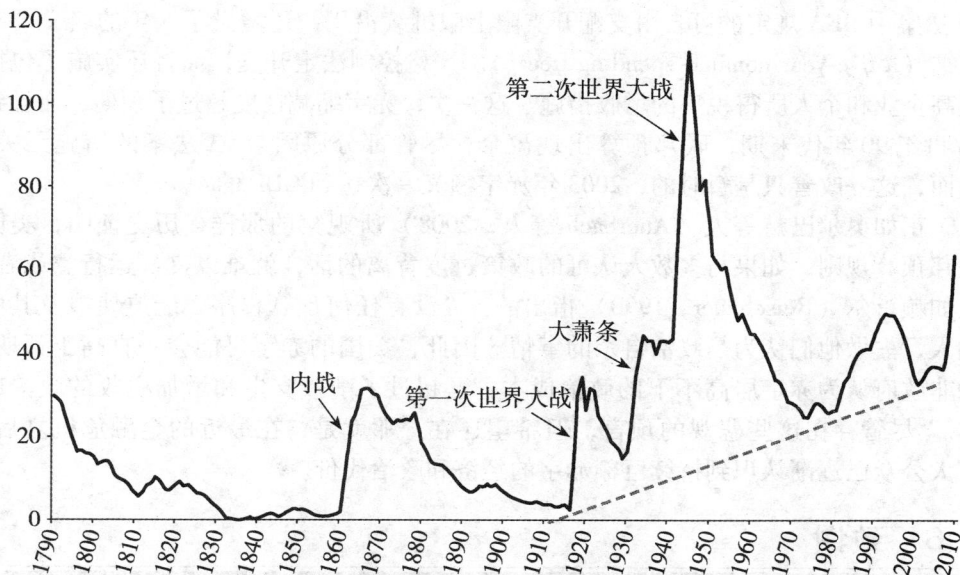

图 2-13 1790—2000 年公众持有的联邦债务（占 GDP 的百分比）

Source：CBO.

尽管如此，每当财政赤字增加、负债率开始上升的时候，政策制定者们最终都采取了修正措施来应对。我们分析了三次努力与尝试，这些尝试通过采取一定措施和机制，使得财政赤字达到可控范围内：（1）1985 年的《平衡预算与紧急赤字控制法案》（葛兰姆-林德曼-霍林斯法案，GRH）；（2）综合预算整顿法案 1990（90 OBRA 法案）；（3）综合预算整顿法案 1993（93 OBRA 法案）。这些努力的结果是喜忧参半的：有的没有达到目标，有的提升了财政余额却未能持续。

第一次尝试，1985 年的 GRH 法案，使得总统提交的预算符合缩减赤字的目标，并且设立了扣押机制以确保其不出偏差。尽管 GRH 可能防止了更差的结果，但是它没有成功地缩减财政赤字。缺乏足够的政治支持，来维持 GRH 赤字目标所要求的严格支出限制，各部门创造出各种方法来规避支出扣押。就相对多变的经济环境而言，GRH 过于僵化。这一缺点在 1990—1991 年的经济衰退期间，尤为明显，要满足 GRH 目标就需要过度的财政紧缩。

第二次尝试，缩减赤字的努力，是 1990 年通过的 90 法案和预算执行法案（BEA），该法案原本旨在修正 GRH 的缺点。BEA 规定了可自由支配开支的上限，以此取代了 GRH 的赤字限制。另外，还引入了"即用即付"（PAYGO）机制来确保新的税收和支出法规不会增加赤字。90 法案还涉及增税。然而，与上一次调控一样，90 法案没有达到预期的赤字缩减目标，这既有外部性原因（经济衰退和应对储贷危机的预算开支），同时也因未能控制不断扩大的、不受 PAYGO 控制的法定项目支出。

第三次尝试，始于 1993 年，建立在 90 法案/BEA 机制之上的 93 法案。除了

90 法案中 BEA 规定的可自由支配开支限上限继续沿用，还增设了 5 年的名义开支冻结（a five-year nominal spending freeze）。严格控制法定开支，而且还实施了包括提高企业和个人所得税率的增收措施。这一次，赤字缩减速度超过了预期，而且到 20 世纪 90 年代末期，联邦预算出现盈余，尽管部分原因与 93 法案的措施无关。然而，这一改善只是暂时的，2003 年赤字额又一次达到 GDP 的 4%。

正如奥尔巴赫等人（Auerbach 等人，2008）所观察的那样，历史证明，美国联邦预算规则，如果与多数人认可的政策过度背离的话，就难以良好运行。或者，正如赖肖尔（Reischauer，1990）指出的："没有任何预算程序，能迫使涉及其中的人，去做他们认为是政治自杀的事情。因此，美国的赤字可能会一直高于预期，除非政府认为赤字居高不下的政治成本，已超过了削减支出和增加税收的政治成本。"尽管存在这些悲观的预言，但希望还在，那就是，在最近的金融危机之后，广大公众已逐渐认识到持续巨额赤字的经济和政治代价。

2.6 致谢

作者感谢艾伦·奥尔巴赫（Alan Auerbach）、杨劲炫（Yang-Hyun Jin）、马丁·索默（Martin Sommer）以及编辑提出的建议。

第3章 法国：优点与财富

爱德华·马丁（Edouard Martin）
艾丽娜·泰特尔（Irina Tytell）
艾丽娜·亚卡迪纳（Irina Yakadina）

3.1 导言：财政整顿需求的潜在因素

过去的 35 年，法国持续的财政赤字和不断增长的公共债务，催生了对财政整顿的尝试（参见图 3-1）。二战后的 30 年间（法国经济史中所称的"光辉 30 年"），法国经济被打上了"经济强劲增长"、"平衡预算或小幅盈余"、"下降的债务-GDP 比率"等光辉的标志。然而，20 世纪 70 年代和 80 年代，法国平均赤字占 GDP 的比率为 2%，到了 20 世纪 90 年代和 21 世纪初，这个比率更是超过了 3%。持续赤字引起了债务率的不断增长，从二战后到 1980 年 20% 的债务率低值（当时法国的债务占 GDP 的比例在 G7 国家中是最低的），到目前高于 80% 的债务率。

法国的赤字和不断增长的债务，反映了政府收入的增加不能满足其总开支的增长（参见图 3-2）。从 20 世纪 60 年代初到 90 年代中期，政府支出占 GDP 的比率从 35% 增加到了 55%。虽然在其他 G7 国家中也出现了相似的趋势，[①] 但法国在 1960 年时的这一比率却是最高的，直到 90 年代中期，其主要支出的增长也是最快的。结果，1993 年其主要支出占潜在 GDP 的比率为 51%，比 G7 国家的平均值高出 11 个百分点。20 世纪 70 年代后期，法国的收入水平呈现出下滑的趋势，而此前，主要得益于国家税收的不断增长，财政收入是基本能够满足支出需要的。直到 20 世纪 90 年代中期，债务率才稳定在了 GDP 的 50%。

就宏观而言，广义政府开支的快速增长，主要是由于社会保障管理体系和地方政府支出的增加。20 世纪 90 年代中期与 60 年代初期相比，社会保障体系的显著扩大和失业率的不断上升，导致社会转移支付支出占 GDP 的比率增加了两倍，从 11% 上升到了 23%。从 20 世纪 80 年代早期开始，法国开始实行大规模的财政分权，将不断增加的政府责任转移给地方政府（见专栏 3.1）。其结果是，社会保障管理支出和地方政府支出在"软预算约束"下运行（缺乏严格的预算限制），并且均依赖于不断增长的中央政府的转移支付。因此，即便赤字得到了一定程度上的控制，支出仍然会持续增长（参见图 3-3）。

[①] 最近的参考，参见科塔雷利（Cottareli）和舍希特（Schaechter）（2010）。

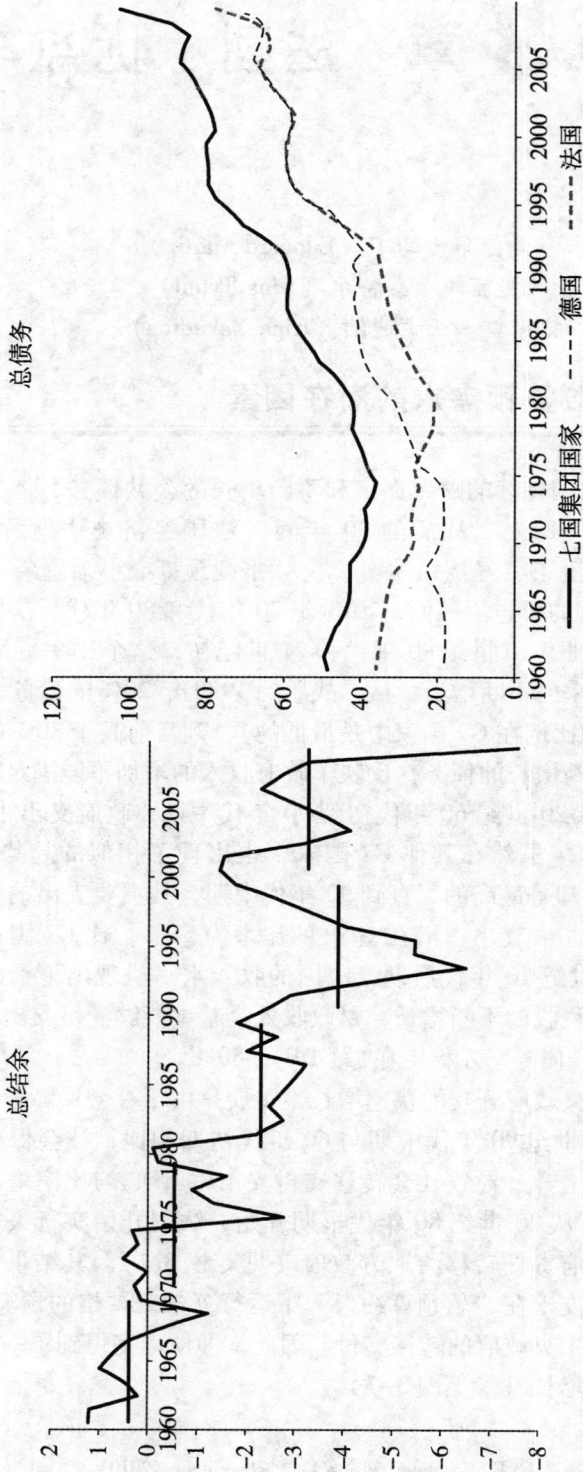

图 3-1　1960—2009 年政府总结余与总债务（占 GDP 的百分比）

Source: National Institute of Statistics and Economic Studies(INSEE) and IMF staff estimates.

主要支出
（占潜在 GDP 的百分比）

55
50
45
40
35
30
25

1960 1965 1970 1975 1980 1985 1990 1995 2000 2005

- - - - G7
- - - - 德国
———— 法国

收入与开支
（占 GDP 的百分比）

60
55
50
45
40
35

1960 1965 1970 1975 1980 1985 1990 1995 2000 2005

———— 开支
- - - - 收入

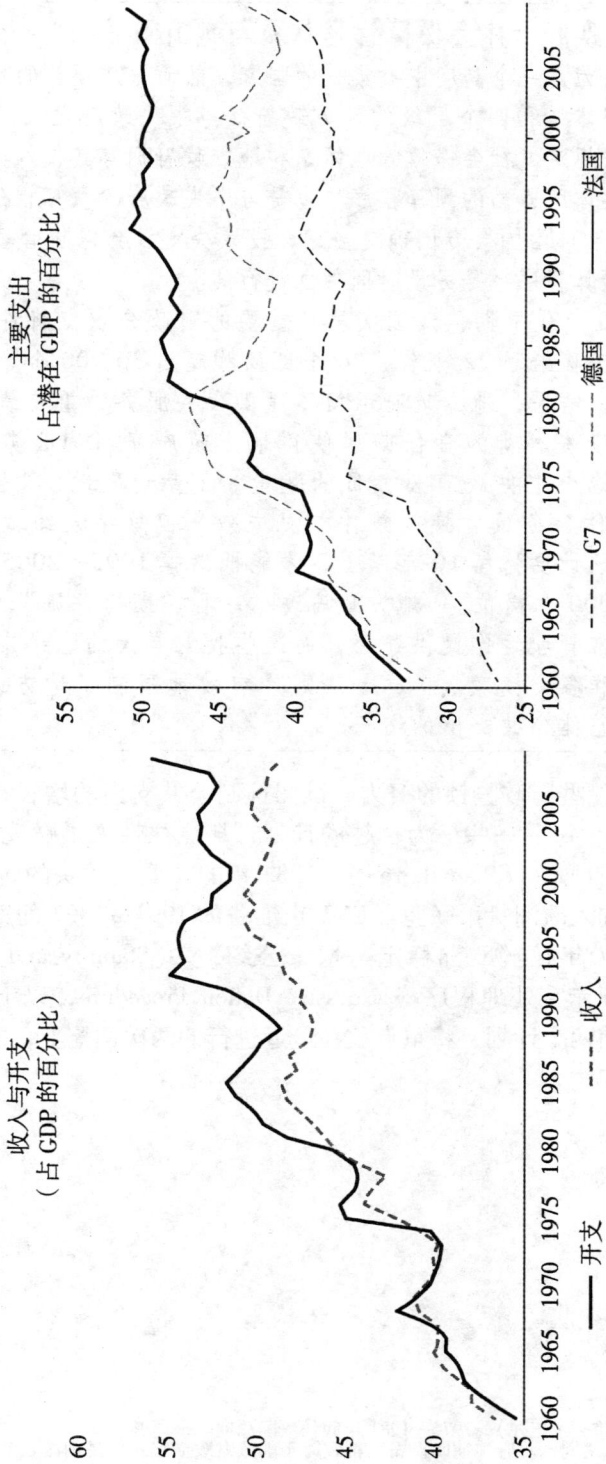

图 3-2 1960—2009 年政府广义收入与开支

Source: INSEE and IMF staff estimates.

专栏 3.1　中央政府、社会保障管理体系与地方政府

　　法国通常被认为是一个高度中央集权的国家，然而，从预算的角度看则不然，社会保障管理体系和四个层级的地方政府，与中央政府之间是非常独立的。事实上，宪法规定，社会保障管理体系和地方政府拥有其收入与支出的财政自治权。这些实体所遵循的预算程序，也是与中央政府的预算相分离的。每年（直到 2011 财年）由国会专门确定会期，投票决定社会保障管理的预算法案，地方政府的预算程序也是另设时间独立进行的。

　　从 20 世纪 80 年代早期，法国实施了重要的财政分权，将许多责任从中央行政机关，转移给了 22 个省、96 个部门和超过 36 000 个市镇以及社会团体合作组织。结果，地方政府承担了提供公共服务的重要责任，其中包括 3/4 的公共投资。新的责任归属使得地方政府雇用的公务员数量激增，却并未显著减少中央政府公务员的数量。（直到最近，"两人退休，一人上岗"的退休公务员替换政策才初见成效，但每年大约裁减 30 000 个岗位的举措，预计要持续 10 年以上，才能抵消掉 1995—2005 年间地方政府增加的 340 000 个岗位。）地方政府遵循一种"黄金法则"，即用其自身收入来为其日常管理运作提供资金，而这些收入有大约一半来自于中央政府的转移支付和各类拨款。"黄金法则"有效地限制了地方政府债务，但并不足以约束整体公共支出的增长。

　　过去 30 年间，一些财政整顿的努力，试图抑制公共支出的增长，并确保宏观经济稳定（参见图 3-4）。一些最为卓越的计划，却往往带来了财政平衡的恶化，如 1976 年的"巴尔计划"（Plan Barre①），1983 年的"紧要关头的转向"（*Virage de la Rigueur*），为加入欧洲货币联盟（EMU）准备的 1993—1997 的第一个五年预算计划，2003—2007 年在《欧洲稳定与增长公约》（Stability and Growth Pact, SGP）背景下的超额赤字处理程序（Excessive Deficit Procedure，以下简称 EDP）。这一章将简要讨论前两个计划，将重点放在最近进行的两次调控上，因为这两次是基于多年期预算框架的。②

---

① Raymond Barre（雷蒙·巴尔），1976—1981 年间任法国总理——译者注。
② 1986 年到 1991 年之间，政府（期间换届）都致力于削减财政赤字，但是削减数额较小（目标是平均每年结构性调整 GDP 的 0.2%～0.3%）。

各级政府部门广义开支
1978—2009 年（占 GDP 的百分比）

各级政府部门财政总结余
1978—2009 年（占 GDP 的百分比）

中央政府　　地方政府　　社保体系

中央政府　　地方政府　　社保体系

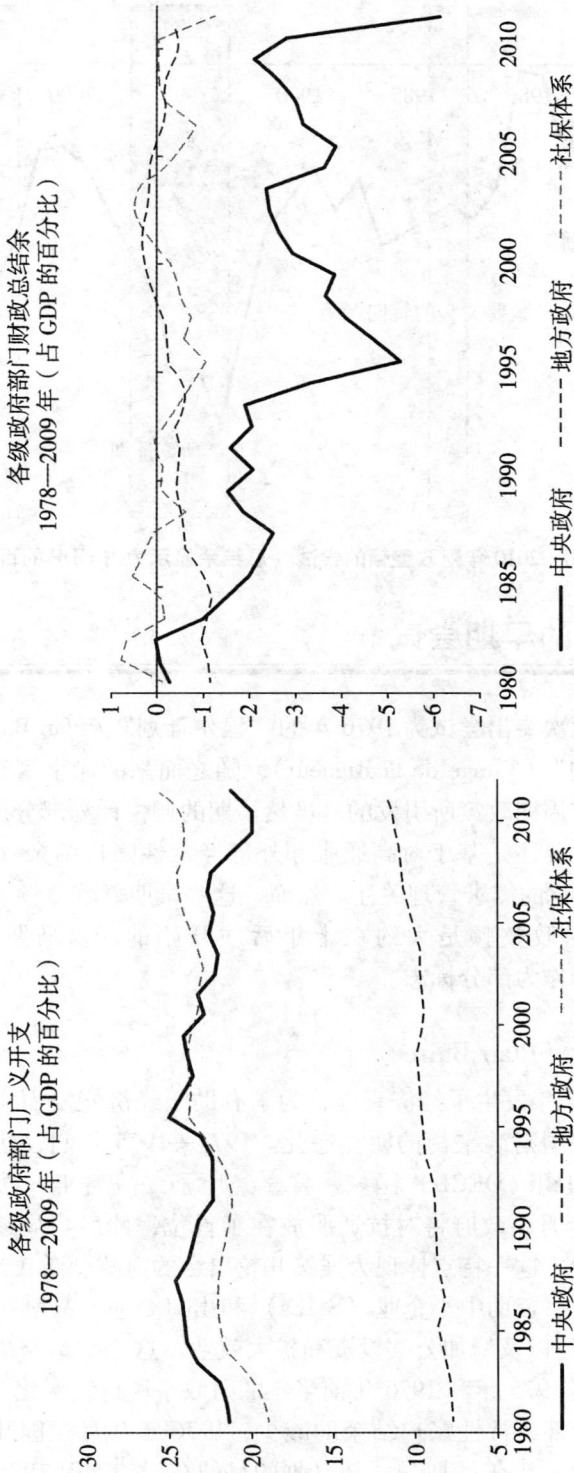

图 3-3　1960—2009 年各级政府部门开支与结余

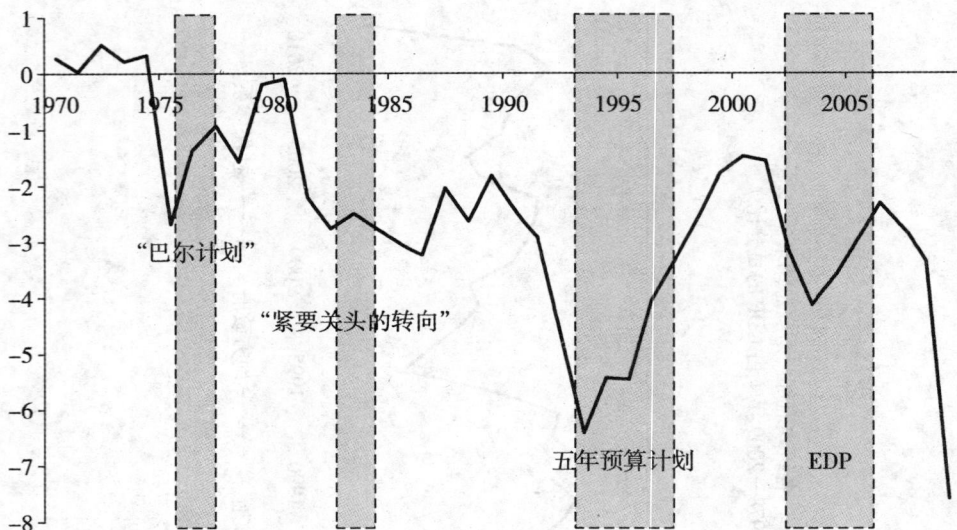

图 3-4　1970—2010 年财政整顿的尝试（总结余显示为占 GDP 的百分比）

3.2　财政调控的早期尝试

　　财政调控的前两次突出尝试为 1976 年的"巴尔计划"（Plan Barre）和 1983 年的"紧要关头的转向"（Virage de la Rigueur），随之而来的赤字攀升，则是因针对经济衰退而制定的反周期政策所引发的。虽然早期的调控计划部分反映了面向财政稳定性的考量，但主要还是基于对高通胀和外部经常性账户结余（external current account balances）恶化的需求管理关注。然而，这些早期财政整顿计划的持续时间有限。正式的中期财政整顿是大约在十年后才开始的，以马斯特里赫特进程（Maastricht process）作为部分标志。

3.2.1　巴尔计划（Plan Barre）

　　法国 1974—1975 年发生了经济衰退，为了有助于经济恢复而实施的反周期财政政策，却引发了法国财政平衡的明显恶化。1974—1975 年间，法国经济同大多数经济合作与发展组织（OECD）国家一样，经历了二战后第一次严重的经济衰退。1975 年的前几个月，政府将对抗通胀放在了首位，此后当局逐渐将各项政策调整得更具有扩张性。这一特点体现为连续几轮出台的财政刺激政策：包括对特定社会团体的转移支付、资助中小企业（SMEs）和出口企业、鼓励投资（如降低增值税）、创造工作岗位以及增加公共投资和扩大就业。这些举措与周期性的财政收入下降一道，导致了 1975 年和 1976 年前半年的财政平衡持续恶化。

　　面对高通胀和外部经常性账户结余的减少，1976 年 9 月法国政府制定了一个紧缩的一揽子计划（"巴尔计划"）。该计划的目的在于，确保 1976 年开始的削减财政赤字的预算目标得以实现，同时保证抵抗旱灾的相关开支。"计划"包括一个暂时的对个人和企业所得税的额外征收，提高注册税、燃油税。1977年的预算目标是通过进一步削减经常性支出和资本性支出（其中部分被增值税率的下降抵消了），力求中央政府收支平衡。

虽然未能完全实现预算重归平衡，但这些努力确实减少了赤字。政府总赤字从1975年的2.7%降至1977年的0.9%，这是因为税收和社保资金占GDP份额的上升，抵消了支出的增长，且还行有余力。财政整顿的努力在1978年中止了，而1979年又短暂运行了一段时间，当时燃油税和社会保障税的增加，进一步减少了政府总赤字，使得1979年的预算接近平衡。

3.2.2 "紧要关头的转向"

1981年，法国政府实行了强有力的扩张性国内政策，其伙伴国家也在财政整顿方面投入了努力，这导致了法国公债的快速增加、经常性账户的结余锐减以及持续的通胀压力。法国是带着显著低于其他欧共体国家的财政赤字和公债水平开启了20世纪80年代的。1981年中期当选的密特朗社会党政府，推行了一项强有力的扩张性财政政策，目的在于减少失业。这一政策将反周期的因素同大规模扩大社会项目以及为低收入群体减税等举措结合在一起。国外经常性账户和财政结余严重缩水，通胀压力持续，而广受欢迎的减少失业的政策却依然没有实现。

面对内外部的失衡，在1982年和1983年初，法国当局在政策选择上做出了一个重大转变。改革之目的在于使社会保障和失业保险重归平衡，而在1983年的预算中，也确实这样做了。进一步的措施则体现为，一个涉及范围更广的整顿项目——"紧要关头的转向"——的一部分于1983年3月出台。这是个紧缩的财政政策，目的是两年内消除贸易逆差，并避免财政平衡的进一步恶化。[①] 这些措施包括提高房产税和油类产品税，新增个人收入所得税项目以为社会保障系统提供资金支持，增加社会服务的收费，强制性的储蓄计划，以及削减支出。继而，通过进一步扩大收入和限制支出，使得这些尝试在1984年仍在继续。

结果，虽然通胀压力下降、经常性账户重归平衡，但是这些措施对财政赤字的影响微乎其微。实际上，经济下滑对于收入带来的不利影响，大大抵消了财政账户的结构性改善。同时，地方政府和社会保障体系实行的温和财政整顿的成果，无法完全填补迅速膨胀的公债导致的利息支出增长。

3.3　中期财政整顿的第一次尝试（1994—1997年）

在20世纪90年代初，法国当局清楚地意识到财政整顿是必要的，并且需要采

---

① 这个计划也包括了法国法郎的贬值，限制了法国游客在国外的消费，同时杜绝外汇管理上出现的漏洞。

取中期整顿的方式。这也同法国最终加入欧洲货币联盟的渐进步调相一致。

3.3.1 1994 年对财政的指导法则

为了应对 20 世纪 90 年代初的财政恶化，法国当局在 1994 年颁布了一项为期五年的《公共财政控制指导法令》（Guidance Law on Public Finance Control）。这项法令制定了一系列执行方案，来针对 1993 年 11 月法国和德国向欧洲理事会（EC）联合提交的一项（财政）紧缩计划。该计划中，法国设想将各级政府赤字占 GDP 的比率，从 1993 年预计的 5.5% 削减至 1997 年的 2%。颁布这项法令主要有以下几方面原因：（1）中央政府赤字占 GDP 的比率，从 1990 年的 1.4% 飙升至 1992 年的 3.2%；[①]（2）公债占 GDP 的比率，在 1992 年已上升到 30%，同年债务负担占政府税收的比率，达到 16%（1990 年该比值为 12%）。

在 1994 年的法令中，法国当局第一次将中央政府预算确定为一个多年期框架，并将稳定继而减少公债，作为财政政策的首要目标。达到这个目标预期会带来以下一些裨益：

■ 通过减少债务服务来创造财政空间；

■ 避免对私人投资的挤出效应；

■ 为利息率的进一步降低创造可能性，并且消除同德国的利差（希望以中期框架为基础制定财政政策，能够增强投资者的信心）；

■ 为缓解预计中 2005 年后老龄化的相关支出增长预留空间；

■ 使法国能够逐渐满足《马斯特里赫特条约》规定的财政标准，从而成为欧盟成员国（到 1997 年，各级地方政府总赤字低于 GDP 的 3%，公债低于 GDP 的 60%）。

1994 年的指导法令为了达成其广泛涉及的目标，规划了许多量化的中期目标：中央政府赤字水平在 1997 年要回到 GDP 占比的 2.5%。相应地，为了实现这个目标，全部的支出应在实际中保持不变（考虑到预期的利息支付增长，这就相当于每年的实际主要支出要降低 0.4 个百分点）。收入增长预期与 GDP 的增长步调一致。[②] 所有高出预期经济增长的额外收入，都将被储蓄起来或用来降低税收负担。为了确保满足《马斯特里赫特条约》的财政赤字标准，即对各级地方政府的要求，法令也提出了一个逐渐降低地方政府和社会保障赤字的要求，即在 1997 年两者均要达到收支平衡。最后，法则呼吁未来的中央政府预算应以多年期为框架，同时年度预算草案要与五年预算计划目标相结合。

3.3.2 多样性的开端（1994—1995 年）

1994 年的预算法案与同年指导法令中设定的目标相一致。预算计划将中央政

---

① 这里提及的"中央政府"仅仅指预算法案涉及的那些中央政府部门，而不包括其他不列入预算的中央政府部门，这些部门的支出占 GDP 的比率为 3.5%。

② 1995—1997 计划的真实 GDP 增长为 2.8%，比 1993 年秋的一致性预测（Consensus Forecast）值 2.5%，要略为乐观。

府赤字降低 0.5 个百分点。计划通过公务员裁员，工资节制，大力降低投资支出以及减少向地方政府转移支付，来削减实际支出。该计划主要以个人所得税改革来小幅减轻税收负担。预计产生规模可观的私有化所得，这在当时被列入收入，也将在调控中发挥作用。

　　1994 年的赤字水平最终达到了预算目标，但是基本支出还是明显高于计划。与《1994 年公共财政指导法令》相悖，高于计划增长的额外收入，被用于额外的支出，包括教育津贴、社会支出、劳动力市场管理和维稳措施支出等方面的增加，这是同年后来出台的补充预算中规划的。

　　"事后超支"（ex-post spending overruns）到 1995 年仍在继续。根据支出控制和消费税增长，1995 年的预算要求赤字进一步降低到 GDP 的 3.5%（包含私有化收入）。凭借对地方政府的转移支付、失业福利（由于劳动力市场的复苏）和资本支出等方面真实支出的减少，预期实际的支出能够保持稳定。然而，1995 年 5 月总统大选后，阿兰·朱佩（Alain Juppe）政府执行了增加额外开支的补充预算决议，为就业、社会住房部门和中小企业（SMEs）提供支持。这些费用连同 1995 年上半年产生的超支额，计划中是由暂时性的提高税收（主要是增值税、企业所得税和财产税）和"非优先支出"项目的储金来抵消。然而，1995 年下半年的经济衰退，进一步削减了税收收入。最初的财政赤字目标，只得通过新的措施来实现——包括削减支出和调动其他非税收入——这些是在 1995 年 11 月另一个补充预算中制定的。

3.3.3　最终的支出控制（1996—1997 年）

　　1996 年的法国预算附加了一个修正的中期计划，该计划重申了通过支出约束来减少赤字的承诺。计划涵盖 1996—1999 年并且与初始计划一致，目的在于逐渐减少赤字，从 1995 年 GDP 占比的 4.1%（剔除了私有化收入）到 1997 年的 3%，再到 1999 年的 2%。① 此次调整仍然是为了达到保持真实支出水平稳定和税收占 GDP 比重不变的目标。

　　支出在 1996 年得到了成功控制。通过对资本支出、国防支出和社会转移支付的进一步削减，支出增长被控制住了；与地方政府达成了旨在抑制中央政府转移支付的稳定协议，并冻结了公共部门的雇员工资规模。

　　然而，1997 年，为了满足《马斯特里赫特条约》的财政赤字标准，法国当局不得不采取特别的纠正措施。面对税收收入周期性的短缺和达成年度预算法案目标（保持支出的名义水平不变）的困难，1997 年 5 月国会大选上台的利昂内尔·若斯潘（Lionel Jospin）政府实行了财政审计。在政策不变的基础上，该政府计划将政府总赤字保持在 GDP 的 3.5% ~ 3.75%。为了达成《马斯特里赫特条约》财政赤

---

　　① 与最初计划不同，修改后的计划没有将私有化收入作为线上项目（above-the-line），而是将其列为财政资金的一部分，这与《马斯特里赫特条约》相一致。

字标准的承诺，政府提出了一个修正计划，即增加企业所得税，废除企业长期资本收入的优惠税率，以及继续削减支出。

3.3.4 总体表现

尽管重要的财政整顿完成了，但中央政府赤字并未如预期的减少那么多（见表3-1和图3-5）。在包括私有化收入的情况下，财政赤字占GDP的比重在1993—1997年间下降了1.2%，比预期计划大约少了0.8个百分点。① 这种低于预期的表现主要是由于支出大于预期，包括利息支出（GDP的0.4%）的增加和主要支出（GDP的0.7%）的增长——后者主要指在职职工补助、养老金、转移支付方面的支出；而同时资本支出明显下降——非税收入（GDP的0.2%）不如预期，经济增长也比预期缓慢，使得赤字对GDP比率上升了0.2个百分点。上述这些因素有一部分被中央政府税收收入（GDP的0.5%）的增加抵消了，这种增长其一反映了中央政府税收收入的增加，其二还反映了再分配到其他各级政府的税收收入份额的减少。

表3-1 中央政府《1994年公共财政指导法令》目标及结果
（以所占GDP的百分数表示）

	计划 (p)			实际 (a)			超出预期的部分（实际相比计划）		
	$1993p$	$1997p$	$\triangle p$	$1993a$	$1997a$	$\triangle a$	$1997a-1997p$ = 1997 年实际 – 1997 年计划	$\triangle a-\triangle p$ = 实际增长 – 计划增长	$1993a-1993p$ = 1993 年实际 – 1997 年初始计划预估（"基线效应"）
收入	15.7	15.7	-0.1	15.7	16.0	0.3	0.4	0.4	0.0
周期性	-0.7	-0.5	0.2	-0.6	-0.5	0.1	0.0	-0.1	0.1
结构性	16.5	16.2	-0.3	16.4	16.6	0.2	0.4	0.5	-0.1
支出	20.2	18.2	-2.0	20.2	19.3	-0.9	-1.1	-1.2	0.0
基本支出	17.7	15.6	-2.1	17.9	16.6	-1.4	-0.9	-0.7	-0.2
利息支出	2.5	2.5	0.0	2.3	2.7	0.4	-0.2	-0.4	0.2
总结余	-4.5	-2.5	2.0	-4.5	-3.3	1.2	-0.8	-0.8	0.0
基本结余	-2.0	0.0	2.0	-2.2	-0.5	1.7	-0.6	-0.4	-0.2
结构性基本结余	-1.3	0.5	1.8	-1.6	0.0	1.6	-0.5	-0.2	-0.3

Source：1994 Guidance Law for the Public Finances；French Ministry of Finance；and IMF staff estimates.

注：1997年计划中报告的"1996年初始生产量"与"1996年最终实际"有区别，后者来自数据库，如IMF的《世界经济展望》。

---

① 剔除私有化收入，赤字降低了GDP的1.6%。

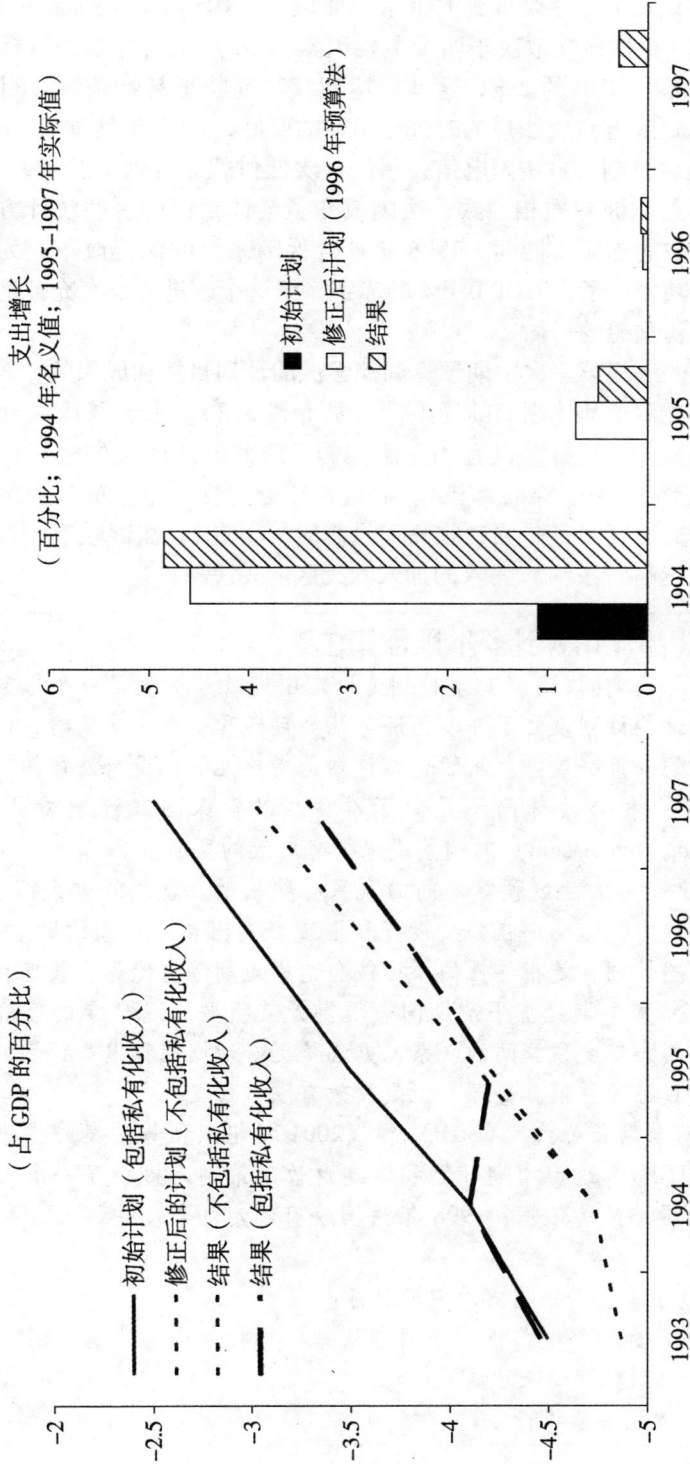

图 3-5　中央政府《1994 年公共财政指导法令》目标及结果

Source:　French government;and IMF staff estimates.

1997 年，法国政府赤字降低到 GDP 的 3% 以下，达到了《马斯特里赫特条约》的财政赤字标准。这次成功取决于四个主要因素：（1）初始计划的目标是将各级地方政府赤字下降到 GDP 的 2%，这就为达到《马斯特里赫特条约》目标留下了充裕的空间；（2）地方政府账户的改进比预期的要好，1997 年其贡献了 GDP0.2% 的盈余；（3）最后时刻来自法国电信公司的一次性付款，贡献了 GDP0.5% 的额外收入；（4）为了与欧洲标准相一致，法国改变了会计系统的一些统计方法，也进一步降低了估计中的赤字。同时，1996 年社会保障系统的深化改革，为赤字减少也做出了贡献，其降低了占 GDP 0.6% 的赤字，但这个改进并没有充分地将社会保障账户带回其起初预想的平衡。

前面图示中的法国第一次中期预算调控尝试的计划目标和成果的比较，既揭示了其有用性，也显示了其体制上的局限性（见专栏 3.2）。由于《1994 年公共财政指导法令》规划的量化目标并没有和立法挂钩，因此财政政策的施行就十分谨慎（至少要保证总赤字处于下降的趋势）。而且，缺乏对支出增长的约束绑定，政府并不能完全控制支出（尤其是当税收高于设想时）。同时，法国政府不遗余力地努力遵从《马斯特里赫特条约》要求的加入欧元区的先决条件。

专栏 3.2　从经济计划到多年期预算框架

在战后的一段期间，5 年经济计划为设定中期政策提供了一个框架。在国会的要求下，这些计划设立了许多经济与社会目标和一个全局策略，以保障不同经济参与者的政策一致性。虽然这些计划是指导性的也没有法律约束，但是主要的相关私人和公共部门还是做了准备，以确保国家计划委员会（the national planning commission）对调整成果拥有广泛的所有权。

然而，5 年计划和年度预算之间的联系有些松散。就预算方式而言，5 年计划主要将注意力优先集中在公共投资和占政府支出较小份额的财政刺激上。另外，由于这些计划只是指导性的，往往会造成短期考量优先于长期目标，这在 20 世纪 70 年代中期经济下滑期间表现得尤其明显。1982 年的经济计划试图加强 5 年计划和年度预算间的联系，方法是更好地操控和报告计划的实施情况，以及按照目标配置预算资源，但是收效有限。

《欧洲稳定与增长公约》（SGP）和《2001 年组织预算法案》提出了中期预算框架（MTBF），这为中期计划和短期财政政策制定提供了一个可靠的联结。以 SGP 指导路线为依据，1998 年法国政府制定的年度中期预算框架内容包括：

■ 各级地方政府财政收支的中期目标；

■ 实现该目标的年度路线，必须遵从每年结构性余额上涨 GDP 的 0.5% 的目标（只要中期目标尚未达成）；

■ 关键性的经济假设；

■ 设想的财政与结构性措施的描述；

■ 敏感度分析。

《2001 年组织预算法案》还要求将中期预算框架纳入年度预算法案附带的经济、社会及金融报告中。

然而，中期目标虽然存在，但并不具有约束力。2007 年的一份法国总稽查报告指出，多年计划之所以不被重视，是由于支出方面的不作为，并总结了两个主要因素：（1）中期预算框架的制定，主要是为了满足《欧洲稳定与增长公约》的要求，而与年度预算没有直接联系；（2）缺乏可操作的目标来支持该框架，也就无法达成公共财政目标。这份报告还指出，支出标准只适用于国家预算，仅占广义政府支出的 40%。

为了弥补这些缺陷，法国政府于 2008 年采取了多年期预算机制。这个新的预算形式与 2009 年预算案一起实行，并大量借鉴了《英国开支审查》（UK Spending Review）。它具有以下特点：

■ 以 "2+1" 方式，设定三年的支出最大限额，并且每两年对其进行一次审查；

■ 仅涉及中央政府支出；

■ 将三年总限额分成 32 个子限额，外加指示性的税收支出限额；

■ 到计划的第三年，应急储备达中央政府支出的 1%。

另外，中期预算的法律地位也得到了加强：多年框架预算同年度预算法一起呈交国会进行讨论和审批。

3.4 更为系统的中期预算方针：遵循《欧洲稳定与增长公约》的财政整顿

1998—2009 年间，法国总共发布了 12 个年度稳定计划（stability programs，SPs），其中的 6 个计划都遵循了超额赤字处理程序（excessive deficit procedures，EDPs），每年削减的总财政赤字占 GDP 的 0.5% 以上。主要财政整顿计划的第一个阶段包括从 2003—2007 年的 5 个 SPs，目的在于降低总财政赤字，将其控制在 GDP 的 3% 以下，并终止 EDPs。第二个阶段仍在继续中，包括 2010 年 1 月提出的 SP，目标为遵循 2009 年 2 月公布的 EDPs，大规模削减全面财政赤字。这两个整顿阶段都是在出现经济下滑和公共财政明显恶化之后进行的。由于第二阶段仍在推进中，以下内容主要聚焦于 2003—2007 年阶段。

3.4.1 2003—2007 年的财政整顿经验

在此期间，虽然 SP 目标偶有不及，但法国最终仍成功地将财政赤字降至 GDP

的 3% 以下。① 2003 年 6 月 3 日，欧洲理事会陈述了超额赤字后，同年 12 月 11 日，2003 年度的 SP 被提交，制定了这一时期关键的财政调控计划。到 2005 年，广义政府赤字下降至稍低于 GDP 的 3%，其中有一部分应归功于一次性收入。在 2005—2007 年的全球经济繁荣阶段，也就是最近的全球金融危机之前，这个数字仅略低于 SGP 最大限额。而最近的全球金融危机再次使法国财政陷入巨大的压力之中（参见图 3-6 和表 3-2）。

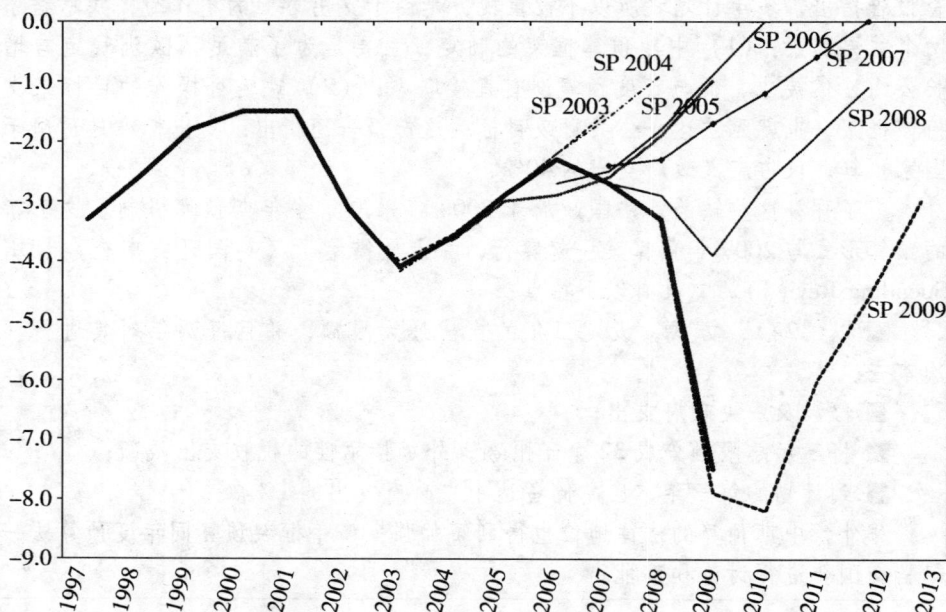

图 3-6 中央政府结余——稳定计划目标和结果（占 GDP 的百分比）

Source：Stability Programs，World Economic Outlook（International Monetary Fund（IMF）），and IMF staff estimates.

表 3-2　　　　　　　　　　　　　广义政府结余：目标与结果

（占 GDP 的百分比）

	2004	2005	2006	2007	2008	2009
实际	-3.6	-2.9	-2.3	-2.7	-3.3	-7.5
SP 2003	-3.6	-2.9	-2.2	-1.5		
SP 2004		-2.9	-2.2	-1.6	-0.9	
SP 2005			-2.9	-2.6	-1.9	-1.0
SP 2006				-2.5	-1.8	-0.9
SP 2007					-2.3	-1.7
SP 2008						-3.9

---

①　许多国家都经常达不到 SP 目标。（Moulin and Wierts，2006；以及欧洲委员会，2007）

财政调控的重点在于支出控制、稳定收入对 GDP 的比率，以使 GDP 增长不受限制。关键调控措施包括一项限制中央政府支出的法案，使得其真实支出水平为零增长（参见专栏 3.3），同时在医疗和养老金方面进行重大改革。为了在 2005 年使赤字水平降低到 GDP 的 3% 以下，2003 年 SP 设置了比以前更为"雄心勃勃"的支出目标。然而，相对于宏观经济的艰难和预算发展承受力很低的现实，预计的赤字削减仅略低于 3% 的目标。

专栏 3.3　法国的财政规则改革

直到 20 世纪 90 年代，法国当局都一直采用简单预算规则，即仅对下一年规定一个名义赤字水平，并不考虑后续的经济表现。实际上，这样的规则需要：在经济下行期，支出的减少要与收入的下降一致；在经济上行期，支出增加（或税收减少）。自 1998 年以来，作为稳定计划的一部分，针对广义政府开支设立了中期支出目标。这些初始目标未能达成，一方面是由于年度预算法案和中期目标之间缺乏一致性，另一方面是由于预算法案执行中脱离计划的支出（spending slippages）（Moulin，2004）。

在 2003 年，当局在年度预算法中提出了一个"零增长"（zero volume growth）支出规则。这一规则本质上意味着，中央政府的真实支出水平（直到 2008 年，除了对其他级次政府部门和欧盟的转移支付）应保持不变。该规则虽然限制了中央政府支出，但是并没有阻止地方政府支出和社会保障支出的消耗。有人认为，这个规则反而可能使得地方政府放松了预算约束（Champsaur，2010）。

为了应对这一问题，最近政府扩大了"零增长"支出规则的范围，包括对地方政府和欧盟的收入转移支付，以及对非政府团体的准财政活动收入指定用途。2009 年规则的实施是综合性的，甚至从刺激措施中也有所借鉴（Commission des Finances du Sénat，2010）。

财政规则的重点放在支出而非收入上，使得税收减免扩大化，进一步导致了税基的削弱。政府最近致力于大规模削减过分的税收扣除，并严格限制新的税收减免。

一部分的超支被经济发展和一次性收入所抵消了。为了评估经济发展与财政努力的成果对于全面实施赤字调整的贡献，落实到相关的 SP 目标上可以分为：（1）周期性调整收入和主要支出；（2）利息支出；（3）周期性结余（参见专栏 3.4）。由此可以看出，2003 年 SP 的不足表现，主要与结构性不足有关（参见表 3-3，图 3-7）。确实，2007 年结构性的主要结余要低于占 GDP2.5% 的目标（剔除基线效应为 1.8%），同时总结余较之目标要低 GDP 的 1.2%，执行情况欠佳；二者的差异，系由于周期性收入和利息支出执行情况要优于预期，这还要归功于计划期间的经济增长和利率降低（参见专栏 3.5）。

> **专栏 3.4　分类计划措施的一个案例**
>
> 　　与 SP 目标相关的项可以分为：周期性调整收入、主要支出、利息支出和周期性余额，如下：
>
> $$(b_t^A - b_t^T) = (r_t^A - r_t^T) - (g_t^A - g_t^T) - (i_t^A - i_t^T)$$
> $$= [(r_t^{A,S} - r_t^{T,S}) - (g_t^{A,S} - g_t^{T,S})] + [(r_t^{A,C} - r_t^{T,C}) - (g_t^{A,C} - g_t^{T,C})] - (i_t^A - i_t^T)$$
>
> 　　其中 b, r, g 和 i 分别表示的是：总结余、收入、主要支出和利息支出（都是相对于 GDP 而言）。上标显示的为：实际值（A）、目标（T）、周期性的（C）、周期性调整（S），并以年计算。周期性调整的收入和主要支出表示如下[a]：
>
> $$(r_t^{A,S} - r_t^{T,S}) = [r_t^A (1-gap^A)^{\varepsilon_r} - r_t^T (1-gap^T)^{\varepsilon_r}]$$
> $$\cong [r_t^A (1-\varepsilon_r gap^A) - r_t^T (1-\varepsilon_r gap^T)]$$
> $$(g_t^{A,S} - g_t^{T,S}) = [g_t^A (1-gap^A)^{\varepsilon_g} - g_t^T (1-gap^T)^{\varepsilon_g}]$$
> $$\cong [g_t^A (1-\varepsilon_g gap^A) - g_t^T (1-\varepsilon_g gap^T)]$$
>
> 　　其中，$gap^A = \dfrac{Y^A - Y^*}{Y^A}$ 和 $gap^T = \dfrac{Y^T - Y^*}{Y^T}$ 分别对应代表实际的和目标结果的差异（相对于 GDP），而 ε_r 和 ε_g 分别表示收入和主要支出的弹性。对于法国来说，标准收入弹性为 1，主要支出弹性为 0 是适当的，这与最近的 OECD 和欧洲委员会进行的估算一致。[b]
>
> 　　[a] 周期性调整的方法描述请见费多利诺、伊万诺瓦和霍顿（Fedelino, Ivanova, and Horton, 2009）。
> 　　[b] 见欧洲委员会（2005）以及吉鲁阿尔和安德烈（Girouard and André）。

表 3-3　　　　广义政府目标及结果——稳定计划 2003（占 GDP 的百分比）

	计划（p）			实际（a）			超出预期的部分（实际相比计划）		
	2003p	2007p	Δp	2003a	2007a	Δa	2007a − 2007p = 2007 年实际 − 2007 年计划	Δa − Δp = 实际增长 − 计划增长	2003a − 2003p = 2003 年实际 − 2003 年初始计划预估（"基线效应"）
收入	50.3	50.3	0.0	49.2	49.6	0.4	−0.7	0.4	−1.1
周期性	−0.3	−0.3	−0.1	0.1	0.5	0.5	0.8	0.5	0.3
结构性	50.6	50.6	0.1	49.1	49.0	0.0	−1.6	−0.1	−1.5
支出	54.3	51.8	−2.5	53.3	52.3	−1.0	−0.5	−1.5	1.0
基本	51.2	48.7	−2.5	50.4	49.6	−0.8	−0.9	−1.7	0.8
利息	3.1	3.1	0.0	2.8	2.7	−0.1	0.4	0.1	0.3
总结余	−4.0	−1.5	2.5	−4.1	−2.7	1.4	−1.2	−1.1	−0.1
基本结余	−0.9	1.6	2.5	−1.3	−0.9	1.2	−1.6	−1.3	−0.4
结构性基本结余	−0.6	1.9	2.6	−1.4	−0.6	0.8	−2.5	−1.8	−0.7

　　虽然总体而言，赤字在计划的最后一年低于目标，但是在之前的几年一直是超支的。2007 年之前，超支部分被上升的周期性收入和低债务服务成本所抵消，也被 2005 年和 2006 年暂时性的较高周期性调整收入（部分归功于规模可观的一次性收入）所抵消（见图 3.7）。值得一提的是，2005 年，为了满足委员会削减赤字的要求（低于 GDP 的 3%），政府利用了电力和天然气产业的一次性收入（占 GDP 的 0.5%）。2006 年和 2007 年实行了税收削减，2007 年制定了所得税改革的框架。主要支出比率只在 2004 年接近目标（净基线效应）。计划实施第一年就列入了当年的预算法案。

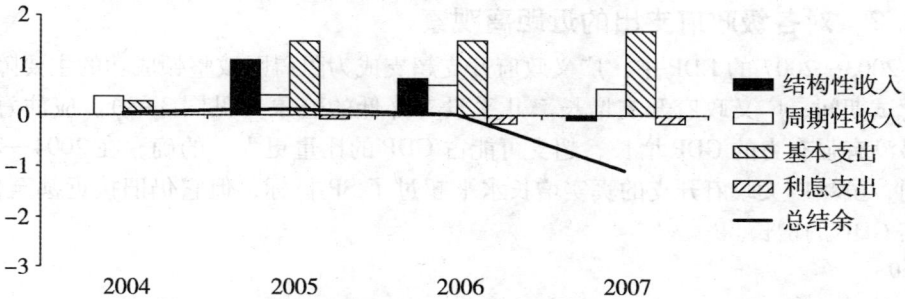

图 3-7　一般政府计划的实施：实际减目标，2003 年《稳定计划》
（占 GDP 的百分比，净基线效应）

Source：Stability Programs，World Economic Outlook，and IMF staff estimates.

专栏 3.5　宏观经济假设

　　法国的 SP 一般包括两个方案：一个是谨慎的或者说是要求较低的参考方案——预计真实 GDP 每年增长 2.25% ~2.5%；另一个是较为理想或者说是要求较高的参考方案——预计真实 GDP 每年增长 3%。过去大部分的 SP，甚至是参考方案，相比外界的一致预测（consensus forecast，CF）都要更乐观一些（CF 早于 SP 发布并和 SP 覆盖的时间段类似[a]）。然而，2003 年 SP 的参考增长假设接近 CF，而 2004 年和 2005 年的假设要略高于 CF。实际上，2004 年的增长有些被低估了，而 2005 年又有些被高估，不过 2006—2007 年的计划与实际增长水平接近。

实际 GDP 增长：稳定计划（SP）目标、外界一致预测（CF）与结果

单位：百分比

	2004	2005	2006	2007	2008	2009
实际	2.3	1.9	2.4	2.3	0.1	-2.5
CF 2003	1.6	2.4	2.6	2.5		
SP 2003	1.7	2.5	2.5	2.5		
CF 2004		2.2	2.2	2.3	2.3	
SP 2004		2.5	2.5	2.5	2.5	
CF 2005			1.8	2.1	2.1	2.1
SP 2005			2.3	2.3	2.3	2.3

　　虽然 2003—2007 年遵循了超额赤字处理程序（EDP），财政整顿并没有仰

仗非常保守的增长假设，但还是从当时良好的经济环境中获益了。尤其需要一提的是，2003—2005 年的 SP 假设，计划期间的产出差值为负，而 2004—2007 年真实的产出差值则是正的。

　　ᵃ 财政预期增长假设过于乐观，这在多个欧洲稳定与增长公约国都有发生。（Jonung and Larch，2004；Strauch，Hallerberg，and von Hagen，2004）。

3.4.2　对各级政府支出的近距离观察

　　2003—2007 的 EDP 中，广义政府开支超支成为阻碍财政整顿成功的主要障碍。在尝试期间，广义政府开支增长率几乎没有降低的迹象（见图 3-8）。应注意到，如果没有强有力的 GDP 增长，超支可能占 GDP 的比重更大。的确，在 2004—2007 年间，虽然广义政府开支的真实增长水平超过了 SP 目标，但它仍旧接近甚至低于真实 GDP 的增长。①

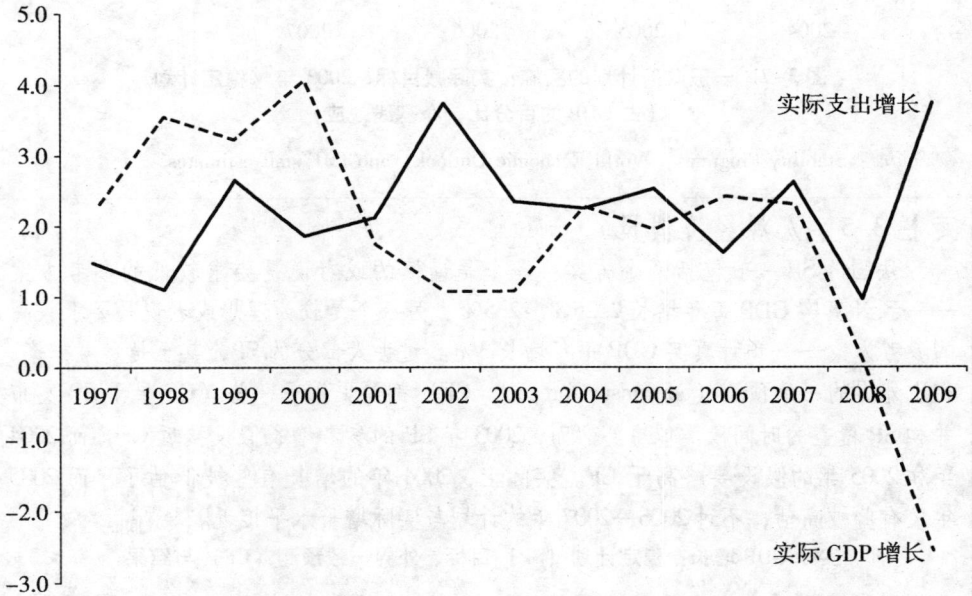

图 3-8　广义政府实际支出增长：稳定计划目标和结果（百分比）

Source：Stability Programs，World Economic Outlook，and IMF staff estimates.

　　超支主要反映了地方政府支出和社会保障支出的不良表现（参见表 3-4）。SP 设定了各级政府的年度实际支出水平增长的目标。② 在 2003—2007 年的 EDP 整顿

---

　　① 实际支出增长的计算来自于名义支出，是名义支出的消费价格指数减去烟草制品作为消除通胀指数而得出的。
　　② 平均年度真实支出增长目标年限被设定为 3 年。如，2003 年 SP，目标设定在 2005—2007 年。结果在相应的年限内计算。中央政府目标以国家账户的形式报告，不同于实际支出增长，其规则记录为预算账户形式（法国财政委员会，2010）。

期间，中央政府支出和社会保障支出分别占广义政府开支的近40%，地方政府支出占20%。在这一期间，地方政府支出和社会保障管理支出均超过了其预计目标，地方政府超支尤其高。然而，由于地方政府占广义政府开支的份额，低于社会保障管理支出所占的份额，所以平均来看，在2003年、2004年、2005年的SP中，二者占广义政府超支水平的份额大致是相似的。相比之下，中央政府的支出约束补偿了上述部分超支，然而，政府间的转移支付使这些比较变得很复杂。

表3-4　　　　　　　　　　　　各级政府实际支出增长：目标与结果

（平均值，百分比）

	广义政府开支	中央政府	地方政府	社会保障
2003SP 的 2005—2007 年目标	1.1	0.3	2.0	1.7
2003SP 的 2005—2007 年结果	2.2	-1.5	4.3	2.6
2004SP 的 2006—2008 年目标	1.2	0.2	1.8	1.7
2004SP 的 2006—2008 年结果	1.7	-1.9	3.6	1.8
2005SP 的 2007—2009 年目标	0.6	0.0	0.5	0.9
2005SP 的 2007—2009 年结果	2.4	0.7	3.3	2.8

中央政府受到"零实际支出增长"规则的约束，最终成功地逐渐减少了其实际支出（见图3-9）。也就是说，设定在预算账户下的这一规则，将庞大的中央对地方转移支付排除在外了，这部分支出是在国家账户中的。总体而言，向各级政府的转移支付占中央政府支出的20%以上，这也反映了中央政府的部分职责也转移到了其他的管理层级。

在2003—2007的EDP过程中，地方政府支出增长得非常快，并总是超过SP目标。其中大约一半都花费在日常营运上，1/4为各类转移支付，另外的1/4是投资——地方管理当局的关键职责。根据地方政府必须履行的"黄金法则"，他们要用自身的收入来资助日常营运，还有大约一半是来自于中央政府各类形式的财政转移支付和各种补贴。[1]

社会保障支出也经常超过SP目标。大约一半的社会保障支出用于养老保障，1/3用于医疗保障，其余的用于失业、家庭和住房补助。在过去的10年里，医疗保障部分一直处于长期赤字，而养老保障部分在过去的5年里也出现了赤字（参见图3-9）。也就是说，社会保障支出超支与该系统的各部分超支是一致的，尤其是失业保障部分。[2]

---

[1] 图3-9 显示的向地方政府的转移支付，是全部转移支付的子集。
[2] 例证可见法国财政委员会（Commission des Finances du Sénat 2010）。

中央政府

地方政府

社会保障系统

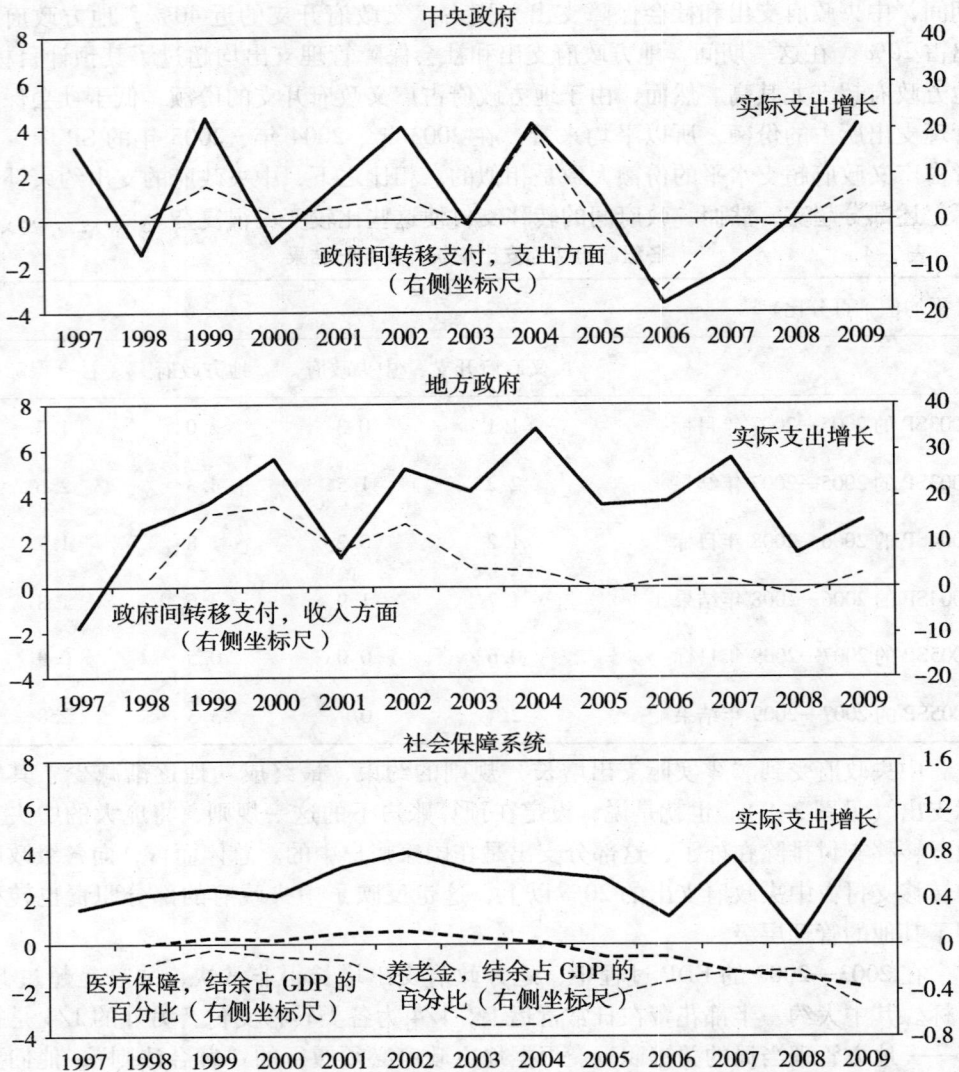

图 3-9 各级政府实际支出增长：稳定计划目标和结果（百分比）

Source：Stability Programs，INSEE，Direction de la Sécurité Sociale，and IMF staff estimates.

3.5 结语

本章评价了法国的财政整顿计划及其结果。首先，讨论了 20 世纪 70 年代和 80 年代财政整顿的早期尝试（"巴尔计划"和"紧要关头的转向"）。这一时期的尝试主要受管理需求的驱动，并由于缺少中期预算计划而失败。其次，我们分析了 1994—1997 中期财政整顿的第一阶段——使得法国满足了《马斯特里赫特条约》的财政标准、加入了欧洲经济与货币联盟。虽然重要的整顿是在这一阶段完成的，但仍存在制度上的限制——缺少量化目标约束和支出增长的限制，从而阻碍了该计划的实施。最后，我们评价了2003—2007年在《欧洲稳定与增长公约》（SGP）这一纠错武器下的财政整顿情况。虽然法国财政整顿的成果之一，是成功地终止了超额赤字处理程序，但缺乏对地方政府支出和社会保障管理支出的严格约束，这是赤字削减受阻的症结所在。

通过对法国财政整顿的分析，可以得到以下几点启示：

■ 有约束力的限制政策能够帮助政策制定者们集中注意力，并能充分地向社会大众证明其行动的合理性。只有财政整顿成功了，当局才得以为达到《马斯特里赫特条约》财政标准而做出努力，并且不必再施行超额赤字处理程序。如此延续下去，最近出台的"多年期预算"则预示着前景不错的未来。

■ 各级政府分担支出限制的压力并且相互协调、努力合作，才能促进财政整顿。在本章研究的财政调控中，政府未能完全实现预期目标，主要是由于支出的增长超过了预期。往往是中央政府在控制支出方面取得了进步，而地方政府和社会保障管理却是超支的。

■ 在很多情况下，适当的具有约束力的赤字目标能够帮助推行预算规则。《欧洲稳定与增长公约》（SGP）要求赤字占GDP的3%。尽管这个比率被看作是一个目标，而它实则应该是一个上限。而这一定位的错误，导致了法国在2005—2007年经济繁荣期间错失了进一步巩固财政的机会，从而未能给当局应对近期的全球金融危机提供更多的财政空间。

3.6　致谢

作者感谢伯努瓦·克尔（Benoit Coeuré），安妮·玛丽·古尔德·沃尔夫（Anne-Marie Gulde-Wolf），埃里克·弗里尔（Erik de Vrijer），保罗·莫罗（Paolo Mauro），里卡多·韦洛索（Ricardo Velloso），国际货币基金组织（IMF）财政事务部的会议参加者，法国经济部、产业部、就业处的研讨会参加者，IMF财政事务部的宝贵建议，以及欧洲委员会的欧盟经济及财政事务总署（DG ECFIN）的皮埃尔·艾卡德（Pierre Ecochard）和萨默尔·莱蒙斯·佩肖托（Samuel De Lemos Peixoto）在数据方面的帮助，以及阿纳斯塔西娅·格斯纳（Anastasia Guscina）提供的卓越的研究支持。

第 4 章 德国：财政调控的变革与拒绝变革

克里斯蒂安·布雷尔 (Christian Breuer)

让·戈特沙尔克 (Jan Gottschalk)

安娜·伊万诺瓦 (Anna Ivanova)

4.1 导言

在过去的 40 年中，对于德国的决策者而言，由于债务比的持续上升，财政整顿始终是关键所在（见图 4-1，图表 1）。财政整顿的动力源自于 20 世纪 20 年代初，第一次世界大战赔款导致的恶性通货膨胀，使得德国公众对公共债务累积的风险格外关注，并试图适应。本章回顾了联邦财政整顿计划的经验。本章聚焦于联邦政府层面，特别指出了联邦公共债务比的上升，尤其是在 20 世纪 90 年代前期，联邦政府接纳了绝大部分由德国统一带来的债务。此外，联邦整顿计划已经纳入而且可以用来评估中期财政框架（medium-term fiscal frameworks, MTFFs），自 20 世纪 60 年代开始，中期财政框架就已经在联邦政府层面开始筹备。值得一提的是，这些框架提出了对下一预算年度（财政目标具有法律约束力）及接下来的三年（指示性目标）的政策意向和财政关键指标的讨论。[①]

本章详细考察了四次不同的财政整顿探索（参见图 4-1，图表 2 中的矩形阴影），较之其他纳入中期财政框架的整顿计划，这四次是规模较大的。[②] 为了锁定这几次大型整顿的时间段，1969—2005 年间的所有中期财政框架下，调控计划中收支总额（以占潜在 GDP 比率计算）的周期性变化，都被计算在内了。[③] 对完成效果最好的 MTFF，还做了进一步的细节分析。对于这些整顿的政策意向评估，

---

① 例如，1975 年的 MTFF 是在 1975 年秋季提出的，包含了 1976 到 1979 年三年的计划。其中包括 1976 年具有法律约束力的预算计划，以及 1977—1979 年的指导性计划。德国联邦预算制度的详细介绍可查询以下网址 http://www.bundesfinanzministerium.de/nn - 4516/DE/BMF _ Startseite/Service/Downloads/Abt-II/001, template. Id = raw, property = publication. File. pdf.

② 有关这些整顿更为详细内容的背景资料，可从作者处获得。

③ 周期性调控收支额的估算是基于每个中期框架的产出差异的预估值（output gap estimate），使用标准的 0-1 的弹性方法（假设支出与经济周期无关，而收入与产出的百分比变动则呈比例变化）。例如，费得里诺等（Fedelino, 2009），产出差异的估算方法是以决策者当时可获得的数据经过 H-P 滤波（Hodrick - Prescott）的标准筛选。换言之，用于筛选的实际 GDP 的序列是以实时数据为基础的。以 1975 年 MTFF 为例，1950—1974 年的实际 GDP 数据，来自于 1975 年秋的经济顾问委员会报告。同年制定了 1975 年 MTFF；1975—1979 年的实际 GDP 是基于该 MTFF 本身的假设；MTFF 中预计的平均实际 GDP 增长率是对未来十年的长期预测。总而言之，这个过程实现了 1950 年到 1989 年实际 GDP 的实时估计。而后也用 H-P 滤波筛选这组数据。接下来的 MTFF 也是重复相同的步骤。

图表 2：总余额（占 GDP 的百分比）

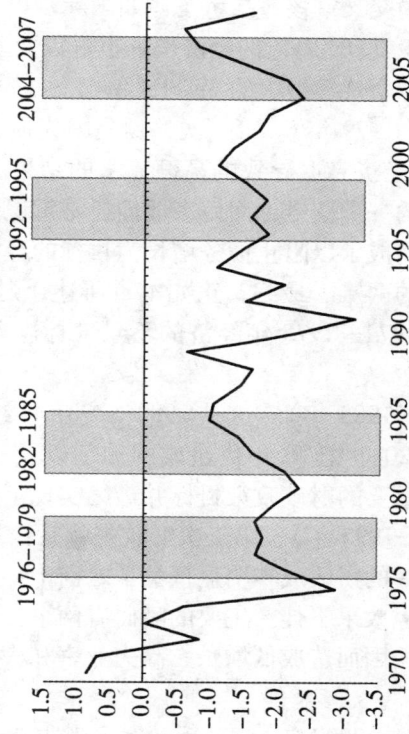

图表 1：债务（占 GDP 的百分比）

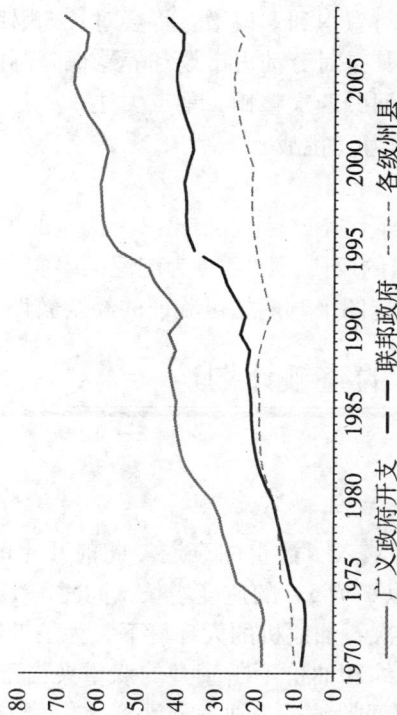

图 4-1　1970—2009 年联邦政府债务及总财政余额（占 GDP 的百分比）

—— 广义政府开支　—— 联邦政府　---- 各级州县

Source: Council of Economic Advisers Reports;and IMF staff estimates.

注：1991 年以前的数据只显示联邦德国。

还进行了与同时期资料文献的交叉审核，参考了诸如国际货币基金组织（IMF）工作报告、经济合作与发展组织（OECD）的经济调查报告以及引述当时的政治家言论。最终，我们将关注以下四个规模最大的 MTFF：

1. 1975 的 MTFF（1976—1979 年）。第一次整顿是因为债务激增而实施的，此次债务上升是 1974—1975 年经济衰退导致的高额赤字的结果。尽管，决策者们最初认为经济放缓是需求疲软的一个信号，而后来他们还是意识到，迫切需要通过财政整顿来降低高额赤字。这造成了以阻止债务增长为目标的经济调控和以支持经济发展为目标的财政刺激之间的两难。最终，正如本章所述，财政刺激政策胜出了。事到如今，我们不得不说，1974—1975 年经济的不景气标志着经济增长长期下行的开始。

2. 1981 的 MTFF（1982—1985 年）。这是 1980—1981 年经济衰退后的又一次尝试，其标志是致力于降低 20 世纪 70 年代造成的赤字以及控制衰退对预算的影响。在这期间，整顿成为最重要的财政政策目标并最终实现了。

3. 1991 的 MTFF（1992—1995 年），第三次财政整顿是由 20 世纪 90 年代初德国统一的高成本触发的。统一的财政成本明显抵消了之前十年的财政整顿成果。与此同时，政府试图降低赤字但效果不佳。主要的障碍有两个：一是统一恶化了当时劳动力市场业已存在的问题，因而造成低增长、高失业率和大量的财政开支；二是统一的成本超出了预期。

4. 2003 年的 MTFF（2004—2007 年）。最后一次探索主要包括：努力降低持续处于高位的结构性赤字，同时意识到人口增长将会对长期财政前景带来压力。因此需要大规模的结构改革，尤其是对劳动力市场和养老保险制度进行改革。

接下来，本章将按顺序回顾四次整顿，重点关注：

■ 触发财政整顿的原动力（挑战）
■ 计划的设计
■ 计划的完成程度，实际产出与计划相比出现偏差的根源
■ 对预期之外问题做出的反应，以及更为广泛的事实考察

最后一部分总结了基于这四个时期的可验证的经验教训。

4.2 1975—1979 年的整顿计划

4.2.1 挑战

1975 年秋季，德国经济陷入了严重的衰退。此前几年的经济增长势头是良好的，在 1968—1973 年间，以平均 5% 的速度增长，同时 1973 年的失业率仅为 1%。然而，在 1973 年 10 月第一次石油危机的大环境下，为了抑制通货膨胀采取了紧缩的货币政策。在货币政策紧缩和油价不断攀升的双重夹击下，经济在 1974 年开始明显下滑。1975 年，经济严重紧缩，失业率暴涨到 5%。财政和货币政策明显放松

了，总财政赤字超过了 GDP 的 6%。此时，考虑到过高的财政赤字意味着难以凭借更大规模的财政刺激，来解决失业的激增。1975 年的经济顾问委员会秋季报告指出，高额的公共赤字已使得私营部门担心深陷债务之中，因而也降低了财政政策促进经济恢复的效率。[①] 尽管以如今的标准而论，1975 年 25% 的广义政府债务比率还算是适中的，但该数字相比 70 年代初，已增加了将近 1/3。[②]

　　另一个当初备受关注的问题是，无论是从政策的可接受性与负担公平度来看，还是就其可能引致的就业负面影响而言，税收和社会缴款的负担，即将达到私营部门可以承受之极限。例如，前面提及的经济顾问委员会报告，就预计税收和社会缴款不久就会达到普通家庭总收入的 45%。[③] 简言之，以 1975 年公共支出占 GDP 近50% 的水平，可以说财政政策已经达到极限了。

　　这种局面使得决策者进退两难。一方面，总财政赤字占 GDP 的比重已经超过了 6%，这种状况难以持续，故而财政整顿势在必行。自然也需相应抑制甚或扭转过去十年间的财政支出持续攀升局面。因此，合乎情理的财政整顿不应仅仅叫停应对经济衰退的刺激政策。另外，还需考虑缩减公共部门的规模。另一方面，改善高失业率需要出台扩张需求的政策，财政政策是其最基本的工具，符合当时凯恩斯主义的政策取向。因此，在确保持续发展的财政整顿与降低周期性失业的目标之间，就产生了冲突。更为复杂的问题是，过去十年中不断上升的财政支出，很大程度上是由社会保障体系的扩张造成的，政府期望能够保持这种社会保障体系，这也限制了财政整顿的规模。

　　还有一个当时并不明显、后来却日渐清晰的挑战就是，20 世纪 70 年代中期开始的经济增长放缓，给德国经济带来相当大的影响。这导致社会创造充足就业岗位的能力下降，并减少了以产出增加来化解债务增长的余地。除了石油价格危机的影响，德国经济的放缓也与其经济结构变化有关，尤其是制造业的重要性相对下降了。过去几十年的高速增长，源自于劳动力从低产出的农业转移到了高产出的制造业。然而 20 世纪 70 年代初，制造业的就业达到了就业占有率的峰值，而如今制造业的就业逐渐被服务业所吸纳，这显示了低生产率增长引致的低经济增长。德国的劳动力市场制度，包括社会保障体系，正是在这种结构变革中彷徨，并且要花费几十年来加以适应。但这些迹象在 1975 年的时候并未显露。

4.2.2　1975 年的财政调控计划

　　1975 年秋季起草的 MTFF 部分解决了上述问题。从政府的角度看，重返 MTFF 制定的失业率控制在 3% 以下的充分就业水平，是最为重要的宏观目标。1975 年的高失业率被认为是周期性波动的结果，期望 1976 年经济的回暖能够创造就业。因

---

① 详见 IMF 工作人员报告（1975—1976 年），94 页和 106 页。
② 此外，当时资料文献中讨论的公共债系采用名义值，这就意味着同时期的公共债务增加了一倍。例如，IMF 工作人员报告（1975—1976 年），106 页。
③ 详见 IMF 工作人员报告（1975—1976 年），137 页。

此，为了维系经济的复苏，财政整顿就被"递延"了，直到1977年初才正式施行。MTFF计划主要依靠削减支出，但没有触及社会转移支付和国防等优先领域，还包括了一些提高收入的措施（详情后述）。

表4-1 1975年制订的1976—1979年财政整顿计划（联邦政府，占GDP的百分比）

	1974年 产量	1975年 估计	1976年 预算	1977年 计划	1978年 计划	1979年 计划
收入	12.3	11.4	11.0	11.8	12.1	12.2
周期性	-0.1	-0.1	0.0	0.0	0.0	0.0
结构性	12.4	11.4	11.0	11.8	12.1	12.2
支出	13.4	14.8	14.3	13.5	13.3	12.9
基本	12.9	14.3	13.5	12.6	12.4	11.9
利息	0.4	0.6	0.8	0.9	0.9	0.9
周期性调整后的结余	-0.9	-3.4	-3.2	-1.7	-1.3	-0.7
周期性调整后的基本结余	-0.5	-2.8	-2.5	-0.8	-0.3	0.2
产出差异（估计实际/预计）	-0.9	-0.6	-0.3	-0.1	0.0	0.0

Source：Federal government MTFFs, Council of Economic Advisers reports；and IMF staff estimates.

就总体而言，整顿计划预计从1975—1979年间，联邦政府的负债占潜在GDP的比例会有约3%的改善（见表4-1）。由于预期利息负担的增长，使得计划的主要改善也有所增加。根据中期财政框架的基本增长设想，如果1979年联邦总赤字能调控为预期的占GDP的3/4%，那么就完全可以将联邦负债率长期稳定在GDP的10%（大约与1975年的负债率相同）。

预期的赤字改善的3/4来自于支出方面。对此，中期财政框架不得不解释一些事实情况，诸如养老金和战争受害者的赔偿预计将快速增长，如果将其调整至原来的水平，就会影响到社会民主党的政治优先权，而该党是当时执政联盟的重要力量。鉴于养老金和战争受害者赔款的因素，为了满足总体目标，就意味着其他主要支出项目的年增长率不能超过2%，同时，计划的年名义GDP增长率要定为9%。必要的支出限制提前到1976年和1977年实行，预计主要支出（考虑了养老金和与战争相关补贴的因素）将会下降。然而，预期中的1976年养老金支付的快速增长，也意味着总开支占GDP比例降幅不会太大。

除了支出的全面限制，1975年的中期财政框架主要集中在两个方面：

1. 为支撑劳动力市场做储备，通过增加1个百分点的失业保险收缴率，并降低联邦政府对职业教育及再培训措施的支持。

2. 通过改革退休及升职的规定和附加福利，并限制公共部门的工资，来为公共管理做储备。

其余大部分的整顿措施属于收入方面——特别是增值税提升2个百分点，烟草和酒精消费税增长 20%，总共达到并超过了潜在 GDP 的 0.75%。这些税收增加预计从 1977 年开始生效，也就是期待的经济回暖开始以后。

4.2.3　执行

直到 1977 年，整顿工作一直按部就班地进行（参见表 4-2）。1976 年，周期性赤字调控的结果明显好于预期，此系收入表现优于预期的结果。[①] 1977 年的收入就没有那么优异的表现了，但依然足以抵消高于计划的支出，因此赤字目标仍旧得以实现。

表 4-2　　财政结果（与 1975 年中期财政框架的差异比较，占潜在 GDP 的百分比）

	1974	1975	1976	1977	1978	1979
收入	-0.1	-0.1	0.8	0.4	0.4	0.6
周期性	-0.1	-0.5	-0.2	-0.1	0.0	0.3
结构性	0.0	0.4	1.0	0.5	0.4	0.4
支出	-0.1	-0.4	0.0	0.5	1.2	1.8
基本	-0.1	-0.3	0.2	0.7	1.4	1.9
利息	0.0	-0.1	-0.2	-0.2	-0.2	-0.2
周期性调整后的结余	0.1	0.8	1.0	0.0	-0.8	-1.4
周期性调整后的基本结余	0.1	0.7	0.8	-0.3	-1.0	-1.6
产出差异（估计实际/预计）	-0.5	-4.1	-1.3	-0.8	0.1	2.0

Sources：Federal government MTFFs, Council of Economic Advisers reports；and IMF staff estimates.

1977 年是整顿工作的转折点，政府将刺激政策重新置于优先启动的位置。这一转变的最主要原因是自 1975 年以来居高不下的失业率，几乎从未下降过。此外，由于全球经济增长疲软，加强国际协调进而推动全球经济复苏的迫切需要，促使德国推行了一系列的刺激政策。事后看来，高失业率反映的不是需求乏力而是经济结构的变化。事实的确如此，现在我们使用截至目前的完整时间序列的 GDP 数据，来重新估算 20 世纪 70 年代的增长潜力。我们发现，实际的增长潜力比 1975 年 MTFF 的预计，足足低了一个百分点。

总体来说，这次财政整顿尝试基本是失败了。支出目标没有实现，收入目标的实现是由其他因素而非财政政策促成的。然而，本次财政整顿工作确实阻断了支出不断扩张的趋势，尤其是控制住了广义政府以及联邦政府在过去十年间一直持续增长的转移支付和工资开支。直到 1977 年，工资开支都始终与 1975 年 MTFF 的目标基本保持一致。1974 年的雇佣冻结政策以及 1976 年和 1977 年较低的公共部门就业增长，都促进了整顿的实施。尽管如此，由于投资刺激措施，总支出还是超过了

[①]　这与收入政策无关，而是 MTFF 低估了收入活力（详见 IMF 工作人员报告（1977—1978 年），88 页）。

预计的数额。

总体的税收收入好于预期，尤其是1975年和1976年，但这在很大程度上反映了对收益状况的低估。虽然提高税率的法案是依照计划通过了（提高增值税税率的法案，在最初曾遭遇代表国家的第二立法机构——联邦参议院（Bundesrat）——的否决），但提高的消费税几乎没有产生收益。额外的刺激措施——提高免税收入门槛及折旧，对所得税收入则形成了额外压力。[①]

4.2.4 1975—1979年期间财政整顿的考察与评价

● 应对意外的挑战

经济复苏的程度不及预期和高涨的失业率，使得财政整顿的努力功亏一篑。最初是为了促进经济复苏而将财政整顿推延，但经济未能如预期般增长，故而直到1977年，刺激经济发展的目标都被置于优先考虑的地位，而整顿目标则被放在了次要位置。当时人们推测整顿计划的再次推延将有利于经济在1976—1977年实现较强劲的复苏。但是，从后来增长潜力明显下滑的情况看，这种预期显然未能实现。

● 总体情况

相对而言，针对支出的整顿还是比较成功的。在支出方面产生了一些成果：（1）就总体而言，1979年的经常性支出仅略微高于预期（名义值）；（2）工资支出占GDP的比重，在1975年达到顶峰后，就停止上升了。（3）劳动力市场的相关支出大致上符合1975年的MTFF。这些成果是通过具体的立法措施和一般性的支出规则确保实施的。相较而言，收入调整的措施却不太成功，主要表现为有些只是部分实施，有些延迟执行（如提高增值税税率），还有些收益甚微（如消费税的提升）。

进一步地削减开支需要进行结构性改革。1975年的MTFF准备增加养老金和与战争相关补贴的支出（大体上按照预期实现了）。实际上，1975年的财政整顿并没有在上述领域进行结构性改革，而是在其他领域设定了支出规则（包括名义支出的削减）。由于限定了养老金和与战争相关补贴的支出规模，使得这项政策有其局限性。

由于缺乏政治支持和不同层级政府间的合作，整顿工作的进展面临重重障碍。在最重要的收入措施——提高增值税上——就显得非常突出。参议院起初否决了联邦政府关于这项措施的决议，使得直到1978年才得以实施提高增值税的措施。

4.2.5 1981—1985年的财政整顿探索

● 挑战

1979年，第二次石油危机导致通货膨胀大幅上涨（1978—1981年间通货膨胀从不到3%飙升至高于6%），还致使德国自1965年以来首次出现了经常项目赤字。再加上美国从1979年末开始加息，促使德国资本外流，引起了德国马克的实际贬值。为了应对这种状况，参议院实行了通货紧缩政策。油价的上涨和紧缩通货，导

---

① 经济刺激措施，详见IMF工作人员报告，（1977—1978年），88页和91页。

致了 1980 年春—1981 年初的产出紧缩，同时还伴随着经济的停滞。因此在 1981 年夏季和秋季，1981 年的 MTFF 拟订之际，经济前景很不乐观：

■ 短期前景一片灰暗：经济运行停滞，接下来的一年中经济状况下降；原本已高企的失业率进一步上升；外部收支平衡弱化。

■ 中期前景展望也不明朗：逐渐攀升的失业率，反映出存在更深层次的结构性问题；石油危机带来了另一个结构性难题：需要经济在适应更高能源价格的同时恢复竞争力（削减经常账户赤字），也就是将焦点转移到能源供给方面。

■ 1981 年夏秋的财政状况依然疲软。尽管在经历 20 世纪 70 年代中期的衰退之后，宏观经济略有起色，但 70 年代总体不成功的财政整顿，最终致使赤字和公共债务的数额在 1979 年达到历史新高。其后两年的财政整顿虽然确立了适度的目标，但始于 1980—1981 年的新一轮经济衰退阻碍了整顿的进行。结果，1981 年广义政府财政赤字恶化，其数值接近 GDP 的 5%，其中部分原因是联邦政府赤字增长到了将近 GDP 的 2.5%——这是 1976 年以来的最高值。同时，广义政府和联邦政府的负债率也在不断地攀升。

总体而言，1981 年的情况和 1975 年的非常相似：财政赤字和失业率都很高，不得不进行权衡取舍。一方面，财政整顿需要稳定住近十年来一直不断上涨的负债率；而另一方面，希望降低失业率，又需要施行扩张性财政政策。从某种意义上来说，1981 年的权衡更为艰难：高通胀和流通货币的缺乏使得货币政策受限，因此刺激需求的重任很大程度上就落在了财政政策上。另一个财政挑战是为了适应经济结构的改变，需要进行结构性改革。这种需要对于政策决策者而言，在 1975 年还不是很明显，但在 1981 年就非常显著了。

4.2.6　1981 年的财政整顿计划

决策者在 1981 年对于困难的回应，与 1975 年有所不同：1975 年在协调财政整顿与失业率的问题时，采用的方法是推迟前者。1981 年 MTFF 的整顿计划认为，调节需求不能降低失业率，而应将注意力集中于整顿目标上，并指出，造成德国生产和就业糟糕状况的根本原因，是石油价格的冲击和更为广泛的结构性变化，而这种变化是难以通过财政刺激来应对的。换言之，经济难题的症结主要在于供给方面，往往不能通过扩大需求来解决。此外，世界范围内的利息率普遍走高。在这样的大环境下，德国政府在整顿计划中阐明，最有可能成功实现的财政政策是支持私人投资，这也是结构性转变进程中不可或缺的一步，要通过降低利率的压力来实现。

将总需求的管理降低为财政政策的次要目标，就意味着违背了凯恩斯主义的政策安排。有趣的是，1981 年夏/秋与 1977 年时一样，执政联盟都是由社会民主党和自由党组成的。因此这种政策上的转变并不是政府本身造成的，而是决策者普遍认识到：尽管实行了扩张性的财政政策和货币政策，失业率依然居高不下。这就说明需求管理政策在 70 年代后半期就已失效了；同时，世界范围内的情况是，各国的扩张性政策都带来了通货膨胀的上升。20世纪70年代很多发达经济体的自身经验改变了决策者的想法，这不仅是德国的，也是世界性的经济思潮。到了80年代早期，一些经济理论，如货币主义、新古典经济学和实际经济周期学派，都开始将需求管理描述为无效的，甚至是有害的，这些观点也逐渐渗透到了主流思想中。

经济顾问委员会的大多数成员（他们是政府体系以外的、能为德国政府的经济事务提供建议的杰出专家团队）也逐渐采纳了以供给为导向的经济范式。他们开始认识到，依据需求进行调节的政策，具有不确定性，财政和货币政策应当基于规则成为新的共识。①

与这种新观点相一致，1981年MTFF的目标是改善周期性调整后的收支平衡，1985年的潜在GDP与1981年相比，能够增加1.25%（参见表4-3）。几乎所有的结余均来自于支出的削减（鉴于预计利息负担将会上升，基本支出的减少将占潜在GDP的1.75%）。最大的结余来自降低失业救济金和就业创造计划支出，以及适度缩减福利和劳动力市场的相关补贴政策。其他的政策重点还包括削减家庭补助，通过减少公共就业和基本工资来控制工资支出。调控重点在支出一翼，尤其是社会转移支付，其原因在于，试图通过缩小规模来提高供给条件，同时改善支出状况。削减失业救济金和劳动力市场支持，有助于在更高失业的冲击下保障预算运行，降低劳动力方面的负面因素影响。此外，就像70年代的整顿计划那样，政府计划提高失业险分配率（以降低养老金分配率来缓和对纳税人的影响）。由于大部分政策在1982年就正式开始实行，这次整顿属于"前期过载型"（frontloaded）。

表4-3　　　　　　　1981年财政整顿计划（占GDP的百分比）

	1980年结算	1981年潜在预估计	1982年预算	1983年计划	1984年计划	1985年计划
收入	12.6	12.4	12.7	12.5	12.4	12.5
周期性	0.1	0.0	0.0	0.0	0.0	0.0
结构性	12.6	12.4	12.7	12.5	12.4	12.5
支出	14.5	14.6	14.3	14.0	13.7	13.4
基本	13.5	13.5	12.9	12.5	12.1	11.8
利息	0.9	1.1	1.4	1.5	1.5	1.5
周期性调整后的结余	-1.9	-2.1	-1.6	-1.4	-1.3	-0.9
周期性调整后的基本结余	-1.0	-1.1	-0.2	-0.0	-0.2	0.6
产出差异（估计实际/预计）	0.4	0.1	0.0	-0.1	0.0	0.0

Sources：Federal government MTFFs，Council of Economic Advisers reports；and IMF staff estimates.

---

① 以1981的经济背景，这就意味着（1）货币供给的扩张，应当与潜在增长力保持一致，同时要抑制扩张冲动；（2）财政政策应当避免重复或盲目刺激需求；（3）雇主和工会之间的工资谈判，应着眼于降低工资压力，从而有利于创造就业。

4.2.7　执行

普遍认同的观点是，1982 年的总赤字（未经周期调整）未能从 1981 年的高水平降下来，因此 1981 年整顿计划的第一次考核并不合格。然而，从周期性调控的角度看，这种不作为的表现是微弱的（参见表 4-4），因为惨淡的收入表现主要反映的是周期性恶化：经济重归衰退，失业率在 1981 年达到战后历史新高的基础上，又攀升了 2 个百分点。此时，从周期性调整的角度看，赤字的情况被认为是有所好转的。例如，经济顾问委员会的报告中给出的测算，也印证了这一点。但不管怎样，公众关注的是总赤字水平，并由此得出整顿总体上仍旧失败的判断。这反过来又刺激出台了一系列整顿措施。1982 年夏，政府倍增性地加强了之前削减社会转移支付的力度。

表 4-4　　**财政结果报告（与 1981MTFF 相较的差异，占潜在 GDP 的百分比）**

	1980	1981	1982	1983	1984	1985
收入	0.1	0.0	−0.4	−0.4	−0.3	−0.3
周期性	0.1	−0.1	−0.4	−0.4	−0.4	−0.4
结构性	0.0	0.0	0.0	0.1	0.1	0.1
支出	0.1	0.3	0.3	0.0	0.0	0.0
基本	0.1	0.2	0.3	−0.1	0.0	0.0
利息	0.0	0.1	0.1	0.1	0.0	0.0
总体支出平衡	0.0	−0.3	−0.7	−0.4	−0.3	−0.3
周期性调整后的结余	−0.1	−0.2	−0.3	0.1	0.1	0.1
周期性调整后的基本结余	−0.1	−0.1	−0.3	0.1	0.1	0.1
产出差异（估计实际/预计）	0.9	−0.6	−3.1	−3.6	−3.0	−3.3

Sources：Federal government MTFFs, Council of Economic Advisers reports；and IMF staff estimates.

然而，连续削减开支造成了社会民主党内部的分歧。社会民主党传统上是社会福利国家的拥护者：在 1982 年预算决议之后的政党代表大会上，社会民主党肯定了财政整顿的必要性，但他们呼吁转变改革方式：通过征税的方式，以使企业和富人承担更多的整顿压力。这导致了社会民主党与执政联盟中自由党之间的分歧，后者希望减轻企业的税负以促进私人投资。因此，要实现整顿目标，就意味着进一步削减社会福利。奥托·葛雷夫·兰布斯多夫（Otto Graf Lambsdorff），作为资深自由党政治家、当时的经济部长，表示支持和拥护后者，并批评那些声称财政整顿是"反社会"的人没有认识到，这次整顿作为对德国社会福利体系经济基础的重塑，是极为必要的。① 这种分歧是导致执政联盟最终破裂的关键。1982 年秋，自由党和

---

① 在 1982 年春，社会民主党大会后，兰布斯多夫公布了一份表明立场的文件，文件中列出了详细的建议，指出绝大多数企业会从减少税收和社会福利中收益。以下是文件原文："Wir stehen vor einer wichtigen Wegkreuzung. Wer einer auf die Bekaempfungder Arbeitslosigkeit gerichtete. Sparpolitik als 'soziale. Demontage' oder gar als 'unsozial' diffamiert, verkennt, dass sie in Wirklichkeit der Gesundung und Erneuerung des wirtschaftlichen Fundaments fuer unser Sozialystem dient."。兰布斯多夫意见书，1982，9 页。

保守党组成了联盟政府。这个新政府由总理赫尔穆特·科尔（Helmut Kohl）领导，通过削减社会转移支付、提高增值税税率、扩大所得税税基等措施，适度地强化了此前的整顿计划。与以往政策一致，基于确保供给的条件，没有增加企业的负担。在科尔上任后的政策声明中，强调经济形势十分关键，需要通过制衡来保证令人信服的财政整顿，同时保持充足的总需求水平。[①] 但与 20 世纪 70 年代截然不同的是，新政府完全摒弃了财政刺激政策。

德国的经济状况在 1983 年终于稳定了，尽管同年的失业率攀升至 9%，并一直保持在这个水平，直到 1985 年后才逐渐下降。自 1983 年开始，周期性调控的财政表现逐渐步走上了 1981 年 MTFF 计划的轨道。总体上，由于 1982 年出台的一些政策支持，使得整顿计划得以实现预先设定的目标。联邦政府总赤字有所改善，同样的情况也发生在各州以及市级层面。尽管债务占 GDP 的比率从 20 世纪 70 年代到 1985 年呈持续上升的态势，但上升的速度明显下降，并开始逐渐趋于平稳。

大部分的结余最终还是来自社会转移支付的减少。1985 年的社会转移支付额要明显低于 1981 年 MTFF 的预估数字：进一步深化削减家庭补助，不但抵消了高失业率造成的劳动力市场的相关超额支出，还有所结余。退休金分配率的提高以及推迟定期养老金的上涨，也有效地抑制了社会转移支付的增加。

在这段期间，立法机关对于整顿政策的批准也十分顺利。可能是由于削减社会福利的政策是由社会民主党领导的政府所发起的，而在 20 世纪 70 年代中，该政府始终坚持扩大并保护社会项目。

4.2.8　1981—1985 年整顿的考察与评价

● 应对意料之外的挑战

1982 年的财政整顿工作一开始就面临着不利局面，经济增长出人意料地减缓了。这与 1977 年面对的挑战十分相似，当时经济复苏的速度也低于预期。但 1982 年的应对政策与 1977 年截然不同：决策者加强了整顿工作，而非依赖于刺激需求。由于意识到德国经济增长缓慢和大量失业的主要原因是结构性因素，而单靠需求扩张是无法解决这些问题的，因此政府的政策体现了对需求和供给政策有效性的重新评价。此外，美国的高利率开始影响到德国，给德国的投资带来了负面影响。1981 年 MTFF 的最佳策略，就是通过减少财政借款需求来促使利率走低。因此，即便衰退突然来袭，财政整顿依然保持了初始目标不变。

● 总体情况

尽管经济仍旧疲软，对于坚持整顿还是达成了共识。左倾（激进）的社会民主党和右倾（保守）的保守党的继任者都大力支持财政整顿，确保了必要措施得以在立法上迅速通过。

削减社会转移支付有助于该体系的长期可持续发展。伴随着工业的萎缩及失业

---

① 议定书（德意志联邦议院，9. 选举期间，121. 会议，7218）。

的上升，德国经济的结构变化使得社会福利体系承受了巨大压力。该体系不能适应长期的高失业状态。因为高额的失业补贴制度原本是基于充分就业但偶尔受经济迅速衰退影响而设计使用的。同样，现收现付制养老金的参数体系，也是在大规模就业和工资上涨的情形下建立起来的。这次整顿实施的政策，尤其是降低失业、家庭和养老金津贴，以及提高分配率和扩大税基，都使得社会福利体系的融资方面在80 年代后期保持了稳定。因此，在新的低增长环境下，这些措施一定程度上挽救了长期的疲软经济环境。

尽管失业上升主要源于结构性因素，但抑制需求也需要付出代价。整顿期间的长期失业率大幅上升，1985 年的失业率比 1980 年高出近 5 个百分点。如今大家一致认为，这次失业率上升主要是由结构变化造成的，而相对紧缩的财政和货币条件，有可能延长了经济衰退期，使得周期性失业演变为结构性失业——这解释了20 世纪 80 年代中期和晚期的一个突出现象。具体来讲，在经济衰退期丢掉工作的人，可能会有很长一段时间没有工作，继而工会就会逐渐忽视这些工人的利益，结果制定了过高的工资，以至于这些工人在衰退结束后也无法找到工作。

4.3 1991—1995 年的财政整顿探索

4.3.1 挑战

德国 20 世纪 80 年代初成功的财政整顿，使其 80 年代联邦负债占 GDP 的比率稳定在 40% 左右。然而，在某种程度上，德国统一却带了新的挑战。从最初就能看出，统一对"公共钱袋"（public purse）而言是昂贵的：1991 年是德国统一以来的第一个负债年，当年的联邦支出，比 1988 年（柏林墙坍塌前）高出约 40%。关键问题在于，如何为支出的增长筹集资金，在 1990 年 10 月（统一完成的几个月后），人们就这一问题展开了激烈的辩论。社会民主党主席候选人奥斯卡·拉方丹（Oskar Lafontaine）主张增收所得税，特别是中等收入者和高收入者的所得税，同时降低较高的增值税税率，以减轻东部低收入居民的税收负担。[①] 他的对手，时任保守党—自由党联盟主席赫尔穆特·科尔（Helmut Kohl）则主张，针对德国统一的融资，并不必依赖于提高税收。在竞选中，科尔主席提出了著名的言论，表示东部将呈现出一派繁荣的景象。他指出，东部的经济力量将使增税不再是必要的手段。

正确判断统一及财政支出的经济影响，同样是个棘手的难题。这个问题在早期就已显现出来：财政部长特奥·魏格尔（Theo Waigel）在 1990 年 12 月成功竞职保守党—自由党联盟领导者后，在其发表的政策声明中指出，1991 年将会是特殊的一年。原因在于，统一带来了空前的财政融资需求，预期这次融资也会很困难，但

---

① 摘自奥斯卡·拉方丹 1990 年 9 月 20 日的演讲，12 页。

却是不可避免的。因为统一的进程，取决于国际政治环境，而非财政政策考虑。除财政政策外，统一还影响了宏观经济运行，并使得变革结构政策和制度成为必要。

1991 年夏季，1991 年的 MTFF 和 1992 年的预算一并发布，其中前者所包含的财政整顿计划，是本章关注的重点。起草 MTFF 的时期，统一仍对宏观经济及财政发展产生影响。

1990 年及 1991 年，东部和西部在宏观经济层面呈现出惊人的差异。东部的经济结构缺陷日益明显，这种缺陷又因为使用了西部被高估的货币而扩大化了。[①] 由此导致东部在统一后的第一年，就发生了经济崩溃。相反，在西部，全新开放的东部市场使其需求猛增，再加上来自东部的劳动力流入，西部的宏观经济走势是上升的。因此，西部的失业率从 20 世纪 80 年代中后期的 8%，下降到 1991 年的 6%。然而，一个尚未显现的事实是，1991 年西部地区的繁荣及失业率下降只是暂时的。实际上，无论东部还是西部，在未来几年，都将面临劳动力市场情况不佳这一重要挑战。

与统一相关的政府支出，使得广义的政府财政平衡状况恶化了，使之由 1989 年的小幅盈余，变为 1991 年近乎 3% 的赤字。增长的支出中，很大一部分资金系由类似联合基金这种方式筹集的，设立联合基金的目的，就是为东部新的州及城市筹集资金。尽管变成了赤字状态，政府负债仍然增加了，而且联邦政府最终吸收了大部分的负债。统一后的社会转型，为社会保障体系的逐步完善，支出了大量资金，耗费了上世纪财政整顿所取得的大部分盈余。相当一部分社会转型负担，最终表现为更高的联邦政府转移支付。

4.3.2 1991 年的财政整顿计划

面对为统一支出而筹集资金的财政挑战，保守党—自由党联盟起初试图避免增税，而通过限制开支来削减增长的赤字（如 11 月份的 1990 年 MTFF 所述）。然而，尽管没有通过增税就为统一筹集了资金，但民主德国各州为重大重建工程筹资的需求，形成了严峻的金融形势。在 1990 年 10 月成功竞选后，保守党—自由党联盟还是通过了一项大额税收的一揽子计划。这项税收计划包括征收短期（一年）的附加所得税（团结附加税，solidarity surcharge），并提高消费税和燃油税。此外，失业保险缴费比例也显著增加。

1991 年 MTFF 是基于这项税收一揽子计划而制定的，并以联邦德国的劳动力市场持续表现良好为假设前提。尽管采用了这种办法（且宏观经济呈现积极前景），就周期性调控而言，1991 年的预计联邦赤字仍超过了潜在 GDP 的 2.25%（参见表 4-5）。为填补剩余的差额，除与统一相关的领域外，1991 年 MTFF 几乎完全依赖于支出限制，并且特别设定了 1995 年前将周期性调控的联邦赤字，控制

---

① 转换比率是 1∶2（即两个单位的东德货币可兑换为 1 德国马克），而形成货币联盟前通行的比率是 1∶3。

在潜在 GDP1% 以内的目标（较潜在 GDP 的 1.5% 有所进步）。为实现这一目标，支出占潜在 GDP 的份额削减了 2%，而收入的份额也略微有所减少，其中因废止 1991 年暂时性税收政策而减少的收入，通过增值税税率的预期增长，得到了部分弥补。[1] 总之，财政整顿政策与 20 世纪 80 年代初期保守党—自由党联盟所采取的政策，以及在 1990 年的竞选中所提倡的政策，是一致的：避免税收负担的增加（特别是工商业的税收负担），而采用短期或是以消费税为重点的收入政策。

表 4-5　　　　　1991 年财政整顿计划（占潜在 GDP 的比例）

	1990 年结算	1991 年潜在估计	1992 年预算	1993 年计划	1994 年计划	1995 年计划
收入	13.9	11.5	11.7	11.3	11.4	11.1
周期性	0.2	0.1	0.0	0.0	0.0	0.0
结构性	13.7	11.5	11.7	11.3	11.4	11.1
支出	12.9	13.8	13.3	12.7	12.2	11.8
基本	11.4	12.3	11.8	11.1	10.7	10.2
利息	1.4	1.4	1.4	1.5	1.5	1.6
周期性调整后的结余	0.8	−2.3	−1.6	−1.3	−0.8	−0.7
周期性调整后的基本结余	2.2	−0.9	−0.1	0.2	0.7	0.9
产出差异（估计实际/预计）	1.3	0.6	0.2	0.0	0.1	0.2

注：1991 年及之后的数据指的是统一的德国，而 1990 年的数据仅代表联邦德国（无法获得与之相较的民主德国数据）。值得一提的是，1990 年的收入份额夸大了收入的潜力，因为 1991 年 MTFF 低估了联邦德国该年的 GDP，联邦德国的收入激增很大程度上得益于统一。

1991 年 MTFF 在大部分预算领域都计划削减联邦支出（占 GDP 的比率）。从支出功能角度而言，两个削减最多的支出领域是国防和社会支出（共占调控总额的一半）。

■ 通过将统一德国的武装力量减少至 37 万人，同时削减对外驻军费用，国防支出占 GDP 的比重将减少 0.5%。

■ 1990 年社会支出占全部联邦政府费用的 1/3，尽管统一本身将会增加社会支出，但这项支出占 GDP 的比例，仍预计在 1995 年前减少 0.5%。例如，民主德国的养老金必须和联邦德国保持一致，由此导致养老保险体系出现了大规模的赤字，对政府转移支付产生更高需求。计划削减一项面向失业保险体系的转移支付，并期望以此得到盈余（结合上文提及的缴费比例上升，并以联邦德国地区劳动力市场持续表现良好为前提）。限制提高战争受害者的赔偿，是结余的另一项来源。

_____

[1] 为弥补团结征税终止后的收入损失，计划 1993 年 1 月起将标准增值税税率提高 1 个百分点。

4.3.3　执行

　　1991 年及 1992 年实际的联邦收支情况优于预期，但 1993 年的结果不及 1991 年 MTFF 中设定的目标，且 1994 年及 1995 年的赤字额也高于计划水平（参见表 4-6）。

表 4-6　　**财政结果报告（与 1991MTFF 相比的差异，占潜在 GDP 的百分比）**

	1990	1991	1992	1993	1994	1995
收入	−0.9	0.3	0.5	0.3	0.7	0.3
周期性	−0.2	0.1	0.1	−0.2	0.0	0.0
结构性	−0.7	0.2	0.3	0.5	0.7	0.3
支出	−0.8	0.2	0.2	0.9	1.3	1.1
基本	−0.7	−0.2	0.2	0.9	1.2	1.0
利息	−0.1	0.0	0.0	0.0	0.0	0.1
周期性调整后的结余	0.1	0.3	0.3	−0.5	−0.6	−0.7
周期性调整后的基本结余	0.0	0.3	0.2	−0.5	−0.5	−0.6
产出差异（估计实际/预计）	−1.1	0.8	1.2	−1.6	−0.3	−0.1

Sources：Federal government MTFFs, Council of Economic Advisers reports; and IMF staff estimates.

　　1993 年的支出超过预期，其主要影响是使经济陷入严重的衰退，此次经济衰退打破了联邦德国地区劳动力市场表现良好这一前提。1993 年的联邦劳动力市场相关支出严重超过了计划，占总超支的大部分。[①] 实质上，在衰退期中，政府运用了自动稳定器，整体赤字占 GDP 的比例增大了。当然，如果失业率的增长是周期性的，就不会造成整顿的根本性失败。然而事实并非如此：随后几年中，失业率始终居高不下。

　　统一带来的意外高额支出，是阻碍整顿的又一因素。社会转移支付显著增长，但大体上能够维持在 1991 年 MTFF 设定的界限以内。联邦政府以外的其他组织（如统一基金）支出，也大大超过了预期。这在两方面影响了联邦负债：一方面是直接支出，特别是统一基金的支出，增长到计划水平的两倍；另一方面是联邦政府最终要负责偿还这些组织的负债，至 1995 年本息总额已达到 GDP 的 9%，也就是说，债务服务的支出也达到了每年 GDP 的 0.75%。最大的负债份额源于重建和民主德国地区国有企业的私有化，负责这项工作的信托局，本来预计会产生盈利，但 1994 年停止运作时负债却达到了 GDP 的 7%。团结协定（the Solidarity Pact）要求，各级政府共同承担统一的支出，其中有一项规定表明，联邦政府将接管最终负

---

　　① 参见 IMF1993/94 人员报告，159 页。原则上，对周期性调控余额的计算，将校正失业救济金对预算的影响。但这一章的表格采用了标准简化假设，假定支出与周期无关。考虑到区分周期性失业和结构性失业的困难，以及失业与产出缺口关系的不确定性，按周期调整失业救济金是十分复杂的。

债的偿还工作。团结协定还改变了增值税收入分享的方案，规定联邦政府要将部分收入割让给州政府，以帮助其支付德国统一的各项支出。为了补偿联邦政府的部分损失，计划于 1991—1992 年临时实行的所得税附加（团结附加税，solidarity surcharge）实际上长期延续下来了。

4.3.4　1991—1995 年财政整顿的评价

● 应对意外挑战

1991 年 MTFF 的前提，是统一将会带来从联邦德国到民主德国的强劲增长，但这并未发生。起初联邦德国地区的增长势头是强劲的，但大多为需求拉动，因而并不持久。事实上，对繁荣的渴求，最终变为一种真正的认同，这削弱了中期的竞争力和增长。对增长的错误判断，又蔓延到对劳动力市场的评估，1991 年 MTFF 将联邦德国失业率的下降误认为是结构性的改善，而它实际上是周期性的。劳动力市场的刚性，使得联邦德国的结构性失业维持高位，同时又阻碍了民主德国的调整。尽管在 1993 年德国劳动力市场的结构性缺陷已日益凸显，然而应对措施却仅限于给工商企业更多的减税优惠，以支持其成长。与此同时，进一步的支出方案被采用，并特别将其作为 1994 年预算的一部分（如工资冻结和员工削减），以使赤字保持在可控范围内。收入方面，除其他措施外，社会分配率有所增长，团结协定又再次引入了所得税附加。无疑，收入负担的增加，加重了劳动力市场的问题。

● 总体情况

对某些体系之功能进行的重新调整，缺乏公众及政治支持。劳动力市场的结构性改革，要求对德国社会保障功能进行重新的基础性评估。在 20 世纪 90 年代初期，人们还没有打算进行这种改革。这一定程度上解释了缘何 1991 年联邦议会流失了大部分成员，因为在 20 世纪 90 年代，能对联邦议会施加影响的社会民主党的对立者，传统上是德国福利州的拥护者。实际上，保守党政府在 20 世纪 90 年代采取的适度的结构改革，在 1998 年其对立者取得政权初期时就被迫终止了。

最终证实，基于收入的整顿并不是那么持久的。社会分配率和直接税的增长，减少了对工作的激励。可以注意到，20 世纪 90 年代劳动力市场最活跃的成分，并不是受强制性的社会分配影响部分（或是只受部分影响的成分，如兼职和自营）。与工商企业收入有关的企业所得税和个人所得税，在 1994 年被调低，以鼓励经济增长。但是，采取这些措施的目的，是为工商企业投资提供额外激励，因此其目标是实现资本密集型企业的成长，但德国更需要的是劳动密集型企业的成长。

财政整顿并非最主要的政策目标，且与统一有关的大额支出与整顿目标间也存在冲突。在联邦政府层面，解决冲突的方式是，暂时向联邦政府外其他运作机构分配支出责任，但这些机构产生的债务最终仍要由联邦政府偿还。在更基础的层面上，统一是一项非常复杂的、超越经济政策的事业。就此而言，财政整顿探索的成功，以及政府为追求这个目标在 1991—1995 年采取一系列措施的执着态度，都令人赞叹。

4.4 2003—2007 年财政整顿的探索

4.4.1 挑战

经济不景气是 20 世纪 90 年代整顿目标未能实现的一个主要因素，且在 20 世纪最后几年中，经济状况也未见好转：20 世纪 90 年代后半期，实际 GDP 的平均增长率不及 2%，而失业率增长却达到了 10%。1998 年，社会民主党—绿党联盟取得了政权。新上任的财政部部长奥斯卡·拉方丹认为，总需求不足是低增长和高失业的根本原因，因此主张扩大需求并改变由保守党—自由党联盟发起的一些结构性改革措施，但由于寻求不到支持，拉方丹于 1999 年年初辞职。这样，格哈德·施罗德（Gerhard Schroeder）总理便开始发起以供给为导向的改革，其中包括广泛革新德国所得税体系，目的是促进潜在增长。改革的最后一项计划于 1999—2005 年间实施，主要是削减法定税率，特别是企业所得税税率。① 尽管进行了改革，进入 21 世纪最初几年的经济增长还是显著减缓了。到 2003 年，也就是整顿计划的核心时间段，实际上经济停滞已达 3 年了。

增长乏力以及劳动力市场疲软的一个重要原因是劳动力市场的刚性，这源于丰厚的失业救济金。经济领域的结构变化——因民主德国地区的转型和制造业就业率的下降造成——要求调整相关工资，以使其他部门吸纳释放出的劳动力。这是德国劳动力市场制度致力于完成的任务。关键的障碍是，吸收的劳动力之技术水平低下，或者说劳动者的技术很难适应非制造业部门的技术需要，这意味着他们相应的工资不得不降低，由于高额的失业救济金，这种现象被掩盖起来。但降低救济金不仅与人们偏爱的收入均等的社会共识背道而驰，同时还引申出了一个公平的问题，因为许多失业者已缴纳税款及失业保险基金数长达 10 年之久。

低增长和高失业也对预算产生了负面影响，政府总赤字打破了 2002 年"稳定和增长条约"确定的赤字占 GDP3% 的警戒线。其中，部分赤字是由周期性造成的，因为从 2001 年下半年起，德国经济就已经步入了完全衰退期。然而，即使考虑到在更长一段时间内，如 1996 年和 2002 年，平均产出缺口接近于零，当年政府总赤字也依然很高，平均占 GDP 的 2.5% 左右。总而言之，2003 年的挑战与 1998 年的挑战是相似的：经济（特别是劳动力市场）被结构性问题所困扰，财政赤字居高不下，因而财政整顿成为必然之举。

4.4.2 2003 年的财政整顿计划

2003 年 MTFF 将财政整顿、短期刺激及长期结构改革议程合并到一起，通常

---

① 参见 IMF 人员国别报告 No. 99/129 及 IMF 人员国别报告 No. 00/141，讨论了社会民主党领导的第一阶段的政策。

被称为"2010 年议程"（Agenda 2010）：

■ 计划中财政整顿的总体目标，是实现中期预算平衡（参见表 4-7）。这个目标已经引导了先前的两期 MTFF，但由于疲软的经济增长及其对预算的影响，对 2003 年 MTFF 来说，这项任务更加艰巨，整顿的规模也会更大。在周期性调控时期，由于短期的刺激，预计 2004 年联邦赤字将有所增长，但之后的 MTFF，计划在 2007 年前，将赤字占 GDP 的比例削减至低于 0.5% 的水平，优于 2004 年 1% 的最低值，其中近乎全部的改进都将源于支出方面。尽管 MTFF 更注重联邦政府层面，作为稳定与发展协议（Stability and Growth Pact）的一部分，德国政府也有义务保证广义政府负债占 GDP 的比例低于 3%。德国政府在 2003 年 12 月提出的稳定与紧缩计划（the stability and convergence program）的目标为：截至 2005 年，使赤字占 GDP 的比例低于 3%，项目结束时（也就是 2007 年）使该比例降至 1.5%。

表 4-7　　　　　　　　　2003 年财政整顿计划（占潜在 GDP 的比例）

	2002 年结算	2003 年潜在估计	2004 年预算	2005 年计划	2006 年计划	2007 年计划
收入	10.2	10.5	9.8	10.0	9.9	10.0
周期性	-0.1	0.0	0.0	0.0	0.0	0.0
结构性	10.3	10.6	9.8	10.0	9.9	10.0
支出	11.7	11.4	11.2	10.9	10.6	10.4
基本	10.0	9.6	9.5	9.1	8.8	8.6
利息	1.7	1.7	1.7	1.8	1.8	1.8
周期性调整后的结余	-1.4	-0.8	-1.4	-0.9	-0.6	-0.4
周期性调整后的基本终余	0.3	0.9	0.3	0.9	1.1	1.4
产出差异（估计实际/预计）	-0.8	-0.4	-0.1	0.0	0.0	0.0

Sources：Federal government MTFFs, Council of Economic Advisers reports; and IMF staff estimates.

■ MTFF 计划在 2004 年通过降低所得税税率刺激经济，从而支持经济复苏。这种刺激不同于 20 世纪 80 年代初期那些成功财政整顿所采取的措施。若没有这些刺激举措（计划占 GDP 的 0.75%），政府总赤字占 GDP 的比例，在 2004 年就会达到低于 3% 的水平。[1] 在"2010 年议程"的一项政策声明中，格哈德·施罗德总理指出，刺激政策与结构改革是相互补充的。没有结构改革，需求的拉动将会很快消失；同样，离开了需求方面对经济复苏的支持，结构性改革也将失效。[2] 通过财政支出刺激经济的做法，仅在 2004 年实行了，因为所得税税率的降低，说明已达到前述大规模税制改革一揽子计划的最后阶段，而原本预计这个阶段将在 2005 年出现。

■ "2010 年议程"结构改革所要解决的是，劳动力市场刚性及养老金系统人

---

[1]　参见 2003—2004 稳定与紧缩计划（http：//ec. europa. eu/economy ＿ finance/sgp/convergence/programmes/2003-04＿ en. ht m），29 页。
[2]　施罗德总理对国会做出的政策声明，相关记录，2003 年 3 月 14 日，9 页。

口压力的问题。这两个问题是相互关联的，因为一项化解社会老龄化问题的政策，能够解决养老保险缴费比例增长的问题，反过来又会阻碍新增就业。MFTT 致力于使养老保险缴费比例维持在现有水平上，同时减少联邦转移支付。劳动力市场改革是基于哈茨方案（Hartz Commission）提出的，哈茨方案中意义最深远的是哈茨Ⅳ计划，该计划于 2005 年进入改革的最终阶段。改革之前，新失业人员能够在一段时间内得到较高的养老金返还率，之后变成较低但无时间限制的救助。哈茨Ⅳ计划缩短了新失业者持续获得失业救济金的时间，并将无时间限制的救助金与福利合并到一起。对先前工资薪金高的长期失业人员而言，这项改革将大幅减少他们的利益。养老金改革试图通过引入"可持续因子"来减轻社会保障体系的压力，如若养老保险领取人数与缴纳人数之比上升，养老保险金的年增长额将会降低。[①] 其他方案还包括延长法定退休年龄，取消早退条款，以及采用更严格的计算方式，测算养老保险缴款额。

　　■ 最终，削减支出既解决了公共管理中的附加福利（如圣诞节有关的额外支付），又解决了社区建设、采煤及农业的补助金问题。

4.4.3　执行

　　在周期性调整时期，2007 年的总体余额与 2003 年 MTFF 目标的差额，仅为潜在 GDP 的 0.25%（见表 4-8）。2007 年的结构性收入大大超过了 MTFF 的目标，这是 2007 年 1 月份增值税税率大幅上调的结果，而这项税收调整政策在 2003 年 MTFF 中是没有体现的。增值税税率上调，对于弥补 2005—2007 年间因劳动力市场改革，使得支出高于联邦预算造成的超额支出，具有重要作用。

表 4-8　　财政结果报告（与 2003MTFF 相较差异，占潜在 GDP 的百分比）

	2002 年结算	2003 年潜在估计	2004 年预算	2005 年计划	2006 年计划	2007 年计划
收入	0.1	−0.6	−0.4	0.0	0.0	0.6
周期性	0.1	−0.1	−0.2	−0.2	0.0	0.1
结构性	0.0	−0.5	−0.3	0.2	0.1	0.5
支出	0.1	0.3	0.0	0.4	0.6	0.8
基本	0.1	0.3	0.0	0.6	0.8	1.0
利息	0.0	−0.1	−0.1	−0.2	−0.2	−0.2
周期性调整后的结余	−0.1	−0.7	−0.2	−0.2	−0.5	−0.3
周期性调整后的基本结余	−0.1	−0.8	−0.3	−0.4	−0.7	−0.5
产出差异（估计实际/预计）	0.6	−1.3	−1.7	−2.3	−0.4	1.0

　　Sources：Federal government MTFFs, Council of Economic Advisers reports; and IMF staff estimates.

---

　　① 引入"可持续性因子"减少了名义养老保险金，而这是法律没有预见到的，因而到 2005 年不得不暂停实施。2005 年，新政府同意进一步加强养老金改革。2007 年，通过了延长法定退休年龄及从 2011 年起重启实行暂停的"可持续因子"法案。

"2010 年议程"结构改革的目标是鼓励增长和完善劳动力市场。起初，经济增长情况并不乐观，仅在计划的最后阶段才有所回升。但在 2005 年最后一轮劳动力市场改革实施后，劳动力市场的表现却尤为突出。一个结果是推高了劳动力供给，因为此前的接受福利者又重返劳动力市场，这就带来了 2005 年失业率的猛增（IMF 国别报告 No.06/16）。最终，劳动力市场的需求有所回应，到 2007 年失业率降至统一热潮以来的最低点。而 2008—2010 年衰退期，劳动力市场的弹性也显示了改革的功效。

改革还改善了广义政府财务状况。特别需要指出的是，社会保障体系支出在 2003—2007 年间降低的额度达 GDP 的 3%。加上联邦政府和州政府的整顿努力，使得总的政府收支出现大量结余，而这个数字在 2007 年是近乎为零的，从而使得广义政府负债率在 2006 年基本稳定，且 2007 年开始轻微下降。

考虑到个人支出方式，2003 年 MTFF 设想了基于劳动力市场改革的大量支出节约，但实际上其对联邦预算的影响却是巨大的。[①] 虽然实现了养老保险体系转移支付的减少，但养老保险缴费比例被迫轻微上调。总体而言，2003—2007 年实行的长期养老金改革，对减轻人口压力是有效的。其他削减支出的目标也相应实现，如 2007 年的公共行政工资支出低于计划的数额，补助金也按计划有所下降。

4.4.4　2003—2007 年财政整顿的考察与评价

● 应对意外挑战

意外高出联邦预算的劳动力市场改革支出，是对这最后一次整顿努力最大的挑战。政府为弥补超额的支出，大幅提升了增值税税率。也许有人认为，这种大额收入的措施，是与支出方面的整顿精神相违背的，但经过了约 15 年之久的支出限制，额外开支措施的范围已然大体上较为有限了，特别是在消费方面。到 2007 年，相较统一之初的联邦政府而言，在工资、商品、服务方面的支出已降低了 30%，至少达到了 1970 年以来的最低水平。同时，部分增值税附加收入被用于降低失业保险缴费比例，这意味着收入措施确实降低了劳动者的税收负担，因此与改革的整体宗旨是一致的。

● 总体情况

2003—2007 年整顿的情况，与对 20 世纪 80 年代整顿的评价，具有相似之处：

■ 同 20 世纪 80 年代一样，整顿的目标并不与其他财政目标相冲突。为应对经济疲软的状况，2003 年的 MTFF 提供了一些针对 2004 年财政运行的刺激因素，但相应的财政成本却很低。而且，同 20 世纪 80 年代一样，财政整顿被认为是有助于支持潜在增长的。

---

① 2003 年 MTFF 预计劳动力市场相关支出占 GDP 的比例，将从 2004 年的 1%（周期性高额支出）变成 2007 年的 0.5%，而实际上 2007 年的支出占 1.25%。主要原因是，哈茨Ⅳ改革使 2005 年的联邦支出占 GDP 的比例骤增 0.75%。在某种程度上，低估哈茨Ⅳ改革的支出，可能是由于在 2003 年夏季，即 2003 年 MTFF 已逐步展开的时期，改革的全部细节并不是已知的。此外，新增福利的管理，要比预期困难（不只是因为联邦与地方管理要合并到一起）。参见 IMF 国别报告 No.06/16 及 IMF 国别报告 No.06/483。

■ 作为大规模结构性改革的组成部分，特别是劳动力市场改革，对于实现计划目标是至关重要的。尽管对联邦预算而言，劳动力市场改革耗费了大量资金，但在广义政府层面，这项改革使支出降低了。

■ 政治机缘是结果不可或缺的一部分。哈茨改革在政治上是有争议的，因为长期失业人员救济金的减少，破坏了几十年来的德国社会福利模式。为使改革在政治上可行，并使立法获得必要的多数支持，由社会民主党发起的这项改革是有利的，因为作为传统德国福利状况的拥护者，改革的领导者消除了多数的反对者。只有在奥斯卡·拉方丹辞去财政部部长职位这种罕见的党内形势下，这种情况才能够发生，且使得平衡状况有利于改革。

这次整顿的独特之处在于，试图致力于控制劳动者的税收负担，从而提高就业率和增长潜力。特别要指出的是，不同于先前所有的整顿，这一次政策制定者避免了社会分配率的显著提高。而且，整顿努力是伴随 2000 年一项复杂的税制改革而实行的，并在降低企业所得税和个人所得税税率的同时，拓宽了税基。

4.5 教训

针对既往大规模财政调控的探索与分析，能够为我们提供诸多的经验教训。这不仅与德国未来的整顿探索息息相关，也对其他国家具有重要意义。关键的经验教训包括以下几点：

经济增长的冲击对于整顿的探索及其结果，具有重要的启示。一个例子是，20世纪 70 年代的整顿，起始于经济陷于衰退的时期，并且，由于政策制定者认为，进一步整顿将妨碍经济复苏，进而使得整顿计划最终失败。另一个例子是，1993年意外的衰退，对 20 世纪 90 年代整顿努力的影响：坚持整顿目标意味着，政府将抵消自动稳定器的作用。政府选择让自动稳定器来发挥作用，并放任赤字的增长，这或许是明智的。在 20 世纪 80 年代的整顿中，政府采取了不同的方式，而且即使在 1982 年经济意外下滑并陷入衰退的情况下，政府仍坚持实行财政整顿，使财政平衡的结构改善，大体上抵消了自动稳定器的影响。不难得知，最终导致的长期经济疲软，通过滞后效应的作用，使得这一时期的失业率不断上涨。

消除大额的政府赤字，涉及政府的改组问题。通过比较成功的 20 世纪 80 年代和 21 世纪第一个 10 年的整顿，与基本失败的 20 世纪 70 年代和 90 年代的整顿探索，可以得出这样的结论。在 20 世纪 80 年代的整顿中，财政政策不再扮演需求管理者的角色：不同于 20 世纪 70 年代，这使其在经济疲软的情况下，也能实行整顿。在 21 世纪第一个 10 年的整顿中，政府显著缩小了由州提供的社会保障的范围，特别是长期失业人员，他们的救济金降至社会福利救济的水平。这解决了持续性的高失业问题，特别是技术水平较低的劳动者的失业问题，同时广义政府层面获得了庞大的财政利益。然而，20 世纪 90 年代的整顿，并没有强调联邦德国地区的规范（如慷慨的社会保障）是否适用于民主德国地区。尽管 20 世纪 90 年代的整顿努力，成功地保持了可管理的统一的财政负担，但由于没能实行更为基础性的改革，也带来了高额的财政成本。

如果必要的政策调控符合其他财政目标，并且在政治上是可行的，意外的挑战也就随之克服了。

■ 针对 20 世纪 70 年代和 80 年代整顿探索的比较，表明了整顿符合其他财政目标的重要性。两次探索所面临的经济状况都较之预想的更为糟糕。在 20 世纪 70 年代，这导致了整顿努力的放弃，而在 20 世纪 80 年代却使得整顿努力效果得以倍增。两次整顿探索的区别在于，70 年代的整顿目标与应对需求疲软而采取的刺激措施，是相互冲突的，而到了 80 年代，对财政政策适当作用的观念，已经发生了转变。

■ 对于 20 世纪 90 年代和 21 世纪第一个 10 年的整顿探索比较，说明政治上可行性的重要。在 20 世纪 90 年代，劳动力市场表现不如预期，但当时并没有尝试结构性的劳动力市场改革。政府在失去对联邦议会的控制后，并没有在立法上和政治上对这种改革进行支持。直到 21 世纪第一个 10 年，这些改革才变得在政治上可行，即便这样，这次改革也是借助了政治机缘。

一般而言，过去的整顿经验表明，整顿存在的风险是巨大的：可能导致经济状况恶化，也可能出现相互冲突的目标。这表明，在设计调控计划时，需要考虑的重要因素包括：在出现风险的情况下设置适当的缓冲器，以及短期内可容忍的经济低迷程度。此外，计划的成功实行，还需要坚持政治承诺，并在中期加强经济改革和整顿。

4.6　致谢

作者感谢阿尔弗莱德·博思（Alfred Boss）、卡伊·卡斯腾森（Kai Carstensen）、阿肖卡·默迪（Ashoka Mody）、毛里西奥·比利亚富埃特（Mauricio Villafuerte）以及编辑的支持与有益的评论。

第 **5** 章 英国：面对挑战的四位财政大臣

托尼·阿奈特（Toni Ahnert）

理查德·休吉斯（Richard Hughes）

高桥敬子（Keiko Takahashi）

5.1 引言

过去的 30 年中，英国尝试进行了一系列的大型财政调控。触发这些尝试主要是出于稳定宏观经济形势和遏制公共债务增长的需要，但支撑这些财政调控的，往往是政府对缩小政府规模、削减边际税率和刺激私营部门活动所做出的承诺。那些要设法兑现诺言的财政大臣们的典型做法就是，采用综合性的多年期手段，推行财政稳定计划，并致力于产生长期影响的深入改革。这些计划的实施需要具备约束力的中期预算框架的支持，而且这些框架需要包含应对强力冲击的理性缓冲器。在宏观经济发展上，有一点点好运气也很重要，尤其是在计划实施的早期年份。

这一章着眼于英国政府在过去 30 年间推出的四个主要财政调控计划——其中两个实现了计划所陈述的目标，另外两个则没有。本章的目的是考察导致这些计划成功或失败的因素，包括：

■ 宏观经济因素，如经济增长动态，较之于初始计划预测水平的通货膨胀。

■ 财政政策因素，如收入增长、支出削减和资产出售，对财政稳定行动的相关贡献；以及开支削减额在各个经济类型、部门和各级政府之间的分配。

■ 体制性因素，比如财政预测、预算编制和当时到位的支出控制制度。

本章最后总结了从过去 30 年英国进行大型财政调控经验中所吸取的十个教训。

5.2 稳定计划的遴选

本章所考察的四个稳定计划为：

1. "1980 年中期财政战略"，简称 MTFS（跨 1980—1983 财年①）。1979 年 5月，保守党大选获胜后，财政大臣杰弗里·豪推出了这一战略。

---

① 财年是从 4 月至转年 3 月。例如，1994 财年（FY1994）指的是 1994 年 4 月到 1995 年 3 月的财年。

2．"1984 年预算案"（跨 1984—1988 财年）。1983 年 6 月，保守党再度获胜，财政大臣尼格尔·劳森推出了这一预算案。

3．"1993 年 11 月预算案"（跨 1994—1998 财年）。1992 年 4 月保守党再度当选，财政大臣肯尼斯·克拉克推出这一预算案。

4．"2007 年先期预算报告及综合性支出审查"，简称 PBR-CSR（跨 2008—2012 财年），2007 年 6 月戈登·布朗担任首相一职伊始，新财政大臣阿里斯泰尔·达林就推出了这项计划。

在这四个稳定计划中，有两个（劳森的"1984 年预算案"和克拉克的"1993 年 11 月预算案"）达到甚至超额完成了其所宣布的赤字削减目标，而其他两个（杰弗里·豪的"1980 年中期财政战略"和达林的"2007 年先期预算报告及综合性支出审查"），则没有达到所设想的公共借款削减目标。

选择这四个财政调控计划作为分析基础，其标准为：

■ 这四个计划之前，英国都经受了财政赤字（如 1979 年和 1983 年）或者财政平衡大幅恶化（如 1993 年和 2007 年），如图 5-1 所示。这使得公共财政稳定，成为财政政策制定者的当务之急。

■ 所有选定的计划都呈现出全面而详细的多年期财政战略，旨在使公共财政回到可持续状态。这样就可以详细比较所计划的内容和这些战略覆盖期内实际所呈现的内容。

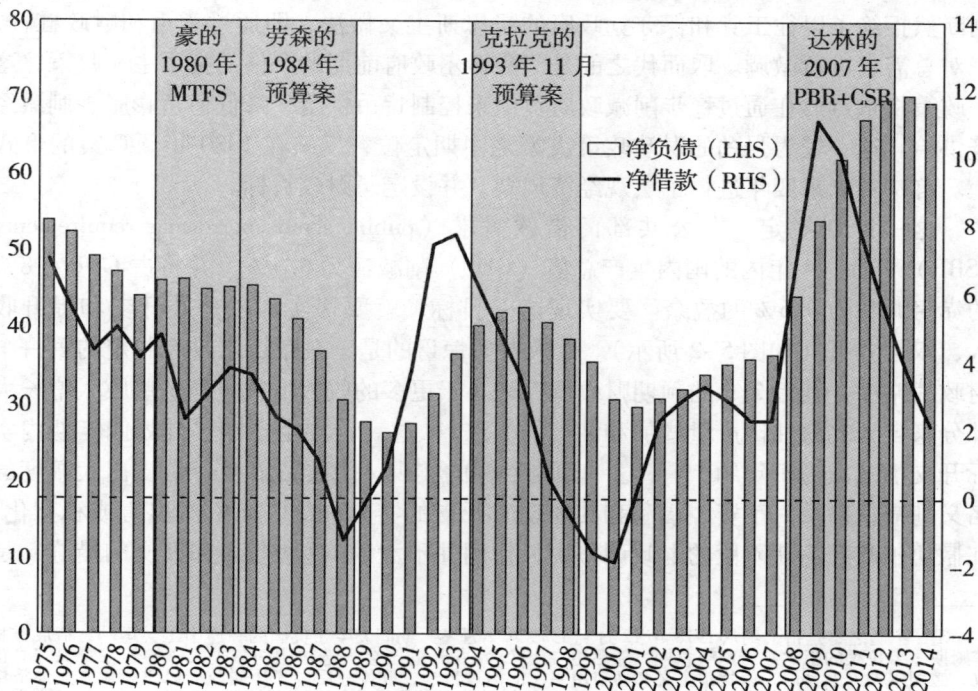

图 5-1　英国公共部门新借款和债务（以占 GDP 的百分比表示）

■ 这些稳定战略都是由新当选政府或者新近再度当选政府的新财政大臣所推出的。因此，当财政政策已经被（或即将被）充分调整时，这些战略与其他预算案、秋季预算报告、先期预算报告和支出审查相比，就具有了突出的特性。

5.3 四个财政调控计划的背景、内容和运行情况

本节概述了每一调控计划的宏观经济背景及动机，并按照调控构成和整体战略，总结了每个计划的内容，同时评价了各计划的运行情况。

5.3.1 杰弗里·豪的"1980年中期财政战略"（1980—1983财年）

在杰弗里·豪的"1980年中期财政战略"之前的10年，通货膨胀居高不下，失业率高涨，经济增长缓慢，竞争力恶化和财政赤字坚挺。这一时期内，经济混乱，社会动荡，1976年，执政的工党政府，向国际货币基金组织要求23亿英镑的贷款，1978—1979年"不满之冬"[①]（Winter of Discontent）期间，一系列罢工使得局势糟糕到了极点，这为玛格丽特·撒切尔和保守党1979年春天的竞选胜利铺平了道路。和"1980年3月预算案"一起出台的"1980年中期财政战略"，其计划目标在于，新政府在1983年的下一次选举之时，能够把宏观经济和公共财政恢复到稳定的可持续状态。

豪的1980年计划，无论在理念还是形式上，都很新颖。就理念而言，这一计划断然拒绝了以往工党和保守党政府的凯恩斯主义做法，即通过货币和财政杠杆，来对总需求进行微调。取而代之的是，撒切尔政府前期的严格的货币主义政策，这一政策将重点放在通过稳步削减政府负债来控制货币供给、降低通货膨胀、刺激经济供给。这一较为强劲的财政政策决策之中期定位，反映在1980年预算案的形式上。首次对未来四年进行了宏观经济规划，并设定了财政目标。

这一计划规定，在公共部门借款需求（public sector borrowing requirement，PSBR）方面，4年内的国内生产总值（GDP）削减额为5.4%，并将占GDP 4.8%的赤字调整为0.6%的盈余。要实现这一目标，就要切实削减公共开支和提升收入，双管齐下（如图5-2所示）。令人有些惊讶的是，在撒切尔政府制定的第一个财政战略中，其近2/3的预期财政调控来自于更多的收入增长，但这些收入增长大部分来自于北海油田产量增加和油价的上涨。[②] 这一计划也预测了计划四年期内实际开支削减额为每年约1%，这一预测目标的实现，主要依靠投资性支出大幅度的名义削减，以及对工资、福利和其他现时开支的实际冻结。而资产出售或私有化，在撒切尔政府前期阶段的财政调整中，作用并不大。[③] 这些收入和开支的措施，是

---

① 不满之冬是指大约从1978年12月到1979年2月冬天期间发生于英国的一连串工会运动，造成首相詹姆斯·卡拉汉的工党政府声望急挫，随后更在1979年5月的国会大选被撒切尔夫人领导的在野保守党击败。撒切尔夫人上台后，以货币主义和新自由主义的治理哲学，取代战后以来历届政府以凯恩斯主义经济学政策为基础的"战后共识"。因此，"不满之冬"也被认为是英国政府治理方针更迭的一个分水岭。"不满之冬"一词出自莎士比亚剧作《理查三世》的剧本开首对白，原句为"吾等不满之冬，已被约克的红日照耀成光荣之夏"（Now is the winter of our discontent, made glorious summer by this sun of York）——译者注。
② 杰弗里·豪在1979年的第一个"紧急"预算，已经使得VAT从8%显著增长到15%，并且削减边际所得税率，以其为第一个步骤，来展开平衡从直接税到间接税负担这一长期战略。
③ 按照当时的惯例，当局的目标是以公共部门借款需求来设计的，从作为负支出的资产出售开始进行。

为了未来预算中减税和增加开支创造空间，其额度为 GDP 的 2.1%（这在图 5-2 左半部分被标示为 "新政策空间"）。

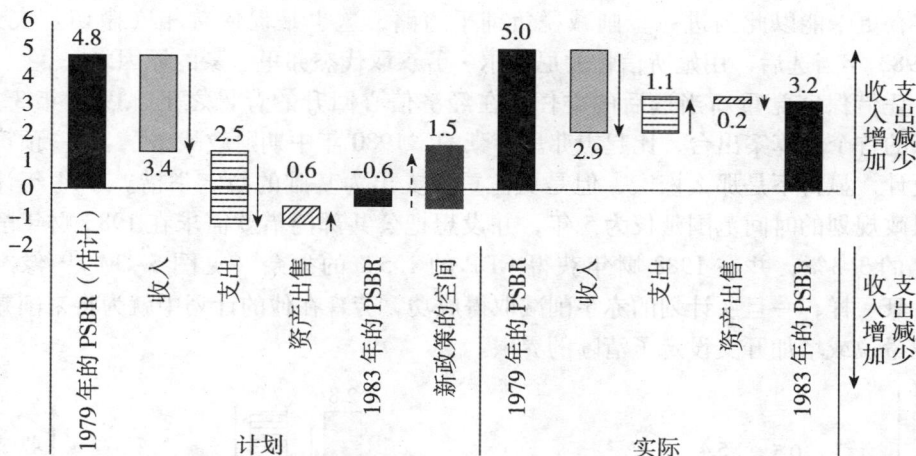

图 5-2　杰弗里·豪 1980 年计划性预算与实际财政调控（以占 GDP 的百分比表示）

注：该图显示的是，政府计划将公共部门借款需求从 1979 年占 GDP 的 4.8%，调整为 1983 年占 GDP 的 0.6% 的盈余，其手段是增加 GDP 的 3.4%（与 1979 年相比）的收入，削减 GDP 的 2.5% 的开支，减少 GDP 的 0.6% 的资产出售。这样就可以为进一步增加开支和削减收入，腾出 GDP 的 2.1% 的空间。

杰弗里·豪的 1980 年预算案，未能很好地实现其所设想的削减公共债务。尽管他设法筹集了原计划中收入增加的大部分款项，但在这 4 年中，实际开支实实在在地增加了。从利息支出、社会保障，到薪酬及其补贴，再到公共企业，各个公共部门都出现了超额开支——这是一个系统性的失控，其原因后来被归结于，政府在计划和控制量化开支上只进行了简短的试验。尽管在 "1980 年 11 月秋季声明" 和 "1981 年 3 月预算案" 中，引入了附加性开支削减和收入增加措施，但仍未能避免 4 年期内的大幅超支，其额度总计将近 GDP 的 4%。[1] 因此，相比于原计划把整体平衡提升为 GDP 的 5.4% 的目标，4 年期内整体平衡最后提升额度只有 1.8%。

5.3.2　尼格尔·劳森的 "1984 年预算案"（1984—1988 财年）

尼格尔·劳森的 "1984 年预算案" 的出台，恰逢宏观经济开始稳定但公共财政依旧在赤字中徘徊。到 1982 年春天，通货膨胀（零售价格指数：RPI）已经跌至个位数，且实际 GDP 已转为正增长。这一经济恢复和 1982 年福克兰群岛[2]战争

---

[1]　在 1980 年 11 月秋季声明中，其支出措施包括暂时延期偿付新的国防合约，以及暂时延期偿付地方政府在住房方面新的资本支出，同时允许更多的开支花费在工业支持和特殊就业措施等方面。收入措施包括提高雇员的国民保险分摊率和北海石油收入的税率。

[2]　即英阿马岛战争。1982 年，英阿因为马尔维纳斯群岛归属问题爆发了英阿马岛战争，阿根廷战败，英国保住了对马尔维纳斯群岛的管辖权。中华人民共和国的地图和年鉴在 20 世纪 50—60 年代一直只用 "福克兰" 的名称，"文革" 期间为了表示对拉美国家的支持，用括号加上了 "马尔维纳斯群岛"，1982 年后以 "马尔维纳斯群岛" 为正式名称，将 "福克兰群岛" 用括号加注——译者注。

的胜利，为保守党在 1983 年 6 月再次当选赢得了筹码。然而，尽管税负大幅增加，利率下降，公共部门借款需求仍然保持在 GDP 的 3% 的水平。杰弗里·豪未能降低赤字，更未能以此为进一步削减税负铺平道路，这也是促使首相（撒切尔夫人）在 1983 年当选后，用她所信赖的尼格尔·劳森取代杰弗里·豪的原因之一。

凭借保守党重新当选后的委任，在经济信心回升的背景之下，1984 年 3 月，劳森的首个预算案出台，比起杰弗里·豪的"1980 年中期财政战略"，这一预算案的设计，显得不是那么恢宏，但是更注重以支出为基础的稳定举措。1984 年计划把财政规划的时间范围延长为 5 年，并设想把公共部门借款需求在 1983 财年削减 GDP 的 3.3%，并在 1988 财年获得 GDP 的 1.5% 的盈余（见图 5-3）。① 像杰弗里·豪一样，一旦所计划的赤字削减取得成功，劳森在他的计划中就为将来削减自由裁量税或增加开支设定了清晰的界限。

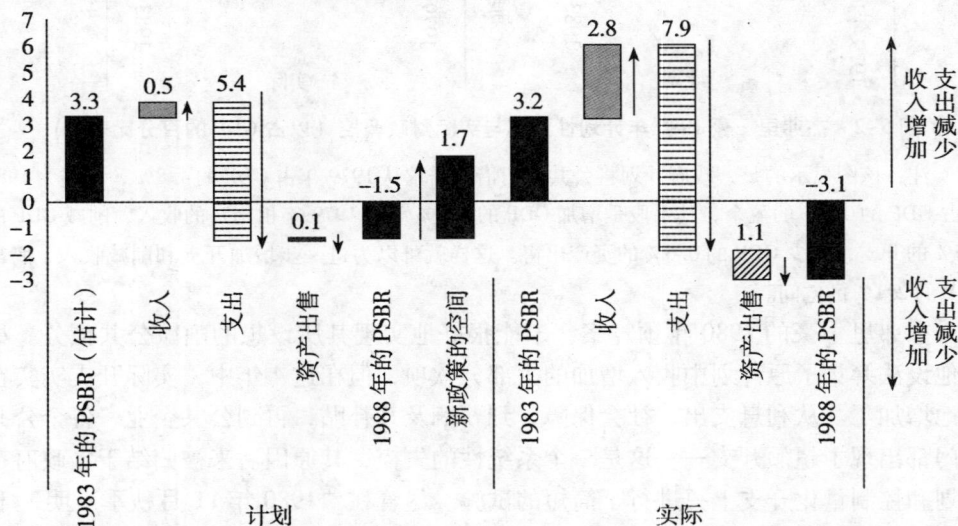

图 5-3 尼格尔·劳森的"1984 年计划性预算案"与实际财政调控（以占 GDP 的百分比表示）

注：上面的"支出"包含了公营公司市场借款。

但是，和杰弗里·豪不一样的是，劳森的赤字削减计划几乎全部依赖于公共支出的削减水平，以及国家最大的公共企业的私有化，包括英国电信公司、航空公司和天然气公司。支出在 GDP 中比率的削减，相当一部分来自于公共部门劳动力的持续减少，而这一措施早在杰弗里·豪时期就开始执行了，并不是新制定的特别措施。② 在 1979—1984 财年之间，公务员数量从 732 000 名降到了 630 000 名。1984 年预算案，宣布了进一步削减公务员数量的目标，亦即到 1988 年 4 月，公务员数量要降到 593 000 名。结果是，5 年之内，公共部门工资预期将下降 GDP 的 2%。

① 主要出于"说明性"目的，两个最终年份的规划只发布了主要的财政总额数字，而按照经济类别和项目划分的详细规划，则是以三年期视角呈现的。

② 尼格尔·劳森在其预算报告（1984 年 3 月）中声明，"与前些年形成鲜明对比的是，在本次预算中我没有一系列公共支出政策要宣布。《（公共支出）白皮书》计划已经很清楚了。"

劳森之所以能够进行这样的公共开支削减，是因为得到了 1981 年预算案决议的支持。1981 年预算案决定，将部门预算从数额基准转向现金限额，并从 1982 年预算案中开始实施。公共开支和税收长期规划绿皮书的发布，标志着预算规划朝着中期方式又迈进了一步。①

在收入方面，劳森预测，税负在中期将会有轻微的下降，这可部分地归因于北海油田收入的减少，而这一收入原本预计在 1984 财年会达到顶峰。然而，劳森 1984 年预算案的核心，是从根本上削减边际税率，但边际税率的削减，从整体上又不会谋取额外收入；设计这一措施的目的，是为了减少政策变形，同时也为了刺激私营部门的活动。② 公司税改革包括其主要税率的阶段性削减，即从 52% 减为 35%，所削减的部分，依靠逐步废除第一年和初始投资补贴来弥补。减除通胀因素后，个人所得税补贴的上涨部分，则依赖于增加消费税来弥补，这反映了政府将个人的税收负担从直接税转向间接税的战略。

与原计划相比，劳森的计划超额实现了针对债务的削减，超出额度为 GDP 的 1.5%，这源于深入地削减支出、较为强劲的经济增长以及超出预期的资产出售收入。在支出方面，幸亏失业率和通货膨胀的下降抵消了社会保障开支不断上扬的压力，劳森计划从这一压力减少中获益良多。公有企业私有化，不仅带来了比原有预期更多的一次性收入，而且使得不断减少对原国有企业的补贴也成为可能。在收入方面，公司税收入和其他税收收入的激增，相当程度上被以下两方面所抵消：北海油田收入超出预期的大幅下降；边际税率的进一步自由裁量性削减（discretionary reductions）。

因此，劳森处于践行其进一步削减边际税率诺言的位置，这与杰弗里·豪不同。个人所得税的基准税率从 30% 逐步下降，在 1986 年预算案中需要降到 29%，在 1987 年预算案中则要降到 27%，在 1988 年预算案中进一步降到 25%，最终目标是降为 20%。公共投资，尤其对交通运输的投资，在这个时期也有部分的恢复。面对需求激增而采取的这些扩张性措施，很可能导致了 20 世纪 80 年代末期的通货膨胀飙升，同时也为我们后续将要讨论到的英国下一次经济和财政危机埋下了伏笔。20 世纪 80 年代末财政政策的顺周期性，可能部分地导致了对经济增长趋势的高估，其结果是对当时产出缺口规模的高估（1997 年英国财政部，Nelson and Nikolov, 2001）。

5.3.3　肯尼斯·克拉克的 1993 年预算案（1994—1998 财年）③

英国退出"欧洲汇率机制"（European Exchange Rate Mechanism，ERM）之后，发生了金融经济动荡；肯尼斯·克拉克的 1993 年 11 月预算案，就是在这一动荡的余波中制定的。其实，欧洲汇率机制风波的根源，可以追溯到 20 世纪 80 年代末的

---

① 由财政大臣向议会提交《下一个十年：20 世纪 90 年代的公共支出和税收》（1984 年 3 月）。
② 尼格尔·劳森在 1984 年 3 月的预算报告中声明："我们已经看到国家作用的大规模增加，代价却是个人以及相应的税收负担的增加，阻碍了国家的经济发展。这一过程必须停止。但问题已经发生了，因为大部分的公共开支都取得了令人极为满意的结果。这便揭出了一些难题，值得进行广泛的考虑和讨论。"
③ 1993 年 11 月份的预算，是第一份稳定收入和支出措施的预算，那些收入和支出措施早先分别在春季和秋季出台。1993 年 3 月的预算，重点在于收入决策，而支出在前一年秋季的开支环节，就已经确定了。

税收削减预算，这一预算刺激了由消费驱动的产出和通胀的激增，亦即著名的"劳森繁荣"。这一繁荣后来破灭了，始因于 1988 年英格兰银行为扼制不断上扬的通货膨胀，而将利率从 7% 提高到 15%。保守党企图运用其 ERM 成员的资格，来达到扼制国内通胀的期望，并试图降低利率；但这一企图在 1992 年 9 月的"黑色星期三"① 归于幻灭，令英国名誉扫地；当时，英国货币受到一系列的投机冲击，之后政府被迫退出"欧洲汇率机制"。接下来，英镑价值崩溃和利率飙升，引发了金融和家庭部门的极度恐慌，这也导致英国深陷经济衰退，公共财政也陷入二战以来最大的财政赤字。克拉克继诺曼·拉蒙特之后成为财政大臣，但在其动荡的三年财政大臣生涯中，制定了一系列增税预算案，这些增税预算案并没能降低日益增长的财政赤字。

克拉克的计划设计了一个较之 1980 年计划和 1984 年计划更为雄心勃勃、更具有前置性的调控。克拉克的目标是到 1998 年减除 8% 的预算赤字，每年做出 1.5% 的调整，其中在前两年中完成约 2/3 的调整（见图 5-4）。这一调控将在 5 年中的收入增加和开支削减两项中均等分配，在前两年中税收是主打措施，后面年份里削减支出则承担后续工作。

与其前辈劳森一样，克拉克从其不是那么幸运的前任所作的艰难决策中获益匪浅。克拉克 1993 年 11 月预算案公布之前 6 个月，拉蒙特的 1993 年 3 月预算案已经宣布了一系列 1994 年 4 月份开始生效的重要增收措施，诸如：国民保险分摊率上涨一个百分点；扩大增值税（VAT）范围，对国内燃油征收 8% 的增值税；限制个人所得税补贴。鉴于快速建立信誉度的需求，同时还不能扼杀萌芽中的复苏，1993 年提前公布收入措施的方法已经被采用了，原本这些措施只有在 1994 财年才开始生效的。克拉克的 11 月预算案宣布了一些附加性措施，其中包括：在未来年份中，对航空旅行和保险费征税；进一步提升国内燃油增值税，从 8% 提高为 17.5% 的标准；实质性增加烟草税和公路燃油税。3 月预算案和 9 月预算案中这些措施的设计目的是，到 1996 财年为止的 3 年期内，政府收入能够增加 GDP 的 2.5%。②

政府的支出目标是，随时间推移，逐渐减少公共开支在国民收入中的份额。③克拉克双管齐下，既对政府运行支出实施"自上而下"的冻结，也对单个项目采取了零基准（zero-based）"基本支出审查（FER）"，以辨别哪些项目能够更好地完成目标、哪些则可以完全取消。④ 冻结中央和地方政府的运转开支，需要通过裁

---

① 黑色星期三（Black Wednesday）是指 1992 年 9 月 16 日英国保守党政府因无力维持英镑的汇率下限而被迫退出欧洲汇率体系（ERM）。著名投资经理人乔治·索罗斯通过大量做空英镑而获利超过 10 亿美元。据英国财政部 1997 年的估计，英国为此付出了 34 亿美元的代价。英国最初于 1990 年加入欧洲汇率体系。根据规定，各成员国有责任使本国货币汇率的波动稳定在一定范围之内。德国统一之后，德国政府为缓解通货膨胀压力而提升利率，给包括英国在内的许多为刺激经济增长而实行低利率的国家造成了很大压力。英镑对马克间的汇率开始大跌，汇率逐渐逼近欧洲汇率体系规定的下限 2.778。1992 年 9 月 16 日上午，英国政府决定将利率由 10% 提升至 15%，但无力缓解英镑下跌之势。当天晚上，英国最终决定退出欧洲汇率体系，并将利率下调至 12%。次日，又降回原先的 10%——译者注。
② 《1993—1994 年（1993 年 3 月）财政决算和预算报告》、《1994—1995 年（1993 年 11 月）财政决算和预算报告》，以及《国际货币基金背景资料：英国（1994 年 10 月）》。
③ 财政部，《1994—1995 年财政决算和预算报告》，1993 年 11 月。
④ 前四个评论——对社会保障、教育、健康和内政部的评论——的早期结果，已经使得 11 月份预算中的政策发生了具体改变（例如不正当收益评判规则的严格化）。

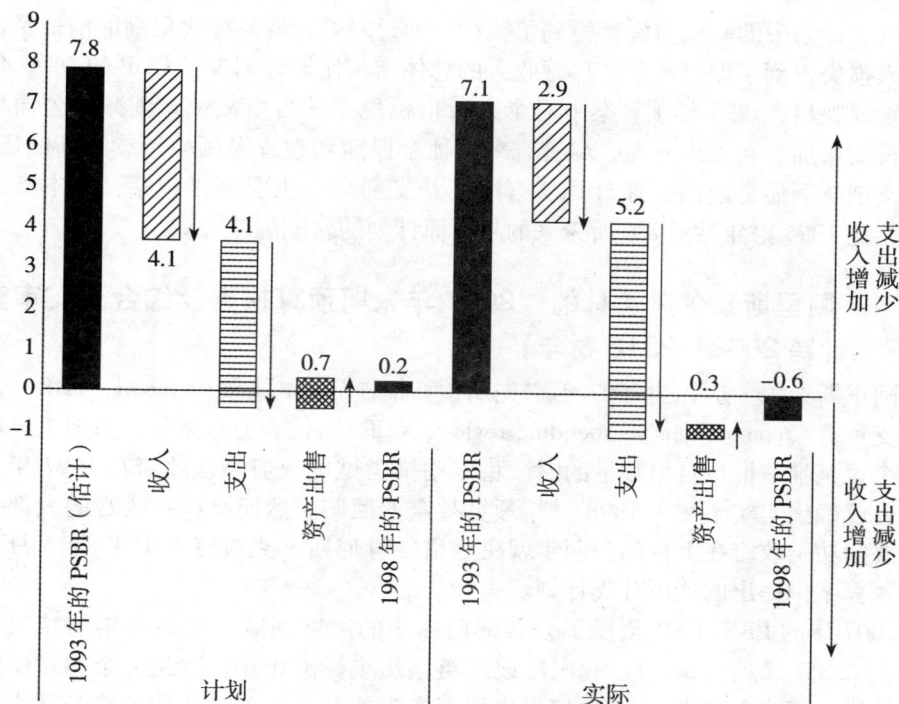

图 5-4 肯尼斯·克拉克 1993 年 11 月计划的预算案与
实际财政调控（以占 GDP 的百分比表示）

注：1998 年实际借款是公共部门净借款（PSNB）。

减雇员（1996 财年为 2%），来抵消公共部门工资的增加，使得总工资额保持在 1993 财政年度的水平。把社会保障支出的增长抑制在 1.5% 的水平，其手段是严格规定残疾人福利的资格标准，以及将女性领取养老金的退休年龄，提高到 65 岁（与男性退休年龄一样）。"劳森繁荣"期间的资本性支出的增加，也要在 5 年内进行很大程度的扭转。

为了锁定由"基本支出审查"所确定的未来开支削减，预算规划制度得到进一步加强。1993 年 11 月的预算，取缔了 1982 年以来一直实施的总体基本开支滚动名义支出上限（为人所知的"规划性总额"），取而代之的是，固定 3 年名义开支上限（即为人所知的"控制性总额"），这一固定上限，排除了债务利息支付额和工龄福利，但仍占公共支出的 85%。1993 年 11 月预算案所提供的"控制性总体"数字表明，3 年期内（贯穿 1996 财年）平均实际增长率每年小于 0.25%，远远低于之前的设想。克拉克的计划还包括一个的"民间融资倡议"（公私合作伙伴关系），这一倡议于 1992 年 11 月发起，目的是弥补公共开支和投资回落所造成的缺口，但是项目的启动远比预期的要长。

在本章中所讨论的 4 个计划中，克拉克的计划所实现的财政赤字削减度最大。在收入方面，除了提高国内燃油增值税这一举措，因在 1994 年 12 月遭到否决而未能实施，计划中的其他措施都得到了执行。通过对其他商品征收更高的消费税，相关收入损失得到了即时补偿。尽管收入的总体增长比原计划少了 GDP 的 1%，但这部分地反映出，1995 年预算案中对个人所得税税率的自由裁量式削减和公司增值税避税的增加。在支出方面，尽管有来自社会保障和教育等领域持续不断的压力，但开支削减额还是超出了原计划。有助于开支削减的主要因素包括：资本支出降低、相比 1994 财年裁员 8% 所带来的超出原计划的薪酬削减等。

5.3.4 阿里斯泰尔·达林的"2007 年先期预算报告及综合开支审查"（跨 2008—2012 财年）

阿里斯泰尔·达林的 2007 年"先期预算报告"（pre-budget report，PBR）及综合开支审查（comprehensive spending review，CSR），代表着布莱尔—布朗工党政府是首个也是唯一推行自由裁量的财政稳定举措尝试的政府。该政府在 1997 年 5 月一上台就确确实实主掌了 1998 财年预算盈余的回归。然而，这一改观的大部分成果，要归功于政府在上台的头两年就决定恪守肯尼斯·克拉克在 1997 年 3 月最后一期预算案中提出的严厉开支计划。

2007 年的 PBR–CSR 预设了公共部门赤字的适度削减，平均每年削减额约占 GDP 的 0.3%（见图 5-5）。和国际以及英国历史标准相比，这是一个相对中庸的稳定举措，但考虑到进入 21 世纪以来所观察到的开支一直处于快速增长状态，这仍然是一个不小的挑战，不但要削减公共开支实际增长率，还要在彼此矛盾的紧要事项之间分配资源。①

2007 年的"综合开支审查"（CSR），是第五次对政府紧要开支事项进行的双年/三年度审查。这样的审查从 1998 财年开始，以每个部门开始实施固定 3 年开支上限结束。2007 年的 CSR 设想，将公共开支实际增长率削减一半，即前 10 年中每年 4%，而在未来 3 年内每年为 2%——比经济增长趋势率低一半。尽管如此，与以前的 CSR 相比，这一 CSR 还是给予了某些部门（尤其是那些负责海外救援的部门以及情报部门、国防部、环境部）更高的开支增长，因为政府意识到这些部门在应对"全球挑战"中的作用。与上一个 10 年相比，资本性开支的计划增长率被大幅削减。② 这个计划还设计了因财政拖累而带来的税负增加，也设计了一些自由裁量的措施，如引入 18% 的资本收益税的单一税率，同时也设计了解决逃税问题的措施。

然而，2008 年全球金融危机和随之而来的经济衰退，使得公共财政急剧恶化。经济活动突然衰退，资产价格急剧下降，导致了所得税、公司税、增值税和资本税的锐减。失业率升高和利息支付上涨，也促使支出超出了达林计划所设定的水平。最后，一项占 GDP 达 2% 的自由裁量财政刺激措施，包含了临时性削减增值税税率

---

① 整体公共开支限额所占经济的比例稳步上升，从 1999 财政年度的 37%，增长到 2007 财政年度的 42%。

② 尽管资本开支限额的增长有所减缓，但是政府仍然成功地在限额范围内对英国历史上两个最大的基础设施项目提供了资金——为 2012 年奥运会而进行的公园、比赛场地和设施建设，以及"横轨"铁路项目（Crossrail project），即连接希思罗机场和泰晤士河口日益增长的商业和生活中心的高速铁路。

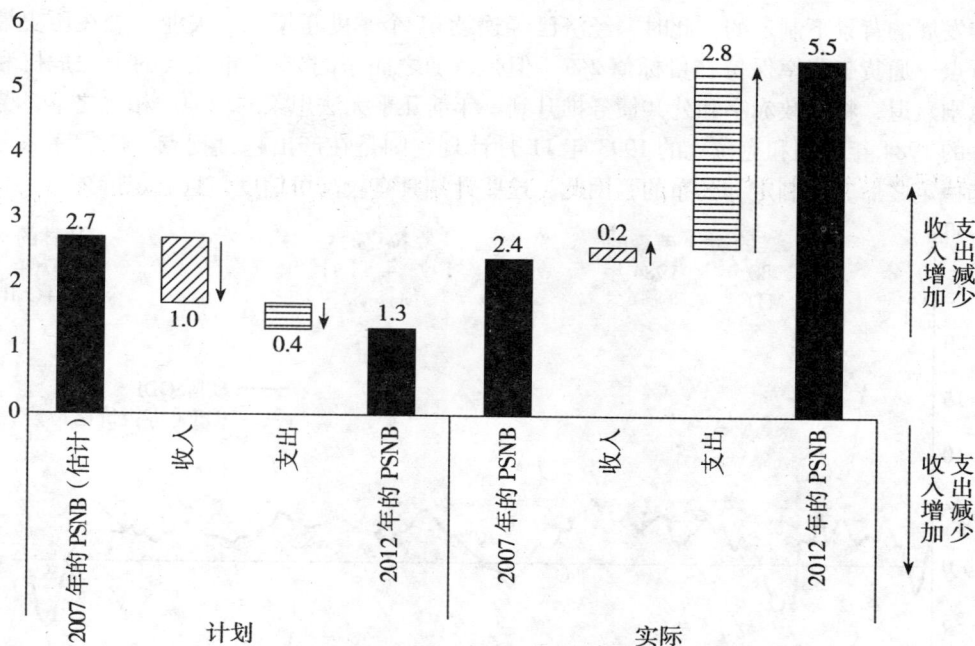

**图 5-5　阿里斯泰尔·达林 2007 年先期预算报告及综合开支审查与
实际财政调控（以占 GDP 的百分比表示）**

注：2012 年的"实际部分"基于 2010 年 6 月预算案的规划。

和加快计划性资本支出，这一刺激措施进一步加大了财政赤字。① 最终，这次危机给英国政府留下的是，2012 年赤字预计高达 GDP 的 5.5%，而在 2007 年的 PBR-CSR 中所计划的 2012 年预期赤字只有 GDP 的 1.3%。

5.4　成功和失败的决定性因素

在本部分中，将考察导致各个计划成功或失败的因素，包括宏观经济因素、时机、步骤、财政调控计划的构成以及支撑性财政和预算框架。

5.4.1　公布稳定举措的时机

稳定举措制定和公布的时机，是一个关键性决定因素，决定着各个调控计划所规定目标的实现程度。杰弗里·豪的 1980 年 MTFS 和达林的 2007 年 PBR-CSR 就是出台太早，难以恰当地校准最终所要求的调控规模和步伐。杰弗里·豪的 1980 年 MTFS 的颁布，正处在产出下跌而通胀激增的经济风暴之中（见图 5-6）。因此，它是建立在流沙之上，这些流沙依然在财政大臣的脚下不断流动，很快就使其计划和目标变得时过境迁。达林的 2007 年 10 月 PBR-PSR，是在一个前所未有的宏观经济稳

① 详细内容，请看 IMF 员工报告，2009 年 7 月。

定发展的背景下制定的，此时，经济已经连续 61 个季度正增长，失业率处在历史最低点，通货膨胀率保持在目标值 2%。但是，随之而来的 2008 年秋天的金融危机和急剧衰退，将财政赤字和公共债务推升到一年前几乎无法想象的境地。相比之下，劳森的 1984 年计划和克拉克的 1993 年 11 月计划，则是在产出越过拐点、通货膨胀已趋稳定之后，才制定和公布的，因此，这些计划具有较高可信度，且稳定持久。

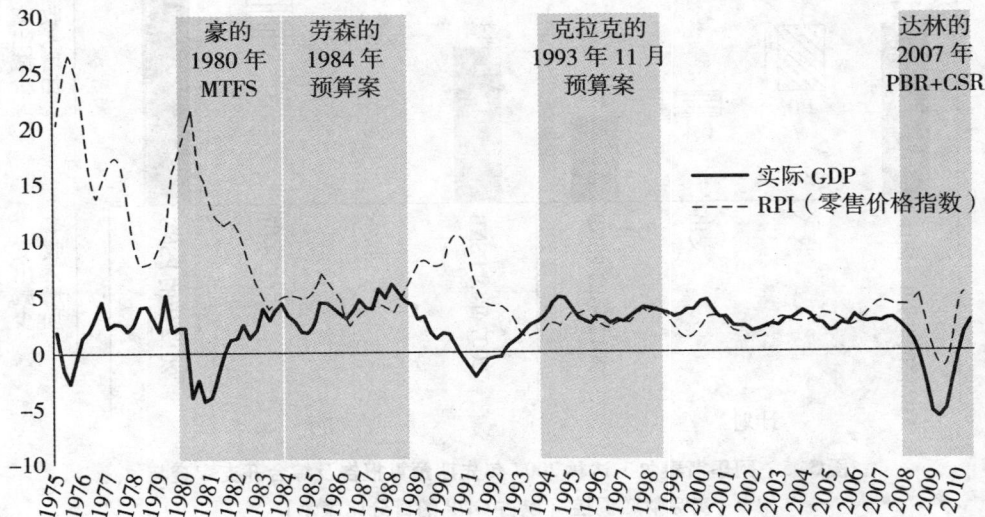

图 5-6 GDP 增长率与通胀率（以百分比表示）

Source：Office of National Statistics and World Economic Outlook（IMF）.

5.4.2 宏观经济假设

四位财政大臣的经济增长预测均无可挑剔，所有的预测都与当时盛行的舆论是一致的（见图 5-7）。除去达林的计划，其他计划中的增长预测结果，都显得悲观——这一因素在劳森和克拉克计划的成功中具有重要作用。然而，预测经济的潜在周期性形势的难度，很可能引发了在这些成功的调控计划接近尾声之时，比原先更为扩张的财政政策。尼尔森（Nelson）和尼克洛夫（Nikolov）（2001）揭示：在 20 世纪 70 年代和 80 年代，实时产出计量错误尤其大，这都是因为初次 GDP 估测误差、对潜在产出的乐观态度；这就揭示了政府所假设的经济中大量闲置生产力的存在。在所估测的周期性和结构性非石油收入中，出现了巨大的基数效应，反映出在潜在产出缺口上，存在巨大的测量错误（见附录 5A）。

针对通胀的预测水平和稳定计划的成功之间的关系，很复杂但极具启发意义。以增长为例，调控计划背后的通胀预测，与独立观察家的预测近似，但仍有重大的意外发生（见图 5-8）。杰弗里·豪的 1980 年 MTFS，低估了 1980 财政年度的通胀水平；他的这一低估，和部门预算与通胀挂钩的事实一起，部分地导致了支出超出了原有计划。克拉克的 1993 年 11 月预算案，最初高估了通胀水平。然而，由于预算目前与名义数据挂钩，这样一个低于预期的通胀水平，导致了实际支出的更高增长，

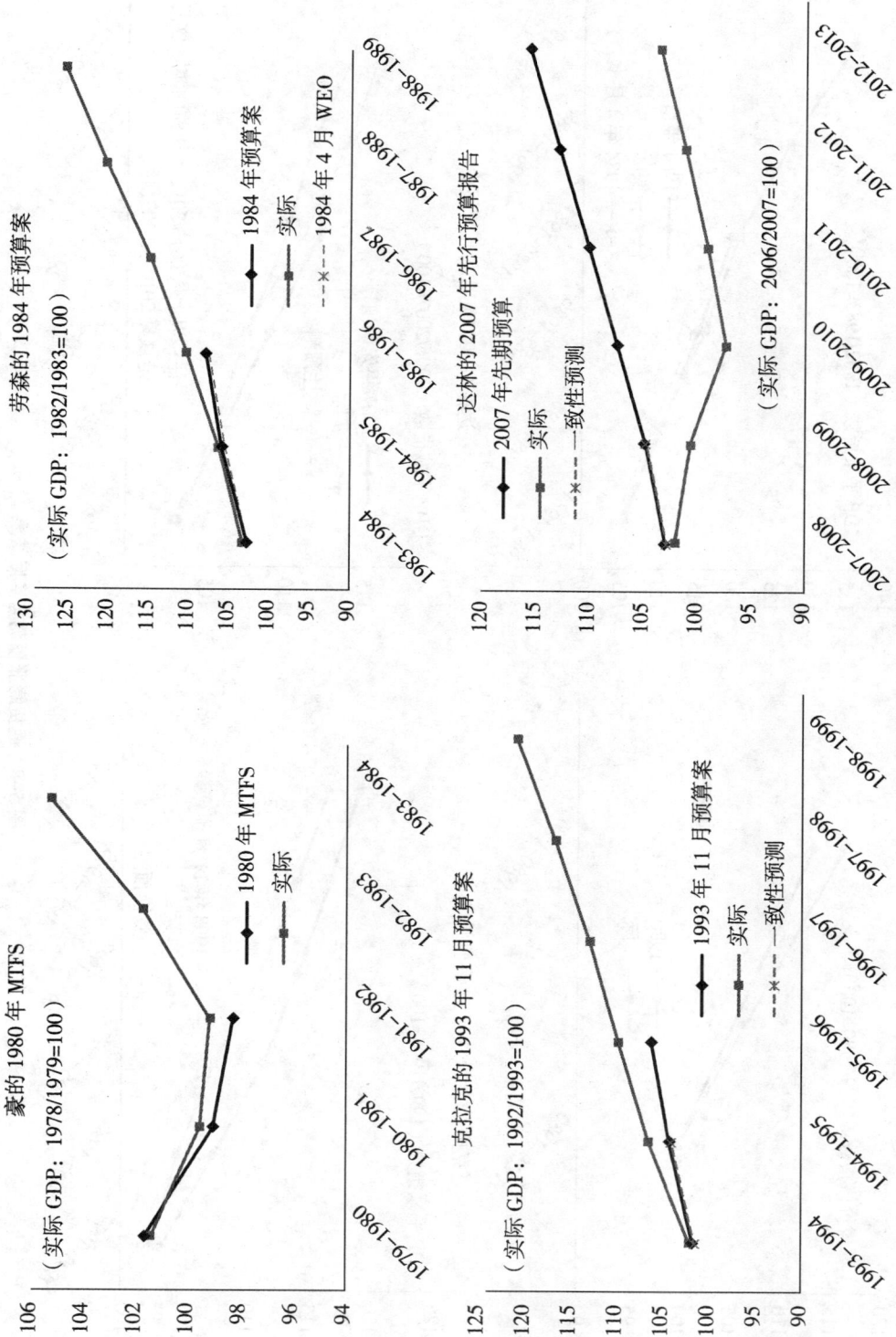

图 5-7　实际 GDP 的预测与实际结果

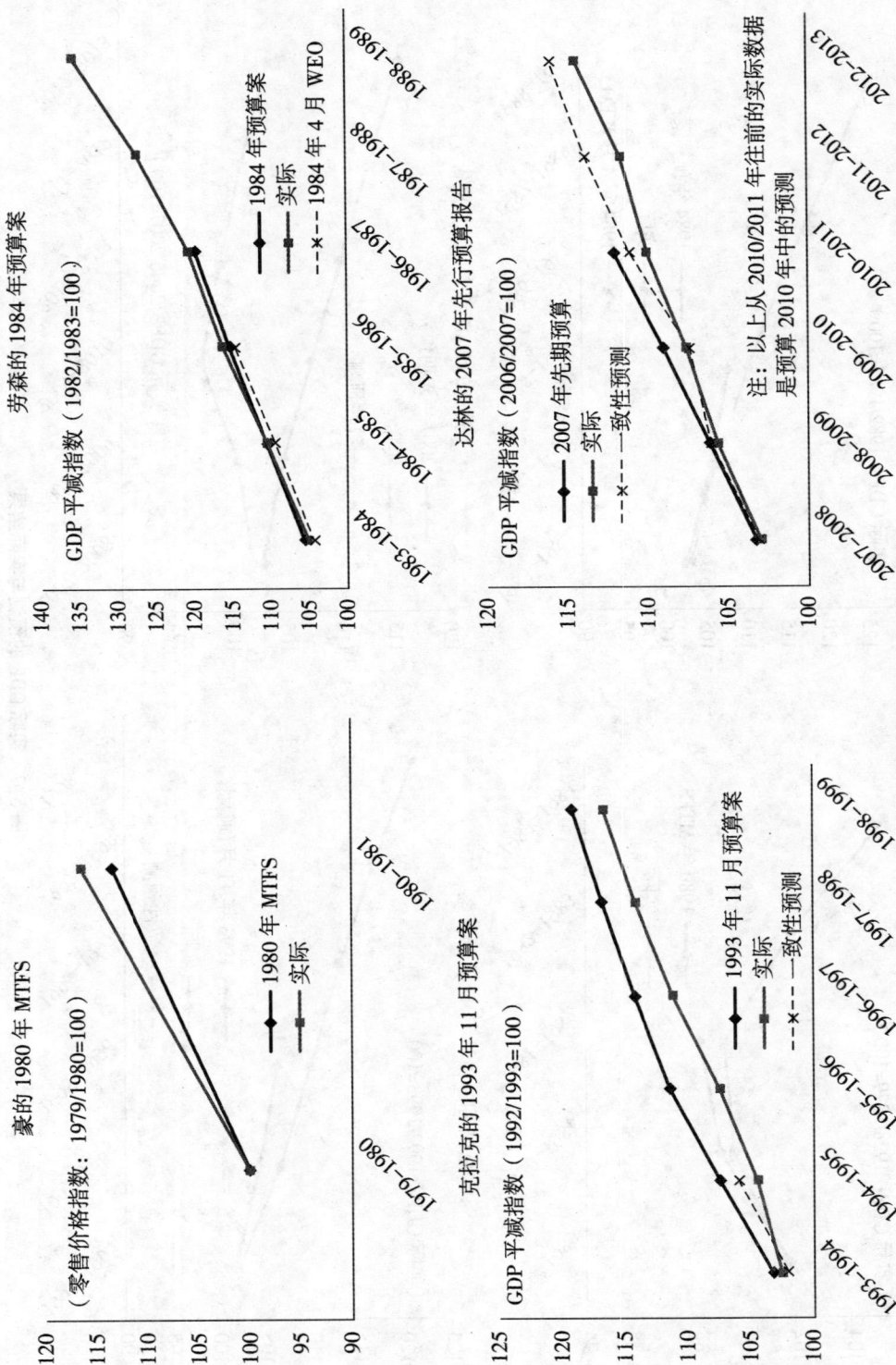

图 5-8　通货膨胀预测与实际结果

在采取固定 3 年名义开支上限之后，尤为如此。同样，达林的 2007 年计划对通胀水平的高估，也导致了部门开支出乎意料地大幅度实际增长，而部门支出原本已设定在名义期间之内，一直到 2010 财年。

5.4.3 调控的规模和步伐

计划性调控的规模及步伐，与各个计划的最后成功之间，并没有明显的关联。杰弗里·豪的 1980 年计划、劳森的 1984 年计划、克拉克的 1993 年 11 月计划，每一个计划的目标都是对公共部门净债务额平均每年削减 GDP 的 1%~1.5%，然而达林的 2007 年计划就没有这么恢宏了（见图 5-9）。尽管所有赤字削减计划都是前置性的，但成功调控计划下的实际调控模式，往往更具后置性，在计划时间范围的后半段，总体调控实现了 60%~75%。

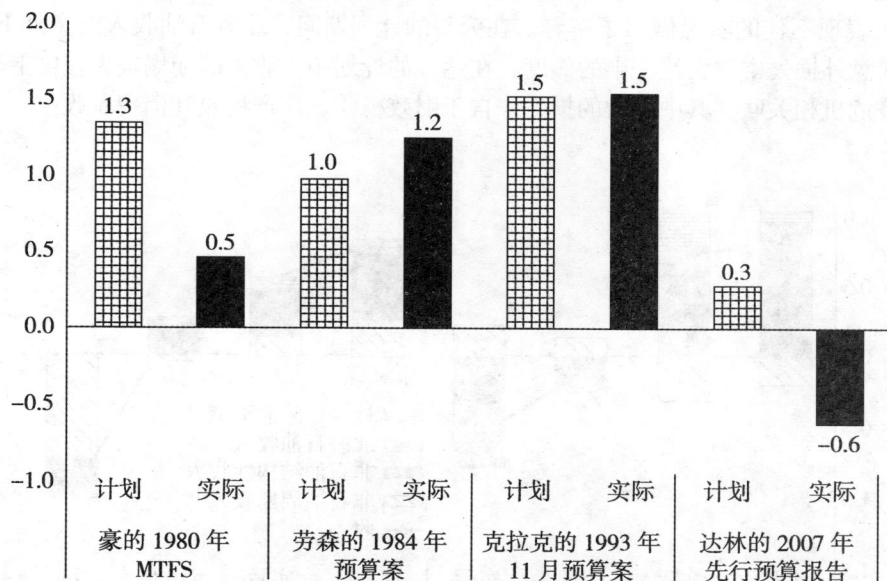

图 5-9 计划性调控平均值与实际财政调控
（平均每年的赤字削减，以占 GDP 的百分比表示）

5.4.4 收入增加、支出削减和资产出售之间的平衡

成功的调控计划依赖于计划调控的支出削减至少实现了一半，结果表明，其执行甚或更受支出的驱动。劳森的 1984 年计划全部依赖于支出削减，而克拉克的 1993 年计划，则将调控负担均等地分派给了增加收入和削减支出。这两项计划，最终削减的支出，都比预期的要多很多，这有助于对某些早期增收效果不佳做出弥补，也有助于在计划结束之时，为自由裁量的减税做出补偿。相比之下，杰弗里·豪的 1980 年计划和达林的 2007 年计划，依赖于增加收入来实现大部分的调控设想，但都被支出方面的偏移给破坏了。来自于金融资产或固定资产销售的收益，对所有这四项稳定计划，均做出了适度的推动，且公共实业的私有化，使得劳森计划

和克拉克计划都能实现补贴方面的持续削减。

5.4.5　收入增加的构成

　　这四项财政调控计划，都高估了在各自计划期内的收入增长（见图5-10）。然而，这一不佳表现，部分地归因于自由裁量的政策决议，尤其是在竞选的冲刺阶段。例如，在杰弗里·豪的1983年3月预算案中（选举前他的最后一个预算案），尽管在计划的中期收入和支出的表现令人失望，但这位财政大臣通过适度增加个人免税额和提高个税起征点，履行了减轻家庭所得税负担的诺言。[①] 劳森在他任期内利用经济和财政复苏，把个人税率从30%降到了25%。克拉克在1996年其选举前的预算案中，也利用财政状况正在改善的机会，将个人所得税降低了一个百分点，并且把个人收入免税额调升到高于通胀率的水平。然而，非自由裁量的因素也对某些收入表现不佳的状况做出了解释。在劳森的计划期间，北海石油收入的意外下降，在收入意外损失中占大约一半的额度。在达林的计划中，收入的崩塌很大程度上与金融经济危机相关联，其中最大的损失来自于财政税收、房产税收和消费税收。

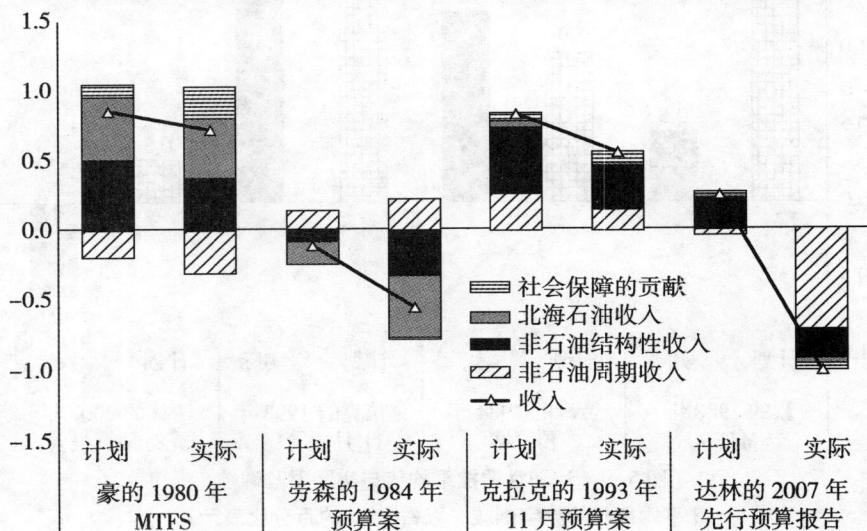

图 5-10　计划收入增长与实际收入增长（年均变化，以占 GDP 的百分比表示）

　　注：在达林2007年先期预算案中，计划性收入和实际收入分别在2007—2008年和2009—2010年之间。

5.4.6　开支削减的构成

● 各级政府

　　早期的调控计划高估了地方政府对调控行动的贡献，而后期的计划则在中央政

---

　　① 个人免税额的增加和门槛的抬高，使得收入降低了约为17亿英镑，这是相对于一个完全挂钩却依然如故的税收结构而言的（《IMF 近期经济发展：英国，1985年2月》）。

府和地方政府之间更为均衡。尽管在 20 世纪 80 年代和 90 年代，地方政府支出占广义政府基本支出的大约 30%，但杰弗里·豪的 1980 年计划和劳森的 1984 年计划，却设想地方政府能够实现开支的实际削减，这一削减额要比为中央政府所计划的削减额大得多。然而，地方政府开支在实际操作中很难削减（见图 5-11）。克拉克的计划比较平衡地分配了中央和地方政府对财政调控的承担，同时假设了实际支出会有一定程度的增加；这一计划确实将地方政府实际支出的增加控制在了原计划水平之内。这一积极的结果，部分地来自于 20 世纪 90 年代早期中央政府加大了对地方政府开支的控制，其手段是通过"总体标准开支"（TSS），[①] 来广泛地应用支出"限定"，而"总体标准开支"是由中央政府在地方预算进程的早期阶段所公布的（Bladen-Hovell，1996）。

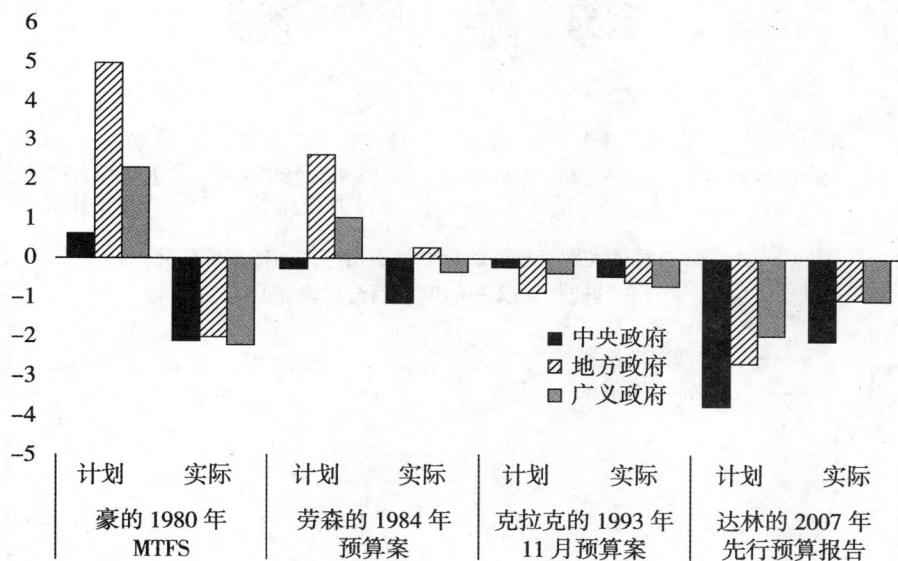

图 5-11　中央与地方政府的支出削减分配
（年均实际削减额，以百分比表示）

● **经济范畴**

在三个保守党财政大臣的计划内，削减支出的负担——不管是计划的还是实际的——都不成比例地落在了公共投资方面（见图 5-12）。杰弗里·豪的 1980 年计划中，几乎所有的支出削减，不管是计划性的还是实际推行的，都来自于资本支出。劳森和克拉克也同样把所计划和推行的相当一部分削减分派给了资本支出。结果，1975 年到 2000 年之间，公共部门的净投资急剧下跌，从 5.6% 跌到 0.5%，与这一期间公共债务的锐减是非常一致的（见图 5-13）。一些资本支出的削减，反映了国有公司的私有化，以及在"民间融资倡议"引导下，公共基础设施投资向着私人集资转变（Van den Noord，2002）。然而，到 20 世纪 90 年代末，在各个发达

---

① 这一数值是中央政府认为地方政府应该在征收支出方面的花费。

经济体中，英国的公共投资占 GDP 的比例是最低的，且其基础设施老化不堪。[①]

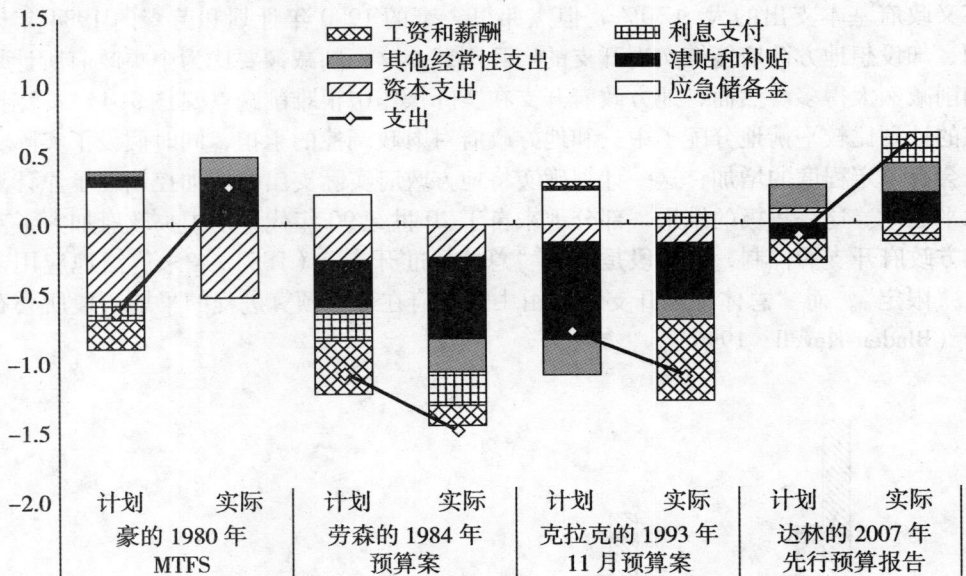

图 5-12　经济类别标准下的计划性支出与支出的实际变化
（年均变化，以占 GDP 的百分比表示）

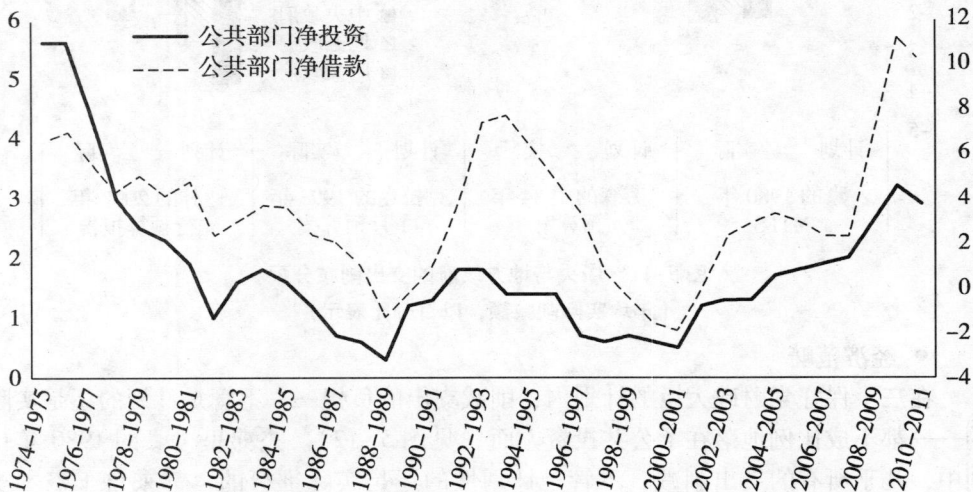

图 5-13　公共部门借款与投资（以占 GDP 的百分比表示）

　　在劳森计划内，津贴和补贴的永久性削减，带来了更为持久的收益；在克拉克计划中，工资和薪酬的永久性削减也同样带了比较长期的收益。相反，在杰弗里·豪 1980 年计划和达林 2007 年计划内，有悖于支出削减的针对原计划的偏移，很大

---

① 投资不足的这一后遗症，是 20 世纪 90 年代末期即将执政的工党政府采用金科玉律的主要动机，这一金科玉律允许政府通过借款来投资扶持公共资产的复兴。

程度上归结于对家庭和企业津贴补贴的过度支出。最后一点，四位财政大臣在各自的支出分配中，都包含着非常明晰的应急储备金，但这一应急储备金在数量上却是逐渐减少的，在三位保守党财政大臣的计划中，徘徊在 GDP 的 1% 到 1.5% 之间，而在达林的计划内则降低到 0.5%。

5.4.7 部门之间的分配

• 社会保障

能否减缓社会保障支出的实际增长率，是决定稳定计划成败的关键性因素。在我们所考察的四个时期内，两个成功的财政调控，都在 5 年期计划视野内，计划并推行了 GDP 的 1%～2.5% 的社会保障支出的削减（见图 5-14）。实际上，社会保障支出均被有效地冻结了。两个失败的稳定计划与社会保障支出的增加有着密切关联，在其 5 年期计划视野内，计划社保支出至少增加 GDP 的 2%，而在实际中，其增加额度高达 5%，甚至还要高一些。

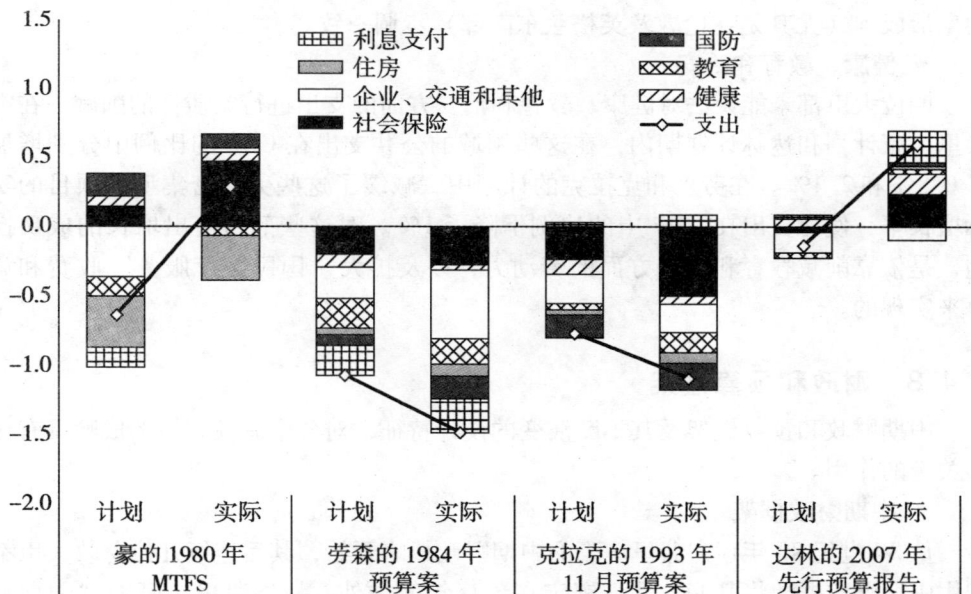

图 5-14 各部门的计划性支出变动与实际支出变化（年均变化，以占 GDP 的百分比表示）

• 国防

成功的财政稳定，也得益于冷战局势缓解而带来的国防支出下降。在 20 世纪的最后 20 年里，国防支出从超过 GDP 的 5% 降到 GDP 的 2.5%。在这一时期，那两个成功的稳定计划，都计划并推行了国防支出的大规模实质性缩减。相比之下，那两个失败的稳定计划则经历了国防支出的实质性增加，部分原因是分别在福克兰群岛和阿富汗的军事行动支出，这两项支出都是事先未能预料到的。

• 交通和住房

成功的稳定计划将支出又削减了 GDP 的 1%，这一个百分点的削减，来自于资本密集型的住房和交通领域的实质缩减。在劳森计划和克拉克计划的 5 年计划期视野中，实际交通支出分别减少了 20% 和 30%。在 20 世纪 80 年代中期，这主要是通过票价陡增、削减服务以及出售英国航空公司、劳斯莱斯（Rolls-Royce）、英国机场管理局和一些规模较小的公共交通公司来实现的。克拉克计划期内，1993 年英国铁路的私有化，为进一步削减交通部门的公共支出提供了机会。相比之下，在杰弗里·豪 1980 年计划和达林 2007 年计划期内，交通方面的开支占 GDP 的比例继续增长，其缘由部分在于主要投资项目的花费，而这些投资项目在那两个稳定计划期间，已经被有效地"锁定"了。杰弗里·豪计划期内，20 世纪 70 年代末和80 年代初，高速城际列车首次投入运营，在达林计划期内，为 2012 年伦敦奥运会展开了交通基础设施的建设。

在三位保守党财政大臣的任期内，住房支出均大量缩减，反映了对社会住房存量私有化、放宽剩余社会住房存量的租赁，以及减少租金和供给补贴等方面的一种驱动。只有达林 2007 年的计划与住房支出的实际增长有关联，其试图与不断提高的生活成本（尤其是在伦敦及英格兰东南部）步调一致。

- **健康、教育和治安**

四位大臣都未能设法对健康、教育和治安方面的支出进行实质性的削减。在杰弗里·豪计划和达林计划期内，在这些领域的公共支出在 GDP 的比例中分别增加了 0.8% 和 2.4%。在劳森和克拉克的计划中，减缓了这些劳动密集型大项目的实际增长率，使得支出在 GDP 中的比例下降了 1%。对这些部门支出增长的成功控制，是依靠削减教育和治安方面的劳动力，以及扩大"国民医疗服务"收费和竞争来实现的。

5.4.8　财政和预算框架

中期财政和预算框架及其不断演变的设计特征，对各个调控举措的成败具有极为关键的作用。

- **中期财政框架**

从 20 世纪 80 年代杰弗里·豪的中期财政战略开始，其后连续几位财政大臣都利用中期财政框架将其调控计划锁定在预算年度之外。从杰弗里·豪的"中期财政战略"以来，财政调控的目标是公共债务需求在 GDP 中所占的比例，这是一个宽泛的财政集合，包含中央政府、地方政府和国有企业。这缩减了财政大臣为实现财政目标而在公共部门内进行负担转移的范围，但事后看来，其中可能夹杂了某些刻意安排，就是指望地方政府和国有企业能多承担一些负担。

在预算日，以《财政决算和预算报告》（FSBR）形式呈现的预算文献，提供了极为详细的未来 4~5 年经济和财政规划，这些规划反映了政府出台的政策所造成的中期宏观财政影响。FSBR 还为每年秋天出版的《公共支出白皮书》（每两个或每三个夏天由《开支审查白皮书》代替）设定了组织严密的总支出限制尺度，为每个部门设定了多年度支出预算书。在 1997 年，新上任的工党政府用一系列永久性财政规章制度，代替了保守党的波动性财政目标；工党政府的系列永久性规章制度如下：（1）要求政府在经济周期内保持公共部门现时预算平衡或盈余的金科玉律；（2）要求政府在经济周期内，保持公共部门净负债占低于 GDP 40% 的可持续性投资制度。这些财政规章制度，在 2008 年危机的余波之中被废除，取而代之的是，承诺 5 年后实现公共部门净负债的减半，并逆转公共部门净负债增加的状况。

- **多年制支出规划和控制**

在前述四个案例中，财政大臣的财政目标都是由某种中期预算框架来支撑的（见表 5-1）。然而，结果却证明，这些框架是有助益抑或是成为阻碍，取决于它们是如何被设计的。自从 20 世纪 60 年代起，政府就一直用《财政决算和预算报告》对广义的基本行政支出总额设定了一个 3 年期的波动性名义上限；该总额也就是为人所知的"计划性总额"，占广义行政支出的 87%。在 20 世纪 70 年代和 80 年代早期，动荡不定且高居不下的通货膨胀，促使财政部从名义支出计划改为实际支出计划，以此为手段，来降低通货膨胀对工资和价格每况愈下的影响。当实际通货膨胀高于预期的时候，把以现金为基准的支出限制，转变为以数额为基准的支出限制，其代价是非常高昂的，所以财政部不得不为各部门提供更多的现金，来满足其实际开支计划。对以数额为基准的支出计划短期试验，在 1982 年被废弃，当时"计划性总额"又恢复为现金基准，而且私有化进程被列入到排除项目之内。"计划性总额"以名义的方式进行重组，这有助于财政部再次控制支出总额在 20 世纪 80 年代一年更比一年高的增长。

表 5-1 英国中期预算框架的演变

计划	控制方法			规模		改革的频率
	名称	控制单位	计划的基础	占广义政府的百分比	主要的排除项目	
豪的 1980 年 MTFS	计划性总额	总的广义政府[a] 基本支出	实际现金流	87%	债务利息	每年
劳森的 1984 年预算案	计划性总额	总的广义政府基本支出	名义现金流	85%	债务利息	每年
克拉克的 1993 年预算案	控制性总额	总的广义政府结构性支出	名义现金流	83%	债务利息、工龄、福利	三年
达林的 2007 年 PBR/CSR	部门支出限制	25 位大臣预算	名义利息	60%	债务利息、地方政府[b] 本级支出、社会保障	三年

注：所有的中期预算框架都是以 3 年期为时间范围。
[a] 广义政府。
[b] 地方政府。

随着"控制性总额"的引入，多年期支出约束性准则在 1992 年得到进一步加强：这为 85% 的广义行政支出设定了 3 年期的名义上限，这与"计划性总额"不同，它在 3 年之内没有被修订。这一约束性准则的附加性影响，是以其覆盖范围为代价的，因为敏感的循环性工龄津贴，被列入从上限中剔除的项目之中了。但是，从波动性"计划性总额"到限定性"控制性总额"的转变，是和预算年度之外的支出约束性准则的实质性改善联系在一起的，而且也和削减超出政府原计划支出额度的平均名义超支相关联。多年期支出总额控制的改善，对克拉克计划的成功是极为关键的。

到了达林的"2007 年先期预算报告及综合性支出审查"之时，合计型"控制性总额"已经被一套为各部门设计的 3 年期固定性预算体系所取代，这一体系就是为人所知的"部门支出限制"（DELs），于 1998 年由工党政府连同其财政制度一起引入。DELs 是在"开支审查"结论中设定的，2007 年的"综合性支出审查"是第五次"开支审查"。在 1998—2007 年期间较好的经济形势下，这一套更详细的多年支出限制，有助于进一步完善多年期支出准则。然而，在"2007 年综合性支出审查"实施期间，这套体系成为累赘，原因有两点：

首先，DELs 在名义项目上是固定的，因此当通货膨胀在 2008—2009 年低于预期时，实际支出急剧增长。

其次，在部级水平上准则的约束性越强，其覆盖范围就必须越小，因为所有的社会保障和地方政府自筹资金的支出（LASFE），被列入控制总额所排除的项目清单之中了。正如图 5-14 所示，在这些所排除项目上的超支（尤其是社会保障），在达林 2007 年计划超支总额中，占了更大的份额。

5.4.9　成功的经验与失败的教训

以上关于英国稳定计划成败之决定性因素的描述，为将来的财政调控尝试提供了如下的经验教训：

■ 需要考虑到如何应对经济增长低迷下的意外开支。破坏杰弗里·豪和达林计划的最大的因素，很可能是计划出台后不久，实际增长就急速下降。相反，劳森和克拉克计划的实施，得益于良好的经济增长。

■ 通货膨胀方面的意外影响，取决于预算制度。当预算和税收门槛以实际项目设定时（如在 20 世纪 80 年代早期），主要的财政风险来自于对通货膨胀的低估（正如在杰弗里·豪 1980 年计划中所发生的）。当预算和税收门槛以名义项目设定时（如从 1982 财政年度以来），风险来源于对通货膨胀的高估（正如达林 2007 年计划下所发生的）。

■ 支出的持续缩减是关键因素。由于自由裁定和非自由裁定的因素，四位财政大臣都未能实现他们最初计划的收入增长。那两位完成或者超额完成赤字计划的大臣，靠的是他们超额完成了支出削减计划，并且超额所创造的部分空间，用来减轻了税收负担。

■ 庆祝成功，但是不可过度。杰弗里·豪、劳森和克拉克都承诺，将来会削减边际所得税率；他们利用这一承诺，来获取内阁和下院普通议员对调控计划中艰难决策的支持。然而，由于经济和公共财政的恢复快于原计划，劳森最终采取了比最初设想更为强劲的减税措施。这一顺周期的税率缩减，可以说促进了消费和投资的非持续性增长。

■ 减少投资在短期内很是诱人，但从长期看，却是不可持续的。公共投资占GDP 的比例，在 20 世纪 80 年代削减至一半以下，90 年代又如法炮制，到 2000 年英国的公共投资占 GDP 比例，成为发达经济体中最低水平之一。公私合营（PPPs）的增多，仅仅弥补了公共资本的部分缺口。公共投资至少要用 10 年才能恢复。同时，英国的公共基础设施也落后于其他发达经济体。

■ 工资和福利的削减，对财政平衡有更持久的影响。将劳森和克拉克的计划，与那些不太成功的尝试区分开来的关键因素，是他们处理公共部门花费的核心驱动因素的决心。这些驱动因素是：社会保障、健康、教育和国防（按功能分），以及工资、转移支付和对公有企业的补贴（按经济类别分）。

■ 在中央和地方政府的支出缩减分担之间，取得公平的均衡。早期的调控计划往往高估了能够强加给地方政府的调控负担。后来的调控计划更加均衡，因而也更加成功。在 20 世纪 90 年代，加强中央政府对地方政府支出的控制，也有助于保障调控计划在地方上的实施。

■ 私有化的真正受益，来自于降低了补贴，而不是一次性资本收益模式。公有企业及其他资产的出售，在那两次成功的调控计划中均起到重要作用。然而，从这些资产出售得到的一次性资本收益，只是财政调控整体的一小部分。变卖国有资产的可观而持续的财政收益，来自于政府对相关实体的补贴，得到了永久性缩减。

■ 中期预算框架能够有助于锁定支出的计划性缩减，但只有在它们是全面而有约束力时，才会如此。所有这些财政调控计划均由中期预算框架支撑，这强化了支出约束准则。然而，这些框架的设计，随着时间推移，演变得更具固定性和注重细节，代价却是所覆盖的公共支出范围越来越小。

■ 五年的预测或选举周期，可能对于评判调控计划的成败来说，其期限过于短暂。例如，尽管 20 世纪 80 年代早期的杰弗里·豪以及 20 世纪 90 年代早期的拉蒙特，都未能在其 3～5 年的任期内成功消除赤字，但是他们的政策，却为劳森和克拉克更好地设计并实施计划奠定了基础。反过来，尽管劳森超额完成了其 1984 年预算中缩减政府债务的 5 年目标，但有人认为，他随后的扩张性预算为英国下一轮严重的经济和财政危机，埋下了伏笔。最后，尽管达林没有完成他在 2007 年计划中的赤字缩减，但他在 2008 年和 2009 年间放松财政政策的决定，可能阻止了一次更严重的金融、经济和财政危机。

附录5A 英国：财政调整计划和决算

英国：财政调整计划和产出

下面的表格（表5A-1~表5A-4）通过对每个计划调控阶段支出和收入项目的分解，提供了计划与决算对比的详细信息。

表5A-1 杰弗里·豪1980年中期财政战略：计划与实际结果（以占GDP的百分比表示）

	计划（p）			实际（a）			超出预期的部分（实际相比计划）		
	t	t+4	t+4-t	t	t+4	t+4-t			
							1983a-1983p= 1983年实际- 1983年计划	Δa-Δp= 实际增长- 计划增长	1979a-1979p= 1979年实际- 1979年初始 计划预估 （"基线效益"）
	1979p	1983p	Δp	1979a	1983p	Δa			
收入	39.2	42.6	3.4	39.6	42.5	2.9	-0.1	-0.5	0.4
非石油税收和收入	31.9	33.2	1.3	32.4	32.6	0.3	-0.5	-1.0	0.5
周期性	-1.0	-1.7	-0.8	0.8	-0.5	-1.2	1.3	-0.5	1.7
结构性	32.9	34.9	2.0	31.6	33.1	1.5	-1.8	-0.5	-1.3
北海石油收入[a]	1.4	3.2	1.8	1.2	2.9	1.7	-0.3	-0.1	-0.2
社会保障份额	5.9	6.3	0.4	6.1	7.0	0.9	0.7	0.5	0.1
支出[b]	44.8	42.3	-2.5	45.0	46.2	1.1	3.8	-3.6	-0.2
基本支出	40.1	38.1	-1.9	40.2	41.3	1.1	3.2	-3.0	-0.1
利息支出	4.8	4.2	-0.6	4.8	4.9	0.0	0.7	-0.6	-0.1
资产出售	0.6	0.0	-0.6	0.2	0.4	0.2	0.3	0.7	-0.4
项目支出（按政府层级划分）[c]	39.9	37.2	-2.7	39.9	40.3	0.4	3.1	-3.1	-0.1
中央政府	28.9	28.4	-0.5	28.3	28.9	0.6	0.5	-1.1	0.6
地方政府	10.4	8.3	-2.0	11.0	11.2	0.2	2.8	-2.2	-0.6
按经济学类别划分[c]									
现金支出	34.5	34.1	-0.4	34.5	36.9	2.4	2.8	-2.9	0.0
工资和薪金	12.0	11.2	-0.8	12.7	12.8	0.2	1.7	-1.0	-0.7
商品和服务	6.7	6.9	0.1	7.3	8.0	0.7	1.1	-0.5	-0.6

续表

	计划（p）			实际（a）			超出预期的部分（实际相比计划）		
	t	t+4	t+4−t	t	t+4	t+4−t	1983a−1983p = 1983年实际−1983年计划	Δa−Δp = 实际增长−计划增长	1979a−1979p = 1979年实际−1979年初始计划预估（"基线效益"）
	1979p	1983p	Δp	1979a	1983p	Δa			
补贴	2.6	2.5	−0.1	2.5	2.0	−0.5	−0.5	0.4	0.1
资助	13.2	13.6	0.4	12.0	14.1	2.1	0.5	−1.7	1.2
资本支出	5.4	3.2	−2.1	5.5	3.4	−2.1	0.2	−0.1	−0.1
按项目（选定项目）划分									
社会保障份额	10.5	11.0	0.5	9.6	11.9	2.2	0.9	−1.7	0.9
健康	5.0	5.3	0.3	4.5	4.7	0.2	−0.6	0.0	0.6
教育	5.4	4.9	−0.5	5.5	5.4	−0.1	0.5	−0.4	−0.1
国防	4.3	4.9	0.6	4.7	5.1	0.4	0.2	−0.4	−0.4
应急储备金	0.0	1.1	0.1	–	–	–	–	–	–
广义政府的总结余	**−5.0**	**0.3**	**5.3**	**−5.3**	**−3.3**	**2.0**	**−3.6**	**−3.4**	**−0.2**
公众公司市场借款	−0.3	−0.3	0.0	−0.3	−0.1	0.0	0.1	0.1	0.0
公共部门总结余	**−4.8**	**0.6**	**5.4**	**−5.0**	**−3.2**	**1.8**	**−3.8**	**−3.5**	**−0.3**
总结余	0.0	4.8	4.8	−0.2	1.7	1.9	−3.1	−2.9	−0.2
结构性的不含石油收入的总结余	−1.3	3.1	4.3	−2.5	−1.2	1.3	−4.3	−3.0	−1.3
备忘录（占潜在 GDP 的比例）									
周期性调整的总结余	0.1	5.8	5.7	−1.2	2.0	3.2	−3.8	−2.5	−1.3
结构性非石油收入[d]	31.9	34.9	3.0	32.4	32.6	0.3	−2.2	−2.7	0.5
基本支出	38.9	38.2	−0.7	41.0	40.3	−0.6	−2.1	0.0	−2.1

[a] 因为在 1980 年 3 月的"财政决算和预算报告"（FSBR）中，没有呈现石油收入计划，所以 1981 年 3 月的 FSBR 中所计划的石油收入，是被当作估算值使用的。

[b] 在国民收入和生产核算账户条目中广义政府的总基本支出。这一总额用来界定广义政府的借款需求背后的公共支出，但其中不包括资产出售，因为资产出售被视为负支出。

[c] 中央和地方政府国有化产业以及其他国有企业的借款项目方面的支出。不包括债务利息支付和其他调控（国民收入和生产核算账户中的条目）。在 t+4 年的计划数字是作者的估算。

[d] 不包括社会保障份额。

表 5A–2　　劳森的 1984 年预算案：计划与实际结果（以占 GDP 的百分比表示）

	计划（p）			实际（a）			超出预期的部分（实际相比计划）		
							1988a−1988p= 1988 年实际− 1988 年计划	Δa−Δp= 实际增长− 计划增长	1983a−1983p= 1983 年实际− 1983 年初始 计划预估 （"基线效益"）
	t	t+5	t+5−t	t	t+5	t+5−t			
	1983p	1988p	Δp	1983a	1988a	Δa			
收入	42.3	41.7	−0.5	42.5	39.7	−2.8	−2.0	−2.3	0.2
非石油税收和收入	32.2	32.5	0.3	32.6	32.1	−0.5	−0.4	−0.8	0.4
周期性	−1.7	−1.0	0.7	−0.5	0.6	1.1	1.7	0.4	1.2
结构性	33.9	33.5	−0.4	33.1	31.5	−1.6	−2.0	−1.2	−0.8
北海石油收入	3.0	2.2	−0.8	2.9	0.7	−2.2	−1.5	−1.4	−0.1
社会保障份额	7.1	7.0	0.0	7.0	6.9	−0.1	−0.1	0.0	−0.1
支出[a]	46.1	40.8	−5.3	46.2	38.8	−7.4	−2.0	2.1	0.0
基本支出	41.2	36.9	−4.3	41.3	35.1	−6.2	−1.8	1.9	−0.1
利息支出	4.9	3.9	−1.1	4.9	3.7	−1.2	−0.2	0.0	0.1
资产出售	0.4	0.5	0.1	0.4	1.5	1.1	1.0	1.0	0.0
项目支出[b]（按政府层级划分）	40.0	35.0	−5.0	40.3	33.4	−6.9	−1.6	1.9	0.3
中央政府	28.2	25.9	−2.3	28.9	24.3	−4.6	−1.6	2.3	−0.7
地方政府	10.7	8.1	−2.6	11.2	8.8	−2.4	0.7	−0.3	−0.4
按经济类别划分[b]									
现金支出	36.6	32.9	−3.8	36.9	31.2	−5.7	−1.6	1.9	−0.3
工资和薪金	12.7	10.8	−1.9	12.8	11.6	−1.3	0.8	−0.6	−0.2
商品和服务	8.1	7.9	−0.2	8.0	6.7	−1.3	−1.2	1.1	0.1
补贴	2.0	1.0	−1.1	2.0	1.1	−0.9	0.1	−0.1	0.0
资助	13.8	13.3	−0.6	14.1	11.9	−2.2	−1.3	1.6	−0.2
资本支出	3.5	2.2	−1.3	3.4	2.2	−1.2	0.0	−0.1	0.1

续表

	计划 (p)			实际 (a)			超出预期的部分（实际相比计划）		
	t	$t+5$	$t+5-t$	t	$t+5$	$t+5-t$	$1988a-1988p =$ 1988 年实际-1988 年计划	$\Delta a-\Delta p =$ 实际增长-计划增长	$1983a-1983p =$ 1983 年实际-1983 年初始计划预估（"基线效益"）
	1983p	1988p	Δp	1983a	1988a	Δa			
按功能划分（选定项目）[b]									
社会保障份额	12.0	11.0	-1.0	11.9	10.5	-1.4	-0.5	0.4	0.1
健康	4.8	4.4	-0.5	4.7	4.5	-0.2	0.2	-0.3	0.1
教育	5.4	4.3	-1.1	5.4	4.8	-0.5	0.5	-0.5	0.0
国防	5.2	4.8	-0.4	5.1	4.3	-0.8	-0.5	0.4	0.1
应急储备金	0.03	1.3	1.2	—	—	—	—	—	—
广义政府的总结余	-3.5	1.5	4.9	-3.3	2.4	5.7	1.0	0.8	0.2
公众公司市场借款	-0.2	0.0	0.2	-0.1	-0.6	-0.5	0.6	0.7	0.0
公共部门总结余	-3.3	1.5	4.7	-3.2	3.1	6.2	1.6	1.5	0.1
总结余	1.6	5.3	3.7	1.7	6.7	5.0	1.4	1.3	0.1
结构性的不含非石油收入的总结余	-0.2	3.7	3.9	-1.2	3.3	4.5	-0.4	0.7	-1.0
备忘录(占潜在 GDP 的比例)									
周期性调整的总结余	3.0	6.2	3.1	2.0	5.6	3.5	-0.6	0.4	-1.0
结构性非石油收入[c]	32.2	32.5	0.3	32.6	32.1	-0.5	-0.4	-0.8	0.4
基本支出	38.8	35.3	-3.4	40.3	34.3	-6.0	-1.0	2.6	-1.6

[a] 在国民收入和生产核算账户条目中的广义政府的总基本支出。这一总额用来界定广义政府的行政借款需求背后的公共支出，不包括资产出售。

[b] 不包括周期性社会保障和中央政府债务利息付款。在 t+5 年的计划数字是作者的估算。

[c] 不包括社会保障份额。

表 5A–3　克拉克的 1993 年 11 月预算案：计划与实际结果（以占 GDP 的百分比表示）

	计划 (p)			实际 (a)			超出预期的部分（实际相比计划）		
	t	t+5	t+5−t	t	t+5	t+5−t			1993a−1993p = 1993 年实际−1993 年初始计划预估（"基线效益"）
							1998a−1998p = 1998 年实际−1998 年计划	Δa−Δp = 实际增长−计划增长	
	1993p	1998p	Δp	1993a	1998a	Δa			
收入	36.2	40.3	4.1	36.1	38.9	2.8	−1.4	−1.4	0.0
非石油税收和收入	29.8	33.5	3.7	29.9	32.2	2.3	−1.3	−1.4	0.1
周期性	−1.4	−0.2	1.3	−0.7	0.0	0.7	0.1	−0.6	0.7
结构性	31.2	33.6	2.4	30.6	32.2	1.6	−1.4	−0.8	−0.6
北海石油收入	0.2	0.5	0.2	0.2	0.3	0.1	−0.2	−0.1	0.0
社会保障份额	6.1	6.4	0.3	6.1	6.4	0.4	0.0	0.1	0.0
支出[a]	45.0	40.9	−4.1	44.3	38.8	−5.5	−2.1	1.4	0.7
基本支出	41.9	37.7	−4.2	41.2	35.3	−5.9	−2.4	1.7	0.7
利息支出	3.1	3.2	0.1	3.1	3.5	0.4	0.3	−0.3	0.0
资产出售	0.8	0.1	−0.7	0.8	0.5	−0.3	0.4	0.4	0.0
项目支出[b]	38.5	34.5	−4.0	37.5	31.7	−5.8	−2.8	1.8	0.9
按政府层级划分[c]									
中央政府	32.0	28.0	−4.0	31.9	27.7	−4.2	−0.3	0.2	0.1
地方政府	11.0	10.0	−1.1	10.4	9.1	−1.3	−0.9	0.2	0.6
按经济类别划分[c]									
现金支出	38.1	33.3	−4.8	38.2	33.0	−5.2	−0.3	0.4	−0.1
工资和薪金	10.2	10.3	0.1	10.3	7.7	−2.6	−2.6	2.7	−0.1
商品和服务	9.3	8.0	−1.3	9.4	9.2	−0.2	1.3	−1.1	−0.1
补贴	1.2	1.0	−0.2	0.9	0.9	0.0	−0.1	−0.1	0.2
资助	17.4	14.0	−3.4	17.5	15.2	−2.3	1.2	−1.0	−0.1
资本支出	3.7	3.1	−0.7	3.0	2.3	−0.7	−0.7	0.0	0.7

续表

	计划 (p)			实际 (a)			超出预期的部分（实际相比计划）		
	t	$t+5$	$t+5-t$	t	$t+5$	$t+5-t$	1998a-1998p = 1998年实际-1998年计划	$\Delta a-\Delta p$ = 实际增长-计划增长	1993a-1993p = 1993年实际-1993年初始计划预估（"基线效益"）
	1993p	1998p	Δp	1993a	1998a	Δa			
按功能（选定项目）划分[c]									
社会保障份额	12.8	11.8	-1.0	14.9	12.4	-2.5	0.6	1.5	-2.1
健康	4.7	4.3	-0.4	4.7	4.4	-0.3	0.0	-0.1	0.0
教育	5.2	5.0	-0.2	5.2	4.5	-0.7	-0.5	0.5	0.0
国防	3.7	3.0	-0.7	3.6	2.6	-0.9	-0.4	0.2	0.1
应急储备金	0.0	1.4	1.4	–	–	–	–	–	–
广义政府的总结余	-7.9	-0.5	7.5	-7.3	0.6	7.9	1.1	0.4	0.6
公众公司市场借款	-0.2	-0.2	-0.1	-0.2	0.0	0.2	0.2	0.3	0.0
公共部门总结余	-7.8	-0.2	7.5	-7.1	0.6	7.7	0.8	0.1	0.7
总结余	-4.7	3.0	7.7	-4.0	4.1	8.1	1.1	0.4	0.7
结构性的不含石油收入的总结余	-4.5	2.3	6.8	-4.5	3.3	7.8	1.0	1.0	0.0
备忘录(占潜在 GDP 的比例)									
周期性调整的总结余	-4.1	2.7	6.8	-3.4	4.1	7.5	1.3	0.7	0.7
结构性非石油收入[d]	29.8	33.5	3.7	29.9	32.2	2.3	-1.3	-1.4	0.1
基本支出	40.0	37.5	-2.4	39.4	34.8	-4.6	-2.7	2.1	0.6

　　[a] 在国民收入和生产核算账户条目中的广义政府的总基本支出。这一总额用来界定广义政府的行政借款需求背后的公共支出，不包括资产出售。

　　[b]不包括周期性社会保障和中央政府债务利息付款。

　　[c]在 $t+5$ 年的计划数字是作者的估算。

　　[d]不包括社会保障份额。

表 5A–4　　　　　　　　　　达林的 2007 年先期预算报告和综合性支出审查：
计划与实际结果（以占 GDP 的百分比表示）

	计划（p）			实际（a）			超出预期的部分（实际相比计划）		
									2007a–2007p = 2007 年实际– 2007 年初始
							2012a–2012p = 2012 年实际– 2012 年计划	Δa–Δp = 实际增长– 计划增长	计划预估（"基线效益"）
	2007p	2012p	Δp	2007a	2012a^c	Δa			
收入	39.2	40.2	1.0	38.6	38.4	–0.2	–1.8	–1.2	–0.6
非石油税收和收入	31.8	32.7	0.9	31.2	31.2	0.0	–1.5	–0.9	–0.7
周期性	0.1	0.0	–0.1	0.2	–0.6	–0.9	–0.6	–0.8	0.1
结构性	31.8	32.7	0.9	30.9	31.8	0.9	–0.9	–0.1	–0.8
北海石油收入	0.5	0.5	0.0	0.5	0.7	0.1	0.2	0.1	0.0
社会保障份额	6.9	7.0	0.1	6.9	6.6	–0.3	–0.4	–0.5	0.0
支出[a]	41.9	41.5	–0.4	41.1	43.9	2.8	2.4	–3.2	0.8
基本支出	39.8	39.4	–0.3	39.0	40.7	1.6	1.2	–2.0	0.7
利息支出	2.1	2.1	–0.1	2.1	3.2	1.1	1.2	–1.2	0.0
政府层面[b]									
中央政府	30.1	29.8	–0.4	28.9	32.4	3.5	2.7	–3.9	1.2
地方政府	11.1	10.8	–0.3	10.7	11.4	0.7	0.5	–1.0	0.4
按经济类别划分[b]									
现金支出	36.4	35.5	–0.9	35.8	37.8	2.0	2.3	–2.8	0.5
工资和薪金	6.7	5.8	–0.9	5.6	5.5	–0.1	–0.3	–0.8	1.1
商品和服务	9.6	10.1	0.5	10.3	10.7	0.4	0.5	0.1	–0.6
补贴	0.5	0.4	–0.1	0.5	0.4	–0.1	0.0	0.0	0.0
资助	19.6	19.2	–0.3	19.4	21.2	1.8	2.0	–2.1	0.2
资本支出	3.4	3.6	0.1	3.2	2.9	–0.3	–0.7	0.5	0.2
按功能（选定项目）划分[b]									
社会保障	9.9	9.7	–0.2	9.7	11.0	1.3	1.3	–1.5	0.2
健康	7.5	7.8	0.3	7.0	8.0	0.9	0.2	–0.6	0.4
教育	5.5	5.6	0.1	5.4	5.6	0.3	0.2	–0.1	0.2
国防	2.7	2.7	–0.1	2.7	2.9	0.2	0.2	–0.3	0.1
应急储备金	0.0	0.4	0.4	–	–	–	–	–	–
公众部门总结余	–2.7	–1.3	1.4	–2.4	–5.5	–3.1	–4.2	–4.5	0.3
基本结余	–0.6	0.8	1.3	–0.3	–2.3	–1.9	–3.0	–3.3	0.2
结构性的不含石油收入 的总结余	–1.1	0.3	1.4	–1.2	–2.3	–1.1	–2.5	–2.5	0.0

[a] 公共部门（所管理的支出总额）。

[b] 在 t+5 年的计划数字是作者的估算。

[c] 2010 年的实际数字基于 2010 年预算案。

致谢

作者感谢戴维·希尔德（David Heald）、保罗·莫罗（Paulo Mauro）、凯文·弗莱彻（Kevin Fletcher）、欧洲处的同事以及财政部研讨会参与者的宝贵意见和探讨。斯蒂芬妮·埃布尔（Stephanie Eble）在该项目的早期阶段提供了有效的帮助。

第 6 章　意大利：政府频繁更选下的中期财政计划

法布里奇奥·巴拉索尼 （Fabrizio Balassone）

桑德罗·莫米格里亚诺 （Sandro Momigliano）

彼得罗·理查 （Pietro Rizza）

6.1　引言

　　20 世纪七八十年代意大利快速增长的公共债务及随后的高额公债规模，在早先的一些研究中已有所涉及（这类研究始于 Giavazzi & Spaventa 的经典文献）。然而，鲜为人知的是，意大利也进行了多种尝试，以期达到并保持一个高额基本盈余，进而阻止乃至扭转公共债务的增长趋势。为了阐明这些尝试性的努力，本章分析了意大利中期财政调控计划的动因、设计与实施，所分析的计划涵盖了 1988 年首次形成的非常成熟的方案，到 2005 年发布的计划，也涉及了 2006—2008 年期间的计划，这是最后一个推行未受本轮全球经济金融危机干扰的计划。

　　我们的分析表明，计划的整体表现还是差强人意的：中期目标鲜有实现，即便是真正实现了，也通常是源于意料之外的宏观经济良好发展。不过，这些计划的实施（即使有时仅仅是部分措施），对稳定债务率（尽管是高水平）和满足进入欧元区标准，还是起到了推动作用。意大利迫于压力而履行了计划，但在绝大多数情况下，其政策工具都不是最为理想的，这留下了令人深思的经验与教训。

　　预先概览一下我们的重要发现：

　　■财政结果对计划的偏离，大部分发生在第一年，这反映了对初始财政赤字的低估。在随后的几年，这些偏离很少能够被抵消掉，因为多年期的规划目标似乎总是半途而废——这或许是一个预料之中的缺陷，因为意大利的每届政府平均执政时间仅为 15 个月。①

---

　　① 其中一个因素就是，1988—2000 年间的意大利各届政府执政时间很短，这期间只有罗马诺·普罗迪领导的政府超过 2 年（1996 年 5 月—1998 年 10 月）。而在 2001—2008 年间，西尔维奥·贝卢斯科尼领导的政府蝉联两届（2001—2005 年与 2005—2006 年），由罗马诺·普罗迪再次领导的政府也有两年（2006 年 5 月—2008 年 5 月）。

■ 事后偏离的其他主要因素在于，宏观经济预测方面的误差以及当期基本支出的超支。[①] 反之，收入占 GDP 的比率却表现超常（因此修正了宏观经济预测的误差），这在某种程度上反映了用来部分弥补财政下滑的基于税收的"小预算"（tax-based "mini-budgets"）的实施情况。

就政策内涵而言，前述发现认为，如下领域可以作为优先的改进措施：

■ 避免在财政规划中低估初始赤字，同时强化年度预算的执行，并且针对广义政府而引入统一的财政管理信息系统。

■ 强化支持预算实施的体制框架，并引入如下机制，以保障多年期目标不致被废弃：多年期支出上限；抵消财政下滑的机制，特别是抵消在规划实施早期发生的偏离；独立的财政监管机构等。[②]

本章接下来从以下几方面进行论述。第一部分考察意大利财政规划的简史。之后，我们分析中期财政计划的运行与其结果之间的对比，并界定偏差的主要缘由。接下来的部分，关注一年后计划的实施情况。再往后的部分，探究了以下两个尤为重要的中期财政计划（基于其事前特征而挑选的）的设计与实施：第一个是1994年计划，这一计划所持续的三年期间，引致了欧洲货币联盟（EMU）的诞生，因而具有以满足1997年马斯特里赫特趋同准则为动机的特征；第二个是2002年计划，这一计划全部由一届政府设计并予以实施。[③] 结论部分则总结了本文的主要发现及其政策内涵。

6.2 意大利财政规划框架的变迁简述

20世纪70年代后期之前，意大利政府机构的功能中，根本没有中期财政规划这一项。甚至包括年度预算在实施之前，也少有计划。预算筹备严格按照自下而上的程序，其中整体平衡代表了独立批准的开支决议的结果，而不是对这些决议进行限制。宏观经济规划从意大利共和国诞生之初，就是政策制定者们的常用法宝，[④] 但它常常采用逐个部门的方式，且不能保证宏观经济目标与实现这些目标的方式之间，具有一致性。

这种方法所带来的公共财政管理风险，很大程度上被20世纪50年代和60年代的迅速增长所掩盖了，这一点有助于将政府债务控制在 GDP 的 60% 以下（见图6-1）。然而，在20世纪七十年代，随着经济发展减缓及公共支出迅速攀升（这反

[①] 实际上，这与一些早先的研究是一致的，这些研究突出了在控制现时支出方面的长期困难，这些困难只有在加入欧元区前夕，为满足马斯特里赫特准则而采取的特别行动，才得以暂时克服（参见 Balassone 等，2002，2008；Marino，Momigliano 和 Rizza，2008）。再来看我们分析所涉及的时间段，值得注意的是，在2009年和2010年——这两年正处于由危机所导致的非常情况之中，包括来自金融市场的巨大压力——对支出的控制，比以往都更为有效。
[②] 关于在欧洲货币联盟成员国中生效的财政制度之综合性概观，以及对这些制度在预算结果中所产生的影响评估，详见 Ayusoi-Casals 等（2008）。
[③] 同样是由贝卢斯科尼政府出台的2001年《经济与财政规划文件》，在其政府上台后仅几周之内，就仓促实施了，其对公共财政的真实状况，还有着极大的不确定性。
[④] 第一份宏观经济计划是"意大利长期经济规划：1948—1949年至1952—1953年"（又称"Tremelloni Plan"），是伴随1948年"欧洲复兴计划"（或称"马歇尔计划"）所设计的。

映了为拓展教育、卫生保健和社会保障方面的公共干预覆盖面，所进行改革的滞后影响；参见 Franco，1993），广义政府赤字迅速膨胀（从 1970 年的不足 4 个 GDP 百分点，上升到 1979 年的几乎 10 个 GDP 百分点；见图 6-2），债务对 GDP 的比率高达 60%。在这样的背景下才逐渐认识到，一方面需要加强宏观经济目标和财政目标之间的联系，另一方面需要推行预算决策。

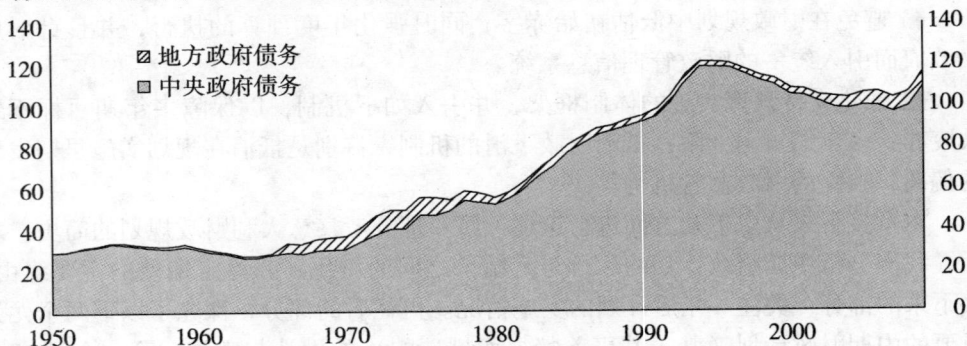

图 6-1　1950—2009 年广义政府债务（以占 GDP 的百分比表示）

Source：Francese and Pace（2008）and Banca d'Italia.

注：广义政府债务就是中央政府债务加上地方政府债务的总和。地方政府债务包括地区、省级、自治市和其他地方政府机构。

一项重要的预算程序改革发生在 1978 年，当时法律第 468 条引入了两种新的财政管理工具：（1）财政法，这是每年都要获得批准的一个法案，用来修正收入和支出法规，使其与《规划与预测报告》中设定的政策保持一致（这一文件的意大利文是 *Relazione Previsionade e Programmatica*，于 20 世纪 60 时代得以引入，主要用以制订下一年度的计划）。（2）起草两个版本的多年期预算，一个版本基于现行法规，另一个基于政府计划。

然而，20 世纪 80 年代末，政府财政赤字占 GDP 的比率激增至 100%。财政法规没能遏制狂飙增长的公共开支：这些开支的批准程序依旧是遵循自下而上的方法，所有开支和税收决策都被采用之后，才最后进行预算平衡目标的投票。结果，议会所批准的赤字比政府最初提议的数额高出许多，有时甚至多出一半来（Crescenzi，1997）。而多年期预算的编制仅基于当前的法规，预算之外年份的数字，并不代表着对年度预算之内目标选择的限制。

为了重新掌控公共财政，以 1988 年法案第 362 条为背景，预算程序的第二次改革又得以启动，其内容如下：（1）引入《经济与财政规划文件》（英文简写为 EFPD，意大利文是 *Documento di Programmazione Economico-Finanziaria*），于每年 5 月 15 日之前提交给议会，内容包含未来三年政府对公共财政的预测与目标及其潜在的宏观经济假设；（2）要求任何立法提案需附带一份其对公共财政影响的量化报告；（3）有效地延展到财政法律层面，亦即宪法条款禁止新法规的赤字财政

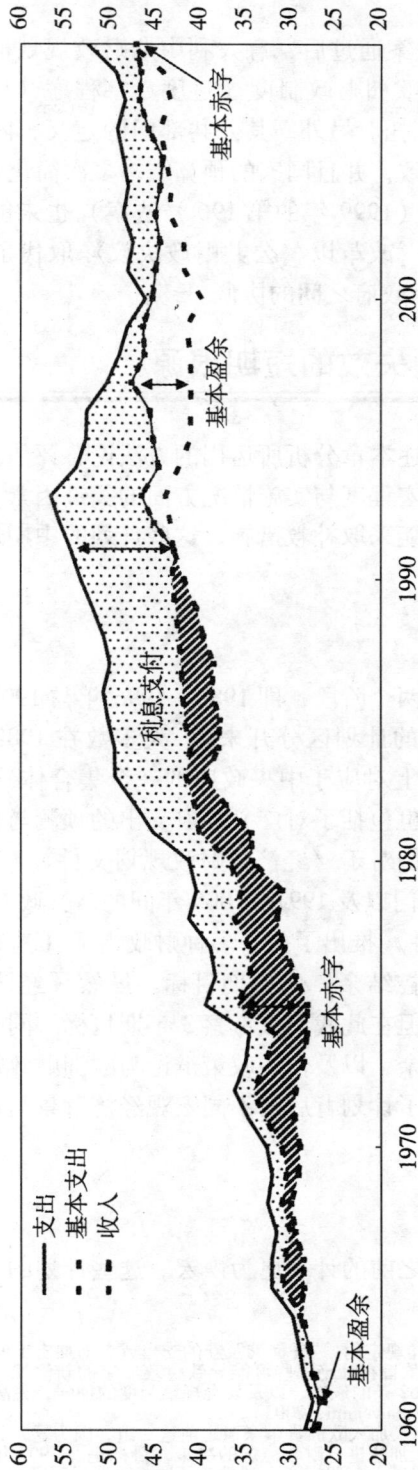

图 6-2　1960—2009 年收入、支出和财政平衡（以占 GDP 的百分比表示）

（第 81 条）。①

自 1988 年第 362 号法案通过后，意大利中期财政规划框架一直没有根本性的改变，但财政目标已经在欧洲财政制度（过度赤字程序（EDP）及稳定与增长公约（SGP））中找到外部依托。另外，其公共部门的定义，随着时间的推移，演变为与欧盟所规定的保持一致，并且国家的预算结构多次简化而提高了效率。话又说回来，即便是最近的改革（1999 年的第 196 号法案）也未能改变意大利公共财政管理的基本特征，尽管这一改革以《公共财政决议》取代了《经济与财政规划文件》，也更多地关注了各级政府之间的协调。

6.3　中期财政规划失效的短期根源

在本部分中，我们概述本章分析所运用的方法论，评估关于欧洲货币联盟成立前及成立后那些计划的恢宏程度与实施情况方面的关键因素，并力图表明，由于财政记录和监管不力以及未能采取补救措施，这些计划的中期运行疲软，有其短期性根源。

6.3.1　方法论

我们的分析将划分为两个阶段，即 1988—1996 年与 1997—2005 年，这样就能将加入欧洲货币联盟前后的计划区分开来。② 大多数在 1988—1996 年间草拟的计划关系到国家部门（大体上对应于中央政府的一个集合体）。然而，自 20 世纪 90 年代中期以来，官方文件也包括了对广义政府支出的预测与目标，同时涉及到欧洲财政规划框架。那么，我们对于《经济与财政规划文件》（EFPDs）的分析，涉及 1988—1996 年间的国家部门以及 1997—2005 年间的广义政府支出。

《经济与财政规划文件》推出了关于多种财政指标（基本结余、总结余、总债务，还有近期的周期性调控结余）的中期目标。虽然《经济与财政规划文件》也制订了更为长远的计划，但在此我们仅考察 3 年期目标。同时，我们也关注由政策制定者直接掌控的基本结余，以及作为政策辩论与欧洲财政规划框架主要指标的总结余。此外，我们也考察了计划背后的不同宏观经济背景与计划结果之间的差异所带来的财政影响。

6.3.2　基本情况

在欧洲货币联盟成立之前的计划更为恢宏。这些计划的目标是，在 3 年内将基

---

① 意大利宪法第 81 款是这样规定的："任何涉及新的支出或者增加支出的（……）法律，必须规定支付这些支出的具体办法。"这一条款旨在杜绝那些可能导致财政赤字的新法规，但长期以来，这一条款并没有得到有效的执行。随着法律第 362 条的颁布，以及议会规章制度的加强，宪法第 81 款具有了更为有效的约束力，虽然还不算十全十美（参见 Salvemini，2003）。

② 1996 年出台的计划，被归入加入欧洲货币联盟之前这一组，因为这一计划的主要目标，是达到马斯特里赫特准则。1996 年秋，做出了加速进行财政稳定的决策，目标是在 1997 年将赤字控制在 GDP 的 3% 之下。1997 年出台的计划，在很大程度上，假定意大利具备了加入欧洲货币联盟的资格。

本结余平均提升至 GDP 的 2.7%，而在欧洲货币联盟成立之后的计划中，这一数字只有 0.8%。其总结余的提升目标平均为 GDP 的 4%，而欧盟货币联盟成立之后的计划中，这一数字是 1.5%。

将 1988—1996 年计划的基本结余目标，与其结果相比较，这样就还原出一个混合的情形。大约有一半的 3 年期基本结余目标得以实现，而且目标与结果之间的差额为 GDP 的 0.5%，这一差额相对于原计划的提升目标值而言，是个比较小的额度。然而，对于总结余，其成绩就不是那么令人满意了。在 1994—1996 年间设定的目标，只有 1/3 得以实现。平均而言，实际赤字超出目标值 1.4 个 GDP 百分点[①]（见图 6-3）。

1997—2005 年间的计划表现得要糟糕得多。尽管 3 年期的基本结余和总结余目标都不是特别恢宏（部分原因在于其最初的财政赤字低于《马斯特里赫特条约》之前的水平），但是基本结余目标只有一次得以实现，总结余目标也只有两次得以实现。平均而言，基本结余与总结余的结果，分别低于目标值 GDP 的 2.7% 与 2%（见图 6-4）。这一期间的大部分时间基本结余都处于恶化状态；由于意大利的基本结余几乎在整个时期均处于恶化状态，来自于低利率的"EMU 股息"被耗尽了。

与计划不符所发生的时机，在此时得以显现。在欧洲货币联盟之前的计划中，在起初两年，基本结余和总结余的结果，平均而言是与目标相一致的，而在第三年则出现偏移。然而，结果与规划（1991 年和 1992 年的《经济与财政规划文件》）之间存在最大偏差的那些计划，恰恰表明对初始财政状况的乐观估计，而且这些计划在第一年就遭遇了预算执行上的困难。这些缺陷在之后的计划中，也同样体现出来：在 1998 年以后，对于初始财政状况予以的乐观评估以及随后 3 年中历年均出现的滑移，都或多或少地造成了最后的偏差。当然，计划的第一年就已造成了一半的偏差（详见图 6-5）。

6.3.3　进一步探析计划表现不佳的根源

如果采取了补偿性财政行动，那么正确评定初始财政形势的困难，以及计划第一年的预算实施困难，对于中期财政目标的影响都将是有限的。然而，缺乏的正是这种反馈机制：在第 t 年为第 $t+1$ 年（由所计划的对总结余提升，来加以衡量）所计划的财政行动，与第 t 年的总结余（在同一年评定），和在第 $t-1$ 年为第 t 年设定目标间的缺口，并不呈正相关性。事实上，当发现偏移之时（样本计划的 1/3 都具有这种情形），这种相关性程度较高，而且有错误迹象，意味着偏移越大，未来年份年计划的行动恢宏度就越小。在这种情况下，在第 t 年为第 $t+1$ 年所计划的行动，也小于在第 $t-1$ 年为同一年（第 $t+1$ 年）所计划的行动。

[①]　1994 年出台的《经济与财政规划文件》中，所计划的 1997 年实际情况，被用来评估是否符合马斯特里赫特准则，因为这一原因而把 1994 年出台的这一计划排除的话，那么平均偏移幅度为 GDP 的 2%，大约是原计划改善目标的一半（见图 6-3）。

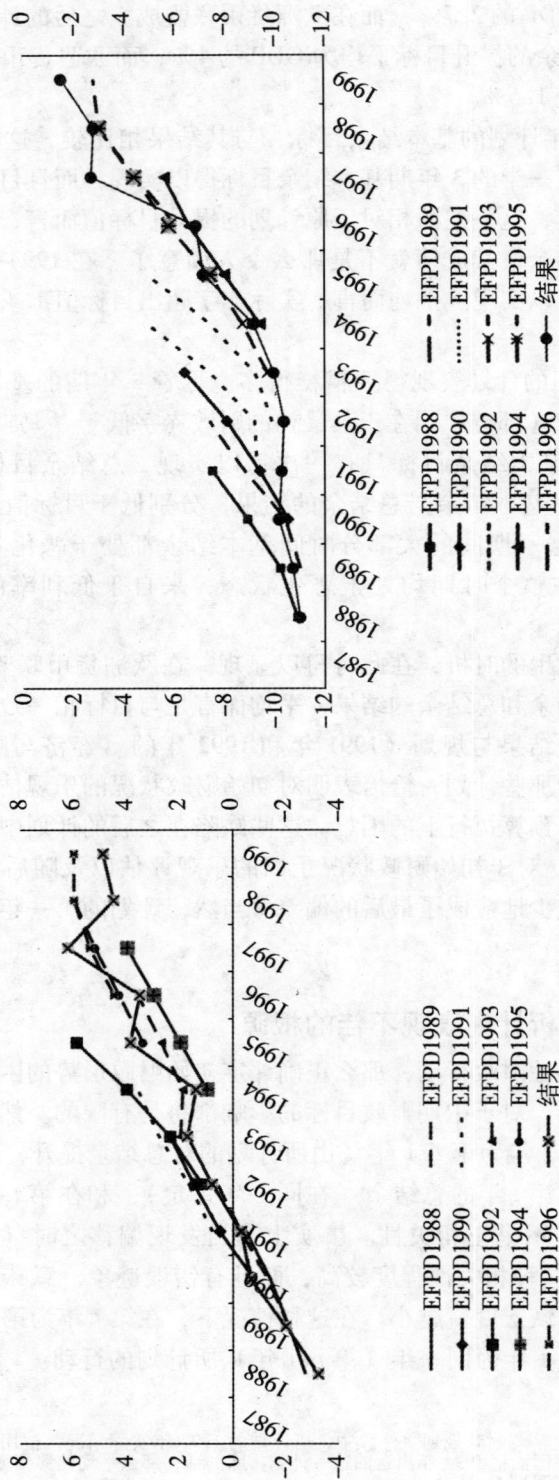

图 6—3 欧洲货币联盟成立前的目标（按年份）与结果（以占 GDP 的百分比表示；国家部门；左图：基本结余；右图：总结余）

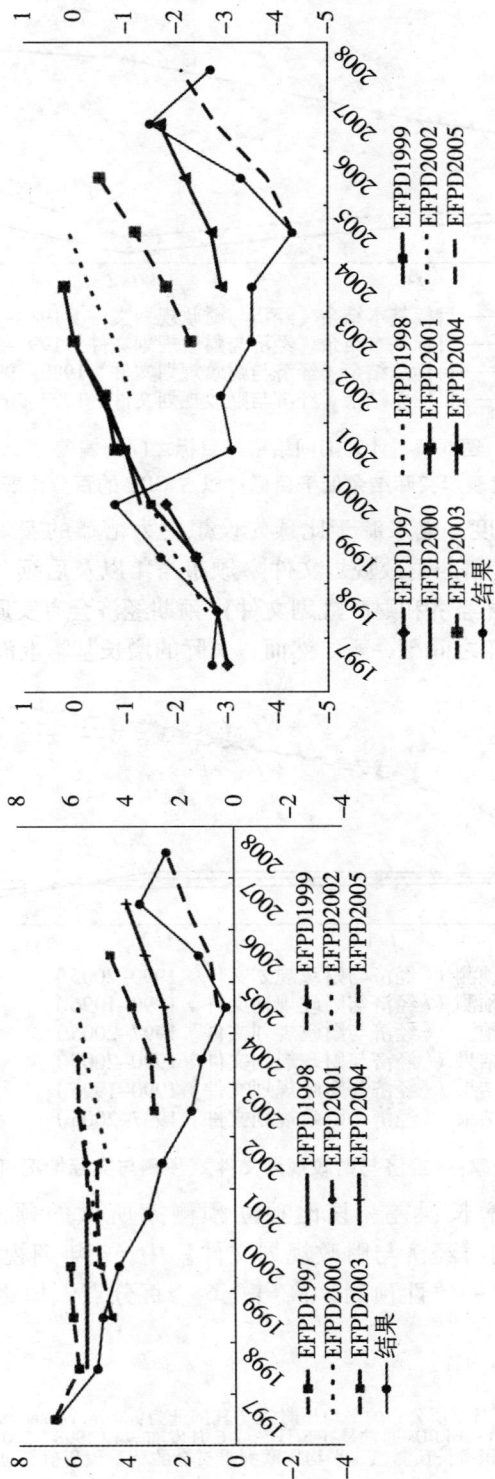

图 6-4　加入欧洲货币联盟后的目标（按年份）与结果（以 GDP 的百分比表示；广义行政支出；左图：基本结余；右图：总结余）

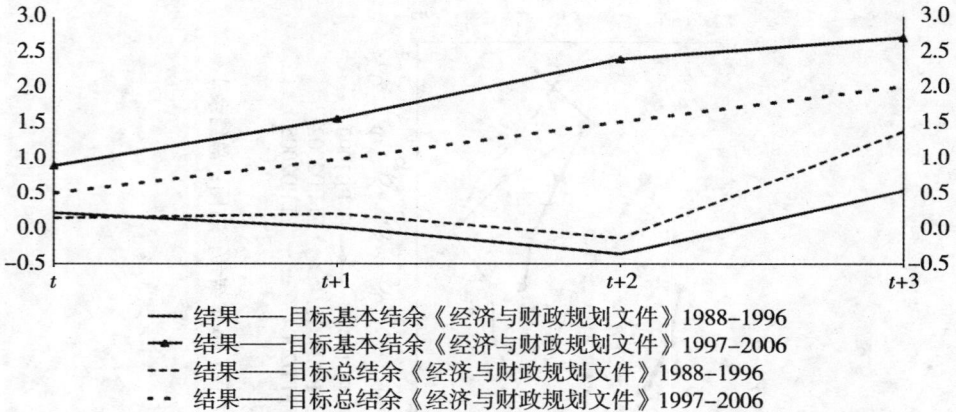

图 6-5 计划期间结果与目标之间的偏差
（正值就表示实际结余低于目标：以占 GDP 的百分比表示）

实现财政目标的难度，也来源于比预先设想更为糟糕的宏观经济现实。图 6-6 对 GDP 增长预测和《经济与财政规划文件》颁布当年以及后续 3 年的实际结果，进行了比较。平均来看，《经济和财政规划文件》预期经济会有实质性的加速增长，其增长率会在 t 年和 $t+3$ 年之间翻一番。然而，实际的增长基本上没有什么变化。

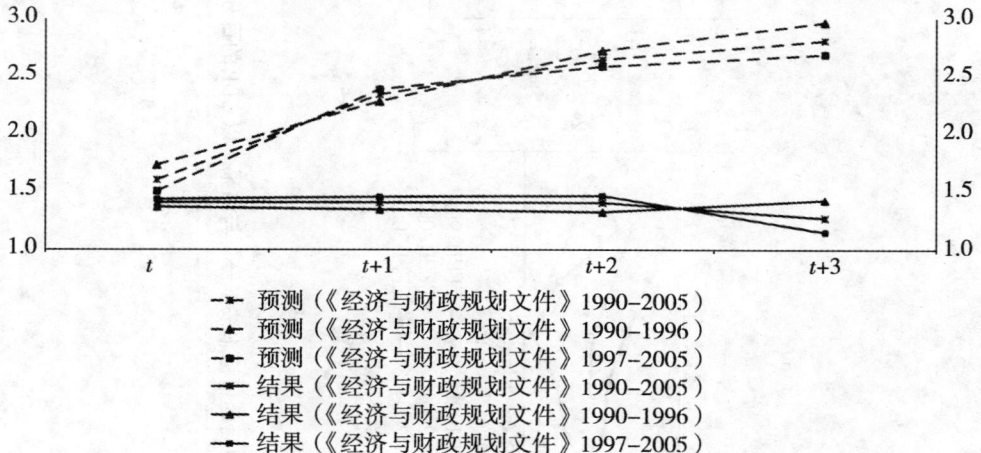

图 6-6 增长率：《经济与财政规划文件》预测与实际情况（百分比）

当然，所设想的增长误差，只比独立预测家所做的预测稍大一点儿。在 1990—2005 年时间段的《经济与财政规划文件》中，3 年期视野下的累计增长预测值，平均而言，比《一致性预测》高出 0.6 个百分点，却比实际结果高出 3.1 个百分点。①

---

① 在 4 月和 10 月的起算日，所公布的平均预测值（其网址为：www.consensuseconomics.com/download/ G7_ Economic_ Forecasts. htm. ）；EFPDs 通常是在 5 月底或 6 月发布。在 1998—2005 年间，EFPDs 中 $t+1$ 年和 $t+2$ 年这两个时间段内的累积增长预测值，平均比欧洲委员会的秋季预测值高出 0.9 个百分点，相应地，比实际情况高出 1.3 个百分点。

　　如果紧密关注在 $t+3$ 年未能实现总结余目标的那些计划（样本计划中有 1/3 是如此情形），GDP 预测和实际结果之间的总缺口，还要高一些，是 4.5 个百分点。假设预算对产出的半弹性为 0.5，[1] 那么这些 GDP 预测误差就占第 $t+3$ 年财政目标和实际结果之平均差额的 2.25 个 GDP 百分点，也就是占实际偏移量的 80%。

6.4　加入欧盟前后计划设计与运行之叙述

　　这一部分中，我们回到加入欧洲货币联盟前后所制订计划的设计和运行，采用更为叙述性的方式，来深入研究财政调控构成方面的细节问题。

6.4.1　加入欧洲货币联盟之前

　　在这一时期，政策制定者很清楚财政调控的必要性。在开始年份，他们的目标是抑制快速增长的公共债务，并将其视为对经济稳定的威胁，同时把基本赤字作为关键的控制变量（Sartor，1998）。[2] 而 1992 年签署的《马斯特里赫特条约》进一步推动了财政稳定举措：债务占 GDP 的比例要逐步下降，总赤字应削减至低于 GDP 的 3%，这些都是加入欧洲货币联盟所必须具备的条件。

　　1988—1996 年期间，为国家部门所设定的在第 $t+3$ 年基本平衡目标，有 5 次都呈现大幅度的偏离（详见图 6-7）。有 3 个案例的实际结果比目标稍微好一些。而在实行马斯特里赫特条件（Maastricht qualification）的 1997 年，实际的基本盈余额度较原计划更大。

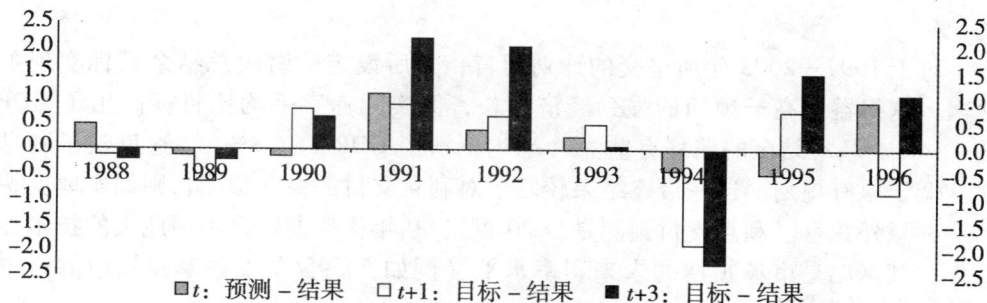

图 6-7　国家部门的基本结余：目标与结果之间的差额（以占 GDP 的百分比表示）

　　就总结余而言，计划之运行存在两个截然不同的时期：1988—1993 年之间的目标被大幅度偏离，而 1994—1996 年的实际结果，则好于规划目标。1988—1993 年间的总结余偏移，平均大于基本结余滑移，这是因为实际利息付款大于原计划的

---

　　① 预算对产出的半弹性，衡量的是由实际 GDP 的 1% 变化，所导致的预算结余变化量。经济合作与发展组织（OECD）和欧洲委员会的估算，以及我们自己的估算（依据 Bouthevillain 等（2001）所描述的方法），将意大利预算对产出的半弹性，设定为近 0.5。
　　② 正如前财政部长朱利亚诺·阿马托在 1998 年所指出的，"我们已经实现了将意大利经济从通胀危害中复苏这一使命。现在还有另外一项任务，那就是把意大利经济从公共债务中解救出来"（Amato，1990，48 页）。

预测。而在 1994—1996 年之间，实际利息付款低于原有预测，平均来看，有助于改善财政运行情况，并使之优于原有目标。

在上述时期内，基本结余处于改善趋势，但在该时期的最初阶段，实际结果低于计划目标，进而影响了财政总结余的实现：1999 年的基本结余，比 1992 年 EFPD 中为 1995 年设定的目标，低了 1.5 个 GDP 百分点。而且，1992—1997 年间的财政稳定行动，虽然在稳定公共债务与确保加入欧洲货币联盟方面取得了成功，但却遗留了难题：这次财政稳定行动，严重依赖于税收增长与资本支出的削减（Balassone 等，2002；Degni 等，2001；Marino，Momigliano & Rizza，2008）。因而，加入欧洲货币联盟之后的计划，旨在减轻税负和提升公共投资，同时实现预算平衡的目标。

6.4.2 加入欧洲货币联盟后

在这一段时期，计划逐渐变得不再恢宏。最初，所计划的目标，与 1998 年 3 月在财经事务委员会（ECOFIN）中所做的承诺是保持一致的，即保证基本结余等于或高于 GDP 的 5%。[①] 这一目标的基本依据是，迅速把债务率降至 GDP 的 60%，这是欧洲协议所定的门槛。后来，《经济与财政规划文件》（EFPDs）突出了稳定与增长公约（SGP）所设定的目标，即在中期使得预算形势接近平衡或者出现盈余（这大体上与早先提出的基本结余承诺相一致）。这些计划通常设定，这些目标能在所预测的时间范围末期（甚或更晚的时间）得以实现。实际上，在这一时期主要予以优先考虑的事项，则是保证广义政府赤字低于 GDP 的 3%。

对于 1997—2005 年所呈交的计划而言，其所设定的财政总结余目标实现了两次，这得益于高于预期的强劲经济增长，但实际赤字平均比目标高出了 GDP 的 2.2%。基本结余的偏移有些大（平均下滑了 GDP 的 2.8%），这反映了利息付款低于原有规划。这一最终结果较之于对利息支付的保守预测，则如实地反映了一种意外惊喜。利息支付预测是自 20 世纪 90 年代后期以来一项庞大的技术性工作，其基础是市场预期的未来利率水平（例如，隐含在收益率曲线中的推进速度）。

除了 1999 年这一例外，其他计划总是乐观地对待计划起草那年的财政发展，并带着这种乐观而开始启动（见图 6-8）。这样就常常产生很大的出入：计划起草那年所规划的基本结余，平均比实际结果高出 0.9 个 GDP 百分点。如此一来，就清晰地浮现出一种模式：1998—2004 年之间对计划的偏离，很大一部分是发生在第一年，而这应归结于当年对后续年份的预算估测不准，以及执行乏力。其后的计划意识到了偏移，但却没有努力在随后的年份中为这些失误做出弥补：图 6-4 的曲线呈下滑状态，但并不急剧；事实上，这些曲线常常是平直的。

---

① 1998 年 3 月 22 日，《晚邮报》中一篇题为"意大利关于单一货币的六项承诺"的文章。

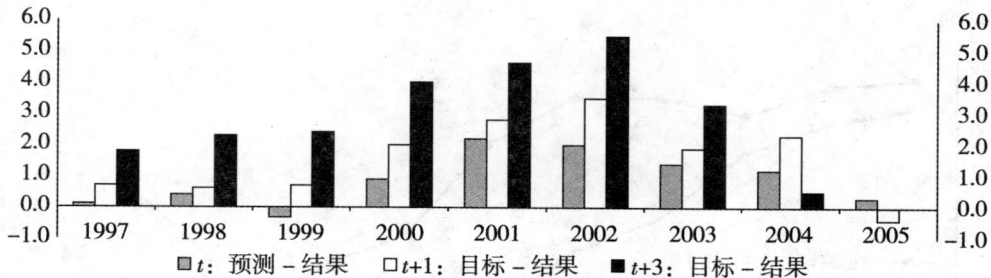

图 6-8 广义政府的基本结余：目标与结果的差额（以 GDP 的百分比表示）

针对财政平衡产生的暂时性影响（1995—2006 年之间，平均有 1 个 GDP 百分点）所采取的措施，经常是采用形式上的方式来执行欧盟的财政制度，不会为了更持久的调整，而引发经济和政治上的代价（Momigliano 和 Rizza，2007）。这些措施包括各种税收豁免（特别值得注意的是，在 2003 年所采用的措施，使得收入增加了 GDP 的 1.3%），以及其他基于企业和个人资产一次性评估的降低税率的预付税。

6.5 来年计划的实施情况

前述分析表明，相对于中期目标的偏移，很大一部分发生在财政计划的第一年。在本部分中，将对 1998—2008 年之间的这种现象加以进一步分析，所采用的分析手段是，按照当年最后的财政报告——《规划和预测报告》（PFR，11 月版），将实际结果与来年的目标进行比较。

较之于采用 EFPDs，基于 PFRs 的分析具有如下两种优势：

■ PFRs 提供了一整套的财政变量，将 9 月末上交给国会的来年预算也纳入了考虑范围。这一具体信息在 EFPDs 中则很少被提及，因为 EFPDs 通常只为基本结余与总结余设定目标，以及为要实施的财政调控规模提供相关信息。

■ 相对于 EFPDs 而言，PFRs 包含最新的财政和宏观经济规划。这与那些比较常见实例之间的关联性，尤为突出。在那些实例中，年中预算是在夏季通过，而 EFPDs 在此之前已经出台了。

图 6-9 表示了在 $t-1$ 年为 t 年设定的基本平衡目标，同时也表示了在 $t+1$ 年核算的结果与最新公布的统计性结果。表示这两种结果的（$t+1$ 年与最终）曲线之间的差距，表明了在第一次实际数据发布后所做的数据修订的相关性，其中在 2000—2004 年的数据修订相关性，尤为显著。[1] 平均来看，在 $t-1$ 年设定的基本结

---

① 我们调整了数据，以便突出那些可能影响目标与实际结果之比较的一次性因素。所做调整主要有以下三个：2000 年通用移动通信服务（UMTS）许可所带来的收入；铁路公司债务的免除，以及欧洲法院关于增值税决定的影响，后二者皆发生于 2006 年。

余目标，比 $t+1$ 年核算的结果，高出 GDP 的 0.8%，而比最终统计的结果高出 1%。[①]

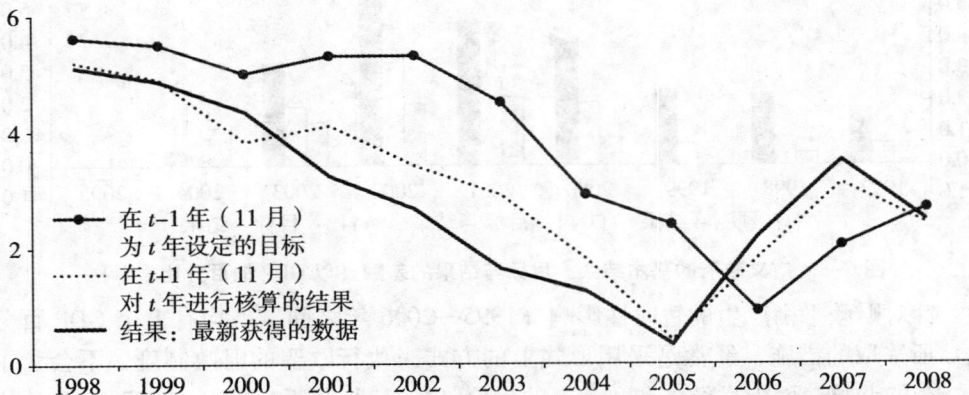

图 6-9　基本结余（以占 GDP 的百分比表示）

　　如果排除因为对初始形势的错误估计所产生的基本效应，而只考虑基本结余的变动，那么目标与结果之间的缺口，就降至 GDP 的 0.6%：平均来看，政府对基本结余的改进目标（在 $t-1$ 年）设定为 GDP 的 0.3%，而最新获取的数据却表明是 0.3% 的恶化。这一最终结果，源自支出对 GDP 的比率，比原计划增加了 0.8 个百分点，而收入对 GDP 的比率，比原计划只高出 0.2 个百分点。

　　名义 GDP 的预测误差，对目标支出与实际支出比重的缺口，有小幅影响。在 1998—2008 年间，名义 GDP 平均比原计划低 0.4 个百分点。粗略地假设，短期内基本支出独立于价格与实体宏观经济的发展，那么如果 GDP 与预测一致，支出比例的偏移值，就会等于 0.6 个 GDP 百分点。

　　因此，1998 年至 2008 年的偏移，很大程度是由名义基本支出的动态变化所决定的。除去 2002 年和 2008 年，其他年份的基本开支的年度增长总是大于前一年的计划目标。[②] 在这一时期，基本支出的名义增长平均为 4.5%，而计划中的目标增长只有 3%。绝大多数的支出偏移来自现时的必要基本开支。

　　收入情况好于原有预期的情形，与包含提高收入的年中预算（通常在夏季通过）之间存在部分关联，而这种情形并没有被列入 $t-1$ 年所做的预测。这一因素平均相当于 GDP 的 0.1%。而另一种可能的解释是，GDP 并非是规划收入的完美指标：税收预测更多地与主要税基更具替代性的动态因素相关联（比如，对消费的间接征税，以及劳动者收入在社会保障税中的份额）。通常而言，对于上述这些变

---

　　① 两组比较数据中，哪组具有相关性，需要进行逐案分析，因为这取决于在 $t+1$ 年之后对 t 年数据的修订，是统计制度意外变化的结果，还是统计权力机构对弄虚作假的反应。这两个因素在此期间均起到重要作用。一方面，在欧洲货币联盟成立之后，欧洲财政制度所参照的统计协议，由 1975 年版的欧洲会计系统（ESA）版本变为 1995 年版，而且欧盟统计局发布了关于该协议条款的解释明细。另一方面，关于好几个欧盟成员国弄虚作假的证据，已被以下人员发现：Milesi-Ferretti（2003），Milesi-Ferretti 和 Moriyama（2004），Von Hagen 和 Wolff（2004），Koen 和 van den Noord（2005），以及 Balassone，Franco，以及 Zotteri（2006，2006）。
　　② 2002 年低于预测的基本开支，源自于公共房地产的出售，但这一出售并不在原计划范围内，并被作为消极支出来加以考虑的。

量的预测误差，小于其他 GDP 构成中易变的部分（如净出口）。

但是，我们的结论也显示出了收入预测中的保守与谨慎，甚至显示出了政治性的经济动机，因为税负是一个具有政治敏感性的指标，政府会优先减免税负，这一情形在我们所分析的年份中尤为突出。我们的证据与 Buettner 和 Kauder（2010）的发现是一致的，他们通过把 12 个经济合作与发展组织（OECD）成员国作为一个专门组合，进行了抑制 GDP 预测误差的回归分析，从中发现意大利是唯一的一个在收入预测中具有显著统计误差（可信度为 5%）的国家，其收入预测值系统性地低于实际值。

6.6　两个重要计划的详尽分析

我们选择了两份 EFPDs 进行深入分析。在题为"中期财政规划失效的短期缘由"的部分中，我们确认了两个次级时间段，我们在此所选择的两份 EFPDs 就出自这两个次级时间段。第一份出台于 1994 年，涵盖时间为 3 年，其间促成了欧洲货币联盟的诞生，因而这份 EFPD 的明显特征，就是具有达成目标最为强烈的动机。第二份是 2002 年的 EFPD，其制定与实施均由同一届政府完成（即 2001—2005 年的贝卢斯科尼政府）。选择这份计划是为了排除政府更迭这一情况，因为政府更迭可能会削弱财政计划的实施。

6.6.1　1994 年规划：为加入欧洲货币联盟创造合格条件

1994 年 EFPD 的序言部分，首先就强调了意大利距离加入欧洲货币联盟所需的财政标准有多远。该文件提供了为国家部门以及更为广泛的公共部门所制定的财政目标的详细图表。① 它把这两个部门的基本结余改善幅度设定为 GDP 的 3%（几乎全部源于支出的降低），尽管这突破了 GDP 的 1% 的付息债券减幅，但依然使得1997 年的总结余为 GDP 的 6%，大大高于加入欧元区的门槛（见表 6-1）。在本节的后文，我们关注公共部门，从直面 1994 年变动的角度，来论述计划目标，以避免基数效应的影响。这份计划的财政目标是以宏观经济环境为基础的，其中在1995 年实际 GDP 增长会急剧上升，而且在 1996 年与 1997 年居高不下（还略微加速）（见表 6-2）。

图 6-10（a）对比了 1994 年 EFPD 中 3 年期的主要财政总量的预测值与实际值之间的缺口。从中可以看出，总结余较之于最初预测的情况具有显著的改善。虽然付息债券减幅大于预期也起了作用，但基本结余提高的幅度为 GDP 的 5%，优于原计划中 3% 的提高幅度。然而，与计划相反的是，调控成果完全体现在收入方面。

---

① 在 1994 年的 EFPD 中，没有提及广义政府。意大利当时所采用的"公共部门"定义，接近于广义政府（包括地方政府和社会保障机构）的定义，但范围会更广一些（还包括了一些国有企业）。

表6-1　1994 年 EFPD 的主要财政目标与实际结果（公共部门，以占 GDP 的百分比表示）

	1994		1995		1996		1997	
	目标	结算	目标	结算	目标	结算	目标	结算
借款需求	10.2	9.6	8.6	7.3	7.2	6.9	6.1	3.1
利息支出	10.7	10.8	10.3	11.1	9.9	10.6	9.8	9.3
基本借款需求	−0.5	−1.2	−1.7	−3.8	−2.7	−3.7	−3.7	−6.2
基本支出	45.7	44.3	44.4	41.9	43.1	44.7	42.0	44.5
收入	46.1	45.5	46.1	45.8	45.7	48.4	45.6	50.8
债务	127.6	128.5	128.5	127.8	128.2	124.2	126.6	118.5

表6-2　　　　　　　1994 年 EFPD 的 GDP 增长预测与实际结果

	1995		1996		1997		累积增长 1995—1997
	预测	结算	预测	结算	预测	结算	结算−预测
名义	5.5	8.2	5.4	5.7	5.6	4.2	1.7
真实	2.7	3.0	2.8	0.7	3.1	1.5	−3.6

　　上述优于原计划的良好表现，并非是连续努力的结果。在 1995 年，经济增长与财政稳定行动，同原有规划相比，都出现了加速的情况（见图6-10（b））。随后在 1996 年又遭遇了挫折，当时支出的增加，已远不能抵消收入的进一步提升（见图6-10（c））。发生在经济活动滑坡大背景下的这一短时停顿，依然使得实际累计结果好于原计划。最后，在 1997 年向终点发起了最后的冲刺，如愿以偿地加入了欧元区，其本质上依赖的就是，强于原计划的收入增加以及强于原有设想的预算执行力度，尽管实际增长低于原有规划（见图6-10（d））。[①]

　　难以评估的是，宏观经济规划失误对 1994 年 EFPD 执行情况的影响。尽管1995—1997 年期间，实际增长比预期低了 3.6 个百分点，但事实上，名义增长却高了 1.7 个百分点。在多年期的背景下，价格动态变化可以被设定为能对收入和支出产生宽泛影响的首要近似值。因此可以判定，与宏观经济规划相比，实际的动态

---

　　① 关于意大利加入欧洲货币联盟的最后努力情况，参见 Spaventa 和 Chiorazzo（2000）、Degni 等（2001）以及 Balassone 等（2002）。

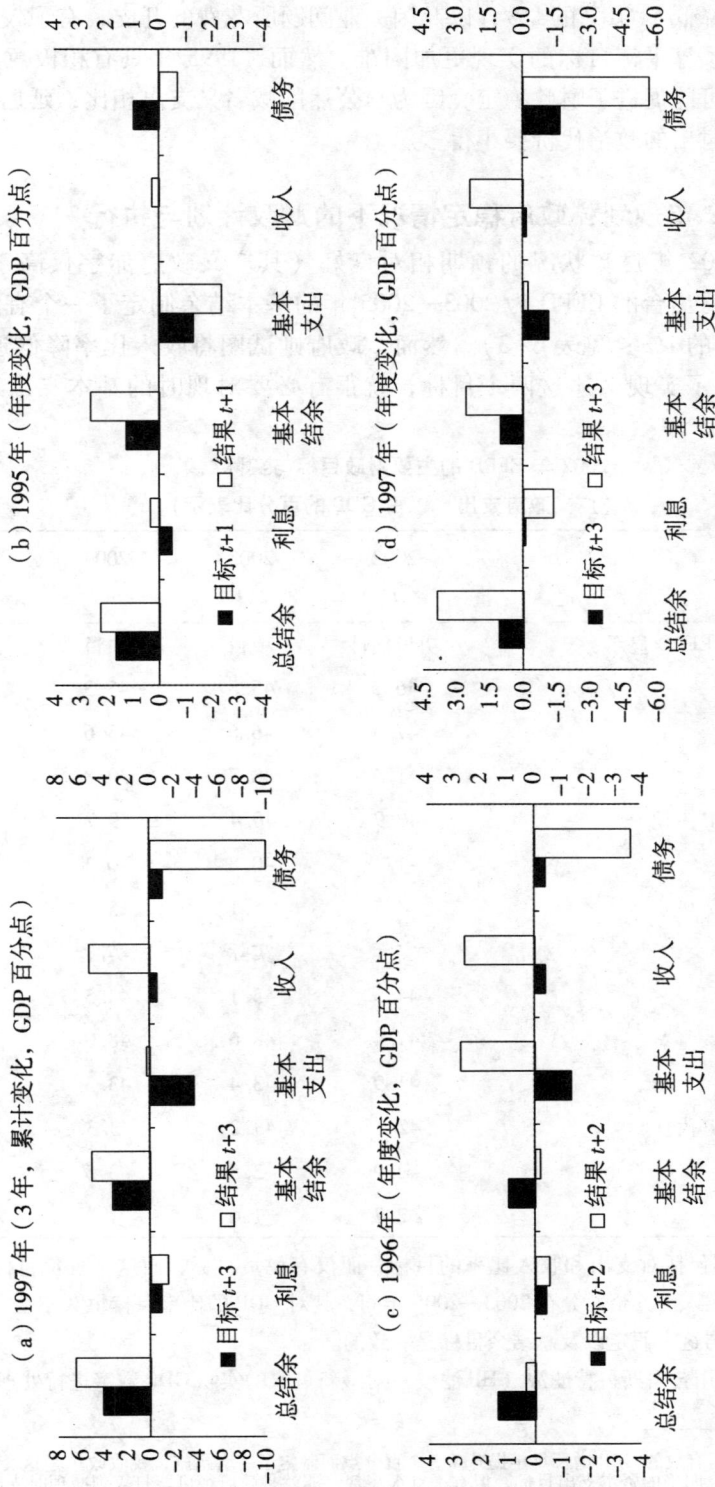

图 6-10　公共部门：1994 年的目标与实际情况（以占 GDP 的百分比表示）

变化，即税收降低了 GDP 的 1%，以及因失业问题所花费的开支，有了较为有限的增加，这使得预算平衡目标的实现更加困难。然而，1995 年具有积极意义的意外通货膨胀，很可能促进了财政稳定，因为与公然削减名义支出相比，延迟高价位对开支的影响所付出的政治代价要小得多。

6.6.2　2002 年规划：政府稳定情况下的财政计划与执行

鉴于对 2002 年财政状况的预期相对良好（其广义政府赤字仅高于 GDP 的 1%），当年 7 月出台的 EFPD 为 2003—2005 年的基本结余制定了一个有限的改善目标（为 GDP 的 1%；见表 6-3）。然而，政府则试图将收入比率降低近 GDP 的 2%。因此，为了实现上述这两个目标，就很有必要对现时的基本支出进行大幅调整。[①]

表 6-3　　　　　　　　　　 **2002 年 EFPD 的主要财政目标与实际结果**

（广义政府支出，以占 GDP 的百分比表示）

	2002 t	2003 $t+1$	2004 $t+2$	2005 $t+3$
Ⅰ. 2002 年 7 月 EFPD 显示	初步估计	项目	项目	项目
收入[a]	46.2	45.8	45.3	44.3
费用	47.3	46.6	45.6	44.2
主要	41.4	40.7	39.8	38.5
主要（潜在 GDP 占比）	40.9	40.4	39.7	38.5
总结余	−1.1	−0.8	−0.3	0.1
基本结余	4.7	5.1	5.5	5.8
Ⅱ. 最终结果	实际	实际	实际	实际
财务实际收入	44.5	45.1	44.5	44.2
费用	47.4	48.6	48.0	48.5
主要	41.9	43.4	43.3	43.9
主要（潜在 GDP 占比）[b]	42.1	43.4	43.3	43.9
总结余	−2.9	−3.5	−3.5	−4.3
基本结余	2.7	1.6	1.2	0.3

[a] 这份计划不包括对支出和收入比率的目标，而仅有税负目标，而这一税负目标占收入的 92%。我们假定收入的其余部分在 2003—2005 年间，其对 GDP 的比率保持恒久不变，同时，我们推算支出比率与这一假定以及总结余目标是一致的。

[b] 这里的计算用普雷斯科特滤波（HP 滤波）对最新可取的实际 GDP 数字进行处理。

[①] 为使潜在而有效的 GDP 增长每年提升 0.5 个百分点而制定了一套措施，税收改革是这套措施中的一部分。计划没有涉及明确的资本支出目标，但有一点很清楚，那就是政府很可能打算削减现时支出。

这一财政战略假设在整个规划期间，实际 GDP 都会快速增长。而这一乐观的方案，和其他大多数的 EFPD 一样，最终都没有成为现实（反之，对于余下的几个计划而言，其对 GDP 平减指数的预测，已被证实是低于实际结果的，见表6-4）。

表6-4   2002 年 EFPD 对 GDP 增长的预测与实际结果（百分比）

	1995		1996		1997		累积增长 1995—1997
	预测	结算	预测	结算	预测	结算	结算-预测
名义	4.8	3.1	4.8	4.2	4.8	2.7	−4.8
真实	2.9	0.0	2.9	1.5	3.0	0.7	−6.9

这一 EFPD 设定 2005 年的财政结余目标为 GDP 的 0.1%，而实际结果却是赤字达到了 GDP 的 4.3%。其中超过 1/3 的差额可归结于巨大的基数效应：2002 年的实际赤字比 2002 年 EFPD 的估算要糟糕得多，高出了 GDP 的 1.8%。

如果我们聚焦于（要排除基数效应）这些变化，那么 2005 年的赤字增加了 GDP 的 1.4%，其实际结果与计划预期相差了 GDP 的 2.6%。这一缺口反映了基本支出的大幅偏移：原计划基本支出对 GDP 的比率能回落 2.9 个百分点，但实际却上升了 2 个百分点（见图6-11）。如果我们排除由实际 GDP 的实际值（比 EFPD 中所规划的低）所造成的"分母效应"，那么这一偏移会减少一半，但依然是一个很大的幅度。基本开支超额所带来的影响，被以下两种情况部分抵消：一方面利息支付比原有规划迅速回落，另一方面收入比率的降幅，远少于规划预测。2002 年 EFPD 中规划的个人所得税改革，在 2003 年与 2005 年得到了部分落实，但其影响力却被财政拖累（所得税税级从过去一直到现在都没有与通胀挂钩），被其他收入的小幅增长抵消了。

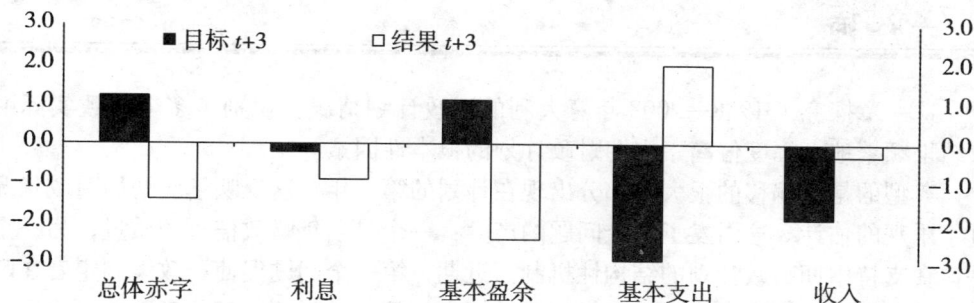

图6-11 2002 年 EFPD 规划目标与实际结果（在 GDP 的百分比中的变化）

1/3 以上的偏移（以总结余水平而言），在计划开展后的第一年就已经很明显了，当时，2003 年 7 月的 EFPD，对 2002 年的赤字进行了重新评估，估算结果是高达 GDP 的 2.3%，并推算出这一数值在 2003 年保持不变。新的 EFPD 也指出，2003 年的 GDP 增长相当疲软。在这样的背景下，为配合对欧洲财政制度的遵守，2003 年 EFPD 设定了最小的目标，亦即在总结余上，只有 0.5% 的结构性改进额度。

类似的情况发生在2004年：期间发生了更大幅度的偏移（2004年的赤字评估值为GDP的2.9%），但2004年的EFPD，却对2005年的财政稳定设定了有限的目标，其目标赤字为GDP的2.7%（排除周期性与临时措施的影响，其结构性改进额度为GDP的0.4%）。

6.6.3　两个计划的主要经验教训

从准确估算初期财政形势的意义来讲，立足于稳定扎实的基础来启动计划，才是问题的关键。在1997年所取得的成效，也归功于1994年非比寻常的良好运行（与计划的初始规划相比较）。而2005年的失败，虽然不是全部，但很大程度上归结于巨大的"基数效应"（2002年的实际赤字为GDP的2.9%，比2002年EFPD所做的估算高出了1.8个百分点）。

执政时间长的政府，未必比执政时间短的政府表现优异，至少在宏观经济环境比原有预测更为不利（2003—2005年的GDP累积增长率为2.2%，而1995—1997年则为5.2%），甚或更为差劲的情况下，均是如此。

承诺对于财政运行情况非常重要，甚至在没有多年期计划的情况下，也是如此。1996年要加入欧洲货币联盟的决策，使得当年的财政运行迅速好转，与1994年计划形成了鲜明对比。然而，1996—1997年这一区间表明，当时间紧迫时，财政稳定行动不得不严重依赖增加税收，在控制开支的能力软弱的情况下，更是如此。

最后，虽然这些计划在多年期视野下的效用难以评估，但价格变化所带来的巨大惊喜（比如1995年的通胀），可能至少会暂时促进政府致力于财政稳定行动。

6.7　结语

这一章探究了1988—2008年意大利的财政计划情况，识别了多个导致实际财政结果频繁地大幅度偏离于中期财政计划的根本性因素。

典型的是，偏移的很大一部分出现在计划的第一年，这反映了对初始财政状况过于乐观的估计。这引发了两个问题的产生：一个是当年财政信息的质量，另一个是旨在支持中期财政计划的结构性机制。近期，第一个问题促使了政策制定者在政府范围内推行统一的核算标准，并且还计划实施统一的财政管理信息系统，而后者是意大利近期财政框架改革（2009年颁布的第196号法案）的主要目标。虽然呈现实质性改善尚需假以时日，但这似乎是一个主要的技术性因素，使得更好的数据库与信息系统能发挥重要作用。

第二个问题（即缺乏保证第一年发生的偏移能在后续年份弥补的结构性机制）似乎反映的是更为宽泛的政治因素。政府的频繁更迭，可能在这里扮演了重要角色，但正如本章指出的，这一问题甚至在样本计划中的那一届稳定政府的统治下，也有同样的相关性。诚然，这个问题在一定程度上反映了欧洲财政法规与目标自身存在更为普遍的松弛，并不是意大利所独有的，在 2005 年的《稳定与增长公约》（SGP）修订时，已试图对此进行处理。为了保证过去的偏移不被忽视，可以考虑建立一个合理的全国性体制，例如引入一种自动机制，使得在中期计划实施过程中，早期发生的任何偏移都能在随后的年份予以弥补。[①]

由于绝大多数的偏移都来自于开支超额，因而引入支出上限，并使其与前述同总结余相关的调控机制相联系，这可能有助于缩小财政规划与实际情况之间的缺口。[②] 为此，引入独立的管理当局，来评估年度预算方案与中期目标之间的一致性，这会有助于提升公众的政策选择意识，也有助于维持政府的问责能力。[③]

本书所分析的样本，对宏观经济的预测有些乐观。[④] 尽管许多独立观察家已经提供了替代性的宏观经济预测，但在乐观的宏观经济预测方面，上文提及的独立管理当局也还是能发挥作用的，因为本章所发现的证据表明，消极意义的意外增长，对独立观察家而言，很大程度上的确是出于意料之外而难以掌控的。

就实际结果好于原计划的意义而言，好消息经常来自于收入方面。作为对 GDP 的比率（这些比率很大程度上不受宏观经济预测失误的影响），收入的表现经常好于计划。然而，强劲的收入表现，往往代表着对超额支出的弥补。在 1996—1997 年间，收入的非计划性增长，使得意大利具备了加入欧洲货币联盟的资格。在接下来的 10 年间，税负大体上保持稳定，尽管事实上所有计划的目标都是削减税负。其结果是，强烈要求的精简政府规模与削减税收负担，未能变成事实，最终的原因还是在于支出方面的消极性意外（超额支出）。

最近，欧洲各国当局达成共识：从当前危机中所吸取的一个重要教训就是，需要改善各成员国的国内财政框架。为此，它们制定了一系列最低条件，涉及的范围包括：会计、统计与预测等各方面事宜，计量制度，中期预算框架以及公共财政的综合保障。同时，它们也设计了针对国内财政框架的定期评估，以及成员国之间的相互监督，用以评价其他必要的（虽然不具有约束力的）特定条件。[⑤] 我们的分析彰显了国内财政框架的重要性，也表明意大利可从遵循全欧达成共识的指标中，获取实质性收益。

6.8 致谢

在此，我们对编辑的大力支持与建议致以诚挚的谢意！我们也要感谢大卫·希

---

① 在德国或瑞士的财政制度体系中，最近所进行的宪法改革中，具有类似的机制；宪法改革很大程度上依凭于财政制度体系。
② 参见 Ljungman（2008），本文引用其中的内容。
③ 关于独立财政机构的作用，参见 Debrun, Hauner 和 Kumar（2007）。Calmfors（2010）论述了瑞典财政政策委员会这一独立财政机构的实际运作情况。
④ 关于政府的宏观财政预测偏差，参见 Milesi-Ferretti 和 Moriyama（2004）和 Jonung 和 Larch（2004, 2006）。
⑤ 参见 Van Rompuy（2010）与欧洲委员会（2010）。

尔德（David Heald）、卢西纳·卢欣扬（Lusine Lusinyan）和里卡多·韦洛索（Ricardo Velloso）十分中肯的意见以及恩里克·波纳米兹（Enrico Bonamici）出色的编排工作。本章所陈述的仅是作者的看法，未必反映意大利银行（Banca d'Italia）的观点。

第 7 章　日本：财政调控计划与宏观经济冲击

高桥敬子（Keiko Takahashi）
德冈喜一（Kiichi Tokuoka）

7.1　引言

作为国内生产总值（GDP）的一部分，日本政府的债务总额在过去的十多年中，是发达经济体中最高的。如图 7-1 所示，自从 20 世纪 70 年代后期以来，日本政府的债务占 GDP 的比率，几乎随着每年公布的基本赤字而稳步上升。用学术文献中的严格标准，来评估财政持续性（依据是，公债的增长是否会导致政策制定者采用提高基本结余的应对措施），就会表明，自 20 世纪 90 年代以来，财政政策并没有持续性，尽管从低利率和雄厚的资金可以看出，投资者实际上对日本的公共财政仍持有信心。[①] 近年来，日本的财政调控努力遭遇了很大的挫折，也未能控制住公债的累加。

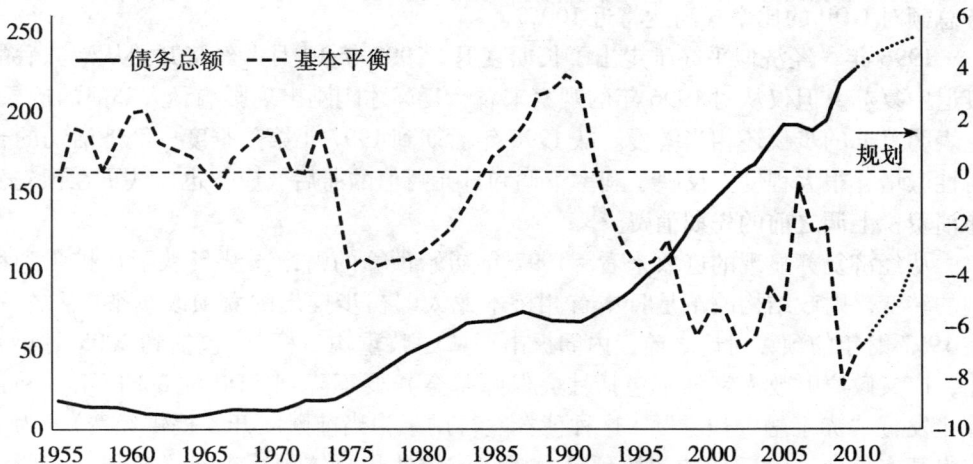

图 7-1　一般性债务总额和基本平衡（以占 GDP 的百分比表示）

Source：Cabinet Office, Japan（data before Fiscal Year（FY）1969 are estimates），and World Economic Outlook（IMF）.

---

① Bohn 推行的方法论（1998）。参见附录 7A 所提供的表述和结果。

本章的目的是考察财政调控在日本未能如期推进的程度及原因，特别关注与原本预期相左的"突发"变化背后的因素。在此基础之上，本章旨在为财政调控计划的设计和实施提供经验和教训，其中包括如何处理突发的（无法避免的）经济变化。

本章的着眼点从确定事前财政调控计划开始，所依据的标准如下：

■ 计划大幅削减财政赤字。

■ 官方公布的财政稳定目标，以及为实现此目标而详尽制订的计划，例如特别立法或者中期财政策略。

■ 多年度调控方案的设想与规划：这些规划能够成为目标路径，并能与实际路径相比较。

在此基础之上，本章主要关注两个事件：（1）1997 年的财政结构改革法案；（2）始于 2002 财年的一系列财政调控密切相关的尝试——2003 年 1 月的中期财政框架，2006 财年《基本政策》（每年的政策指导方针），以及 2007 年 1 月的中期财政框架。①

7.2   1997 年的财政结构改革法案

日本在 20 世纪 90 年代初期的资产价格泡沫破灭后，采行了扩张性财政政策，以支撑经济运行。从 1992 财年到 1995 财年，通过追加预算的方式，共颁布了七整套财政刺激举措。结果，广义政府的财政结余（剔除社会保障基金）从 1990 财年的赤字几近为零，恶化到 1995 财年和 1996 财年的 7 个 GDP 百分点，1996 年末债务总额对 GDP 的比率，高达将近 100%。

1996 年，经济似乎终于走出了长期衰退。1993 年 10 月，经济开始从泡沫后的衰退中复苏，但仅从对 1996 年的观察来看，复苏才刚刚出现影响私人部门的迹象，这表明复苏的步伐还相当缓慢。从 1996 年后期到 1997 年第一季度，经济活动的暂时性激增，很大程度上反映了利率下调和日元贬值的滞后效应，也反映了在预先公布消费税上调之前的先期消费。②

从经济复苏显现的迹象来看，1997 年初始预算的财政态势反映了从扩张到稳健的转变。财政结构改革是日本首相桥本龙太郎初步推出的六项改革举措③之一。在 1997 财年的预算讨论之前，内阁提出了"财政重构目标"，包括到 2005 财年为止，广义政府财政赤字（不包括社会保障基金）要下降到 GDP 的 3% 以下，并且停止发行"赤字融资债券"（这种债券发行用于为当前财政开支提供经费）。为了取得基本盈余，1997 年的初始预算，卓有成效地将总体预算支出增长限制在所计

---

① 日本在 20 世纪 80 年代就宣布了财政稳定目标，比如 1982 财年的零上限和 1983 财年的"负上限"——对各部委的预算请求设置负增长率——以此来结束赤字融资债券的发行。但是，由于缺乏一个中期框架，20 世纪 80 年代的这些行动，都未被纳入分析。对日本财政调控相关事宜，也可参考 Miyazaki（2006）和 Tanaka（2003）。

② 国际货币基金组织和日本工作人员依据第四条进行的磋商报告（1998）。

③ 桥本龙太郎推行的改革包括：（1）行政；（2）社会保障；（3）经济结构；（4）金融体制；（5）教育；（6）财政政策。

划的名义经济增长之下。在收入方面，消费税率在 1997 年 4 月从 3% 上调到 5% [1]；削减临时个人所得税自 1994 财年就开始实施了，但在 1997 财年被暂时取缔；最后，医疗分摊定额上调。这些措施的成效，据估算已达到 GDP 的 1.8%。

在 1997 年中，政府领导层始终在密集地讨论财政结构改革法案，最终在同年 11 月通过了国会的批准。以首相为首的财政结构改革委员会在 1997 年 1 月成立，并在讨论中发挥主导作用。1997 年 3 月，该委员会批准了五项改革准则[2]，并把目标实现的日期，从 2005 财年提前到 2003 财年。1997 年 6 月，基于上述准则，主要政策领域对支出的削减，得到了内阁的批准。随后，在 1997 年 11 月，颁布了财政结构改革法案，以便为先前宣布的财政目标、削减开支等措施提供立法上的支持。然而，与此同时，经济减缓的信号开始出现（见图 7-2）。[3] 1997 年后期，银行板块的问题和 1997 年 7 月开始的亚洲金融危机，影响了外部需求和国内信用条件，从而加剧了经济衰退。这些负面冲击，很大程度上均出乎预料，而当时的政策重点，主要放在了有关增加国债和人口老龄化方面的财政结构改革上。

实际 GDP 增长率（季节性调整）

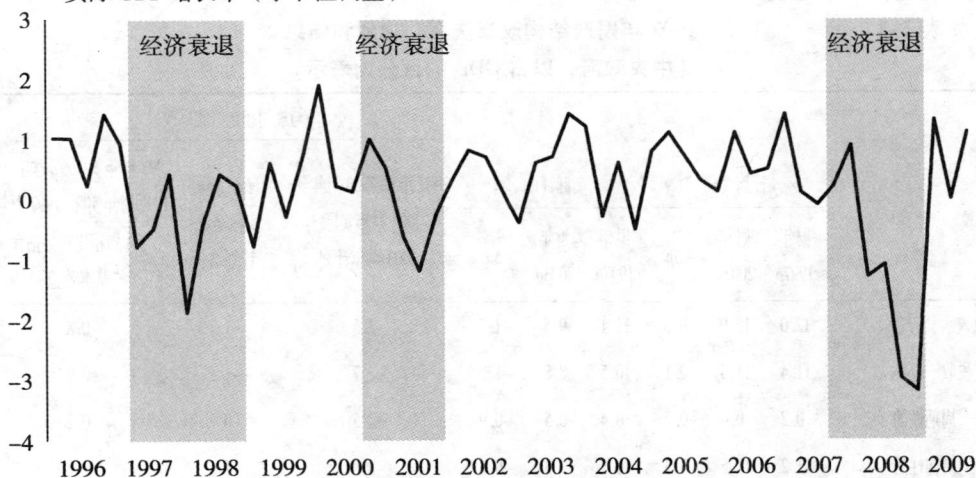

图 7-2　实际 GDP 增长（比上年同期增长百分比）

Source：Cabinet Office.

注：内务省根据同步指标指数来决定商业周期时段。

7.2.1　调控计划和目标

虽然财政结构改革法案是很短命的，但考虑到当时政策制定者们所能获取的信

---

[1]　1994 年 11 月，颁布了消费税率的增加，并从 1997 财年开始执行。与此同时颁布的还有个人所得税的永久性削减，并在经济依旧脆弱的 1995 财年开始实施。

[2]　这五条原则是：（1）尽早实现财政重构目标，且不得晚于 2005 财年；（2）在 1998—2000 财年的"密集改革期"，针对主要开支削减项目设定量化目标；（3）和 1997 财年的预算相比，削减 1998 财年预算中的一般开支；（4）重新考虑对长期项目（比如公共工程建设）的实质性削减，并不再设置任何新的长期项目；（5）使国民负担率（税收、社会保障基金供款和财政赤字的负担对国民收入的比率）降至 50% 以下。

[3]　1998 年 6 月，以前的经济规划机构（2001 年该机构被重组成为内务省的一个分支机构）官方宣称，日本经济已经在 1997 年 5 月发展到顶峰。在日本，商业周期的时间界定，要基于一种同步指标的指数。

息，现在我们来考察这一法案的设计和目标，还是非常有意义的。该法案是日本自二战以来的首个中期财政调控计划；当时，政府债务增加，其他发达经济体采取了一系列财政稳定行动，特别是欧洲对欧元实施的筹备，都刺激着强势的政府领导层出台这一法案。

经过批准的 1997 年财政结构改革法案，有以下几个方面的主要内容：

■ 中期财政目标。该法案旨在：（1）截止到 2003 财年，将财政赤字（剔除社会保障基金）减少到 GDP 的 3% 以下。（2）每年都削减赤字融资债券的发行额，并至 2003 财年停止发行。

■ 开支下调措施。在主要政策领域，制定了 1998 财年至 2000 财年间（被看作"密集改革期"）的定量目标。

■这一计划致力于在 6 年间以每年平均 0.6 个 GDP 百分点来削减广义政府财政赤字（剔除社会保障基金）。这一目标可以通过削减财政开支、未来附加政策措施（"深入调控需求"）来得以实现，这些未来附加政策措施在计划批准的时候没有予以公布（见表 7-1）。

表 7-1 　　　　　　　　　　1997 年财政结构改革法案：规划和结果

（中央政府，以占 GDP 的百分比表示）

	计划 (p)			实际 (a)			与规划相比的实际改进		
	财年 1997p	财年 2003p	Δp	财年 1997a	财年 2003a	Δa	2003 年 a-2003 财年 p = 2003 年实际-2003 财年计划	Δa-Δp= 实际增长-计划增长	1997 财年 a-1997 财年 p = 1997 财年实际-1997 财年与计划相比初始估计（"基本效益"）
收入	12.0	12.0	0.0	11.1	9.5	-1.7	-2.5	-1.7	-0.8
税收	11.4	11.5	0.1	10.5	8.8	-1.7	-2.7	-1.8	-0.9
周期性的	0.2	0.0	-0.2	0.4	-0.5	-0.9	-0.5	-0.7	0.2
结构性的	11.2	11.5	0.3	10.1	9.3	-0.8	-2.2	-1.1	-1.1
其他收入	0.6	0.5	-0.1	0.6	0.7	0.1	0.2	0.1	0.1
开支	14.3	13.5	-0.8	14.3	15.1	0.9	1.7	-1.7	0.0
本金	12.0	11.5	-0.5	12.2	13.6	1.4	2.1	-1.9	-0.2
利率	2.3	2.0	-0.3	2.1	1.6	-0.5	-0.4	0.2	-0.2
进一步调控	0.0	1.2	1.2	—	—	—	—	—	—
总结余	-2.3	-0.3	2.0	-3.1	-5.7	-2.6	-5.4	-4.6	-0.8
基本结余	0.0	1.7	1.7	-1.1	-4.1	-3.1	-5.8	-4.8	-1.1
结构性基本结余	-0.2	0.5	0.7	-1.5	-3.6	-2.1	-4.1	-2.9	-1.3

Source："Medium-Term Fiscal Projection"（Ministry of Finance，January 1998）and authors' estimates.

这一法案使得主要政策领域（例如社会保障、公共投资和教育）设定的初始预算数值性目标合法化，为此，1998—2000 财年之间的改革措施和开支削减的数值性目标，制定得非常清晰。数值性目标的建立，是为了确保基本开支保持正增长率，也要确保能够大幅削减某些开支增长过快的领域，例如公共投资。因此，1998 财年（从 1997 财年的初始预算开始）的政策内开支（一般性开支）① 将得以削减，并在随后的时间内得到遏制。复核复审了公共投资、农业农村发展、国防等领域里的各种长期项目。

虽然特定开支的上限是明确规定的，但中期项目表明，依然需要额外的措施，来加强财政调控目标。1998 年 1 月，在 1997 年财政结构改革法案制定的财政目标和削减开支措施的基础上，向国会提交了一项针对中央政府的"中期财政规划"。② 这一规划基于以下假设：

■ 名义 GDP 增长率在 1.75% ~ 3.5% 之间波动③。
■ 1998 年 1 月的税制改革，已经将这些措施对税收收入的影响考虑在内。
■ 法案中所设计的政策导致的支出（"普通支出"）措施得以实施，例如，1999 财年和 2000 财年的总体开支没有增长；从 2001 财年开始，有三种备选路径，其每年开支增长率分别为 0%、1%、2%。

然而，即使假设 2001 财年以后的政策相关开支保持零增长，中期规划依然显示，所规划的财政平衡和已实现的财政平衡之间，存在巨大差距。这些差距说明收入的增加或者开支的进一步缩减，可以实现"必要的财政调控"。

在模糊的经济状况和经济复苏能力不确定的大环境下，政府无法清晰地阐述那些用于实现财政调控目标的措施。在 4 月份消费税上调之前的早期经济激增过后，虽然私人消费在 1997 年第三季度开始复苏，但是亚洲金融危机和同年的国内银行危机的负面冲击，增加了经济前景的不确定性。其后果是，在 1997 年和 1998 年间，下调了政府和其他机构所做出的经济增长短期预测值（见表 7-2）。中期财政规划中的名义 GDP 增长率在 1.75% ~ 3.5% 区间波动，这一假设被 1995 年 12 月制订的政府经济和社会计划删除掉了。由于 1997 年经济形势的改变，这一中期增长的假设，已经被政府经济和社会计划起草之时所发生的事件，取而代之。

7.2.2　结果——对计划的偏离

本节关注法案如何修改和修改的内容，并研究两个财政目标（财政平衡和债务融资债券的发行）偏离原计划的程度和原因。

---

① 在日本，一般性开支是指总开支（在总账户中）减去偿债金、再减去给地方政府的税收分配补贴金。
② 每年，财政部都要连同预算草案一起，向预算委员会提交一份"中期财政规划"。这个规划覆盖了中央政府的总账户（不包括特种账户）。
③ 该范围基于"针对结构性改革所进行的经济和社会计划"（1995 年 12 月内阁决议）内的分析。

表 7-2   不同机构所做的经济预测之比较

预测		公布	真实 GDP 增长（百分比）	
			1997	1998
一致性预测[a]	5 月	1997	1.7	2.4
（私人机构）	10 月	1997	1.2	1.7
	12 月	1997	0.9	1.1
	1 月	1998	0.2	1.0
《世界经济展望》	5 月	1997	2.2	2.9
	10 月	1997	1.1	2.1
	12 月	1997	1.0	1.1
	5 月	1998	0.9	0
《经济展望》[b]	1 月	1997	1.9	—
（日本政府）	1 月	1998	0.1	1.9
	10 月	1998	−0.7	−1.8

预测		公布	名义 GDP 增长（百分比）	
			1997	1998
《经济展望》[b]	1 月	1997	3.1	—
（日本政府）	1 月	1998	0.9	2.4
	10 月	1998	0.3	−1.8

[a] 一致性预测是由"共识经济学学会"（Consensus Economics）所搜集的 20 家私人机构各自预测的简单平均值（方式）。

[b] 财政年度基准。

1. 法案的修改和终止

财政结构改革法案颁布不久，来自国内金融危机的冲击开始发作，其中包括四家金融机构的破产。国内信用紧缩恶化了商业信心，减少了投资并降低了就业。政府的对应措施是，退还 0.5% GDP 的所得税税款，还包括追加 1997 财年预算和提前启动公共建设工程等。在公布 1997 财年追加预算的同时，也公布了 1998 财年的初始预算，但这一初始预算依然是引起经济萎缩的，反映出财政结构改革法案强制执行了开支的削减。但是，随着 1998 年初经济衰退的进一步加深，对附加性财政刺激的需求愈加紧迫。1998 年 4 月，1998 财年初始预算刚刚通过，就公布了关于 3 个 GDP 百分点的一揽子刺激措施。

1998 年 5 月，财政结构改革法案不得不修改，以便提高应对经济形势恶化的灵活性。政府当局修改这一改革法案，需要与 1998 年 4 月公布的经济刺激措施保持一致。在修改后的法案中，中期财政目标的实现日期，从 2003 财年延展到 2005 财年。除此以外，在自然灾害或修订法案所认定的经济形势严峻的情况下，修订法案放松了赤字融资债券的发行限制。除了放弃社会保障支出上限调高 2% 之外，没有修订每一项开支的支出上限。

在 1998 财年的进程中，财政态势又一次向扩张型转变。上议院选举失败之后，在 1998 年 7 月日本首相桥本龙太郎辞职。新首相小渊惠三通过大量发行债券，实行扩张性的财政政策。1998 年 11 月，公布了关于 5 个 GDP 百分点的一揽子措施，其中包括削减个人和公司所得税、增加中小企业（SMEs）银行贷款的信用担保，发行临时性消费代金券、进一步激增公共建设工程开支。

财政结构改革法案于 1998 年 12 月暂缓实施，以推行财政刺激，但也规定当经济复苏之时，将取缔法案的暂缓实施。国会的商讨结果表明，政府并没有制订重新启动这一法案的特定计划或时间表。政府承认，在不久的将来很有必要采取财政稳定措施，但重点会放在处理经济下滑和财政制度问题。这一法案再也没有被重新启用。

2. 财政的偏离和计划产生的宏观结果

在 1998 财年，广义政府财政赤字（剔除社会保障基金）高达 GDP 的 7%，远远超过原计划的 3%。由于增长率低于预期，周期性收入也低于预期；而且，为了提振经济而实行的刺激措施，导致了自主税收的减少和支出的增加。实际税收收入比初始预算水平低 2 个 GDP 百分点，这反映了自主税收的降低和名义经济出乎预期的低增长，而与此同时实际的一般性支出却高出了 1.5 个 GDP 百分点（见图 7–3）。随着 1999 财年扩张性财政态势的推行，面对着依然是负增长的名义经济，税收收入持续下滑；反之，随着 1999 年 11 月一揽子刺激措施的实施，支出却持续上升。

3. 偏离的分解

实际的财政平衡在收入和支出两方面，都偏离了 1998—2003 财年之间的原计划所设定的路径。本节将这一偏离分解为两部分：周期性偏离和结构性偏离，重点分析中央政府的总账户，为此可获取实时的中期财政规划。[①]

● **取得周期性成分与结构性（予以周期性调整）成分的方法**

财政平衡中的偏离，可以分解为周期性成分与结构性（予以周期性调整）成分。在其他章节中，也得到合理使用的一个标准方法就是，运用实时和实际的产出缺口估算，以及实时和实际的税务弹性，来计算周期性和周期性调整成分。然而，出于对本节目标的考虑，我们运用的是官方文献（比如政府出版物与会议记录），来鉴别政策行为和他们事前估算的影响。[②] 我们把这些行为和影响当作自主（结构性）成分，而把其余的作为周期性成分加以提取。这个方法提供了诸多方便，例如，可以从当局的有关税收结构和税收弹性的详细资料中受益，在这些方面，日本不同于经济合作组织（OECD）的平均情况（见下文）。

● **周期性和结构性税收收入与支出的贡献**

周期性和自主性税收的减少、刺激措施导致的支出增加，这些因素在财政平衡

---

① 尽管财政结构改革法案在发布一年后即被废止，但是如果比较该法案中的原计划和实际执行结果，我们就可以学到很多东西。事实上，这是一个使用本书的方法而获得新信息的例证，这一例证展现了成功和失败之处。

② 关于内阁对年度税务改革决议文献中，发布了税务改革对税务收入的影响的估算。

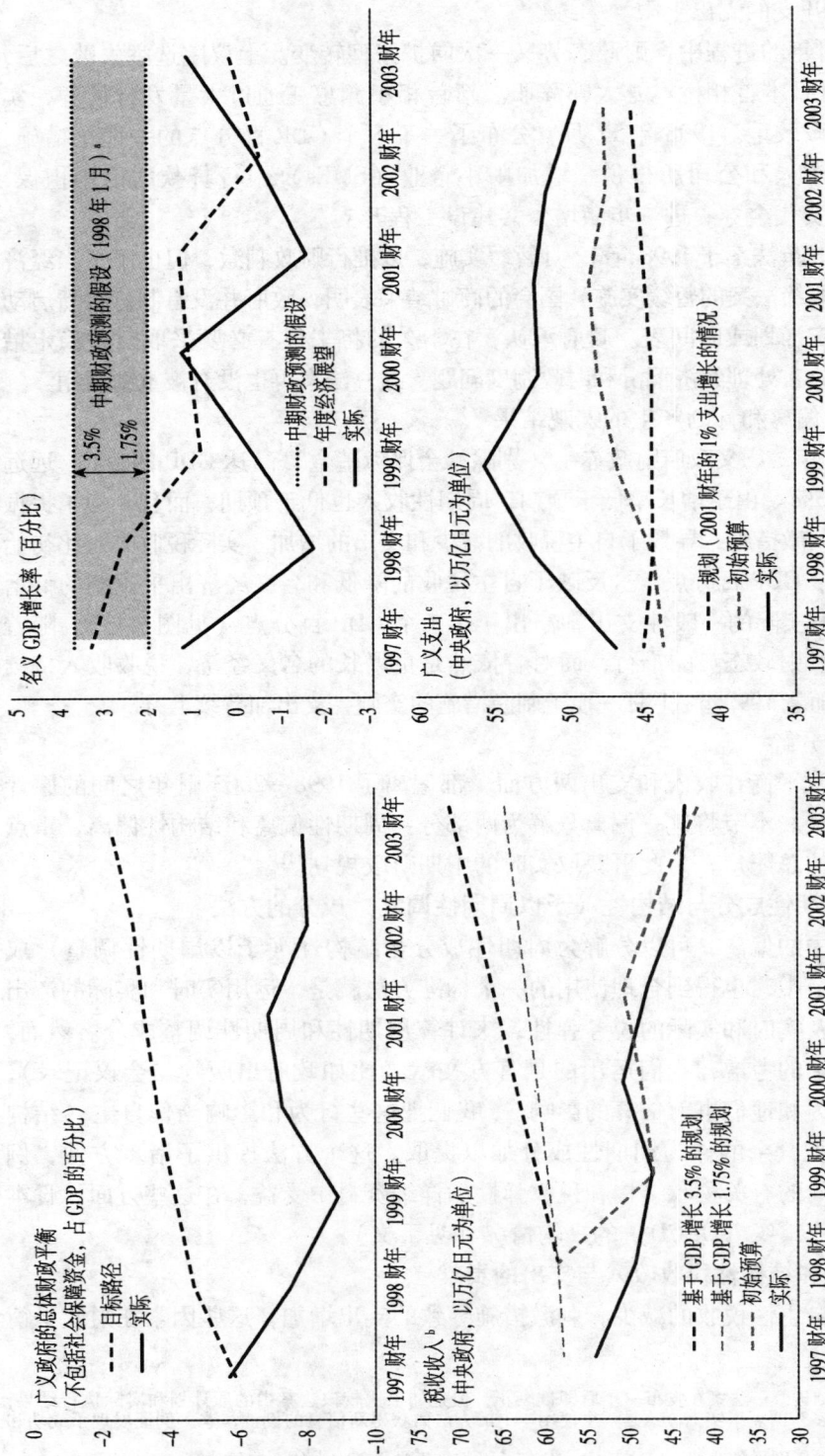

图 7-3 1997 年计划：财政和宏观变量表示下的偏离

Source：Cabinet Office and Ministry of Finance(Medium-Term Fiscal Projection, 1998)．

a 每年 1 月发布的政府年度经济展望。

b 税务收入包括搜集到总账各年内的收入。还包括印花税收入。

c 总账务基础。财政部的中期财政规划表明了另外两种情况：2001 财年的 2% 的支出增长；2001 财年的零支出增长。广义支出增长不包括利息付款和地方分配税收补贴。初始预算额不包括上一年的余额。

脱离原计划路径中扮演了极为重要的角色。如图 7-4 所示，实际财政平衡可分解为：（1）周期性税收收入；（2）自主性税收收入；（3）其他收入；（4）基本支出；（5）利息付款。要报告的还有"进一步加大必要的调控"，当局明确地将这一点纳入了计划之中（亦即为了进一步的计划性调控，必须明确后期所采用的措施）。从税收收入总额对原计划水平的偏离中，剔除计划之后，所采用的税务改革之影响（自主性税收收入的变化），这样我们就推断出，导致偏离产生的因素是周期性成分。相比之下，我们把所有基本支出的变动都看作是自主性的，同时，为简单起见，将支出弹性假设为零。

在收入方面，所得税的大幅削减使得疲软的经济形势的影响更加复杂化。在 1998 财年的进程中，执行了个人所得税的临时削减。[①] 在 1999 财年，在"比例税削减表"之外（直到 2006 财年，这一表格数据每年都在更新），政府采取了个人和企业所得税附加性减税措施。据估计，1999 财年的一揽子措施所导致的收入损失，每年达大约 1 个 GDP 百分点。而且，在 1999—2003 财年之间，大力推行了税务激励措施，比如，激增投资（包括住宅性投资）和扶植中小型企业。如图 7-4 所示，在大多数年份里，突发性经济变动导致了大幅度的税款损失。

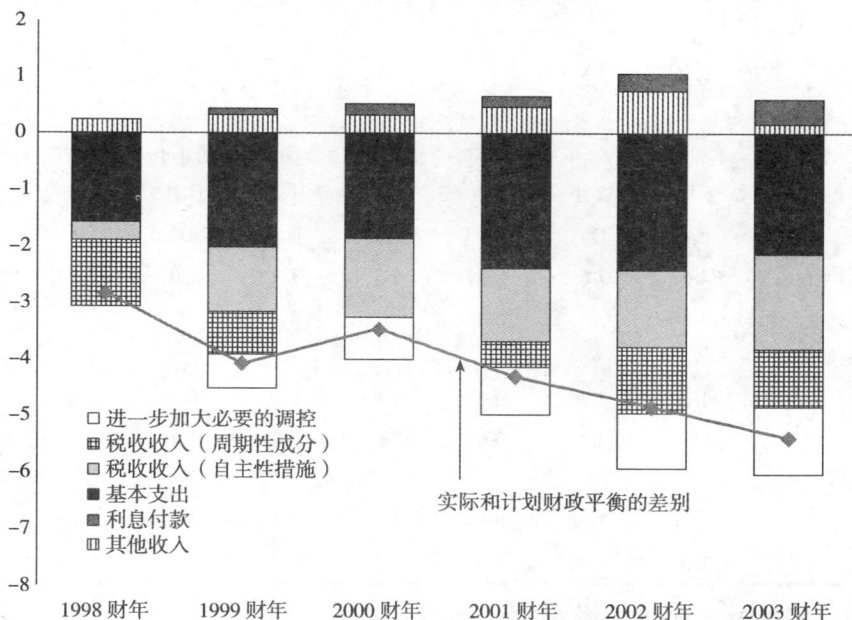

图 7-4　1997 年计划：财政调控中的偏离（中央政府总体财政平衡偏离的分解，以 GDP 的百分比表示）

Source：Ministry of Finance（the January 1998 medium-term fiscal projections, and actual data）and authors' estimates.

注：中央政府的总账户。

---

① 1998 财年，个人所得税临时性削减（包括地方居民税收削减）的总额相当于 GDP 的 0.8%。

在支出方面，一系列的刺激组合措施，提高了基本支出。在 1998—2002 财年之间，推行了至少 8 组要求追加预算的刺激措施（见表 7-3）。① 支出对原计划的偏离不仅反映了这些追加预算，还反映了 1999 财年至 2002 财年期间的预算，比原计划最初设想的更具有扩张性。

表 7-3　　　　　　　　　　　刺激措施组合（1998—2002 财年）

	1998 财年		1999 财年		2000 财年	2001 财年		2002 财年
宣布	1998 年 4 月	1998 年 11 月	1999 年 6 月	1999 年 11 月	2000 年 11 月	2001 年 10 月	2001 年 12 月	2002 年 12 月
主要部分	临时税收削减	公共建设工程 税收削减（从 1999 财年起）金融措施 现金转移	雇员措施	公共建设工程 金融措施	公共建设工程 金融措施	雇员措施 金融措施	公共建设工程	公共建设工程 金融措施
项目规模								
GDP 占比	3.2	4.8	n/a	3.4	2.2	0.3	0.8	0.9
（万亿日元）	16	24	n/a	17	11	1.3	4.1	4.4
追加预算（一般账户）	1998 年 6 月	1998 年 12 月	1999 年 7 月	1999 年 12 月	2000 年 11 月	2001 年 11 月	2002 年 2 月	2003 年 1 月
GDP 占比	0.9	1.5	0.1	1.3	0.8	0.2	0.5	0.6
（万亿日元）	4.6	7.6	0.5	6.5	3.9	1.0	2.6	3.0
中央政府债券发行的核准用于追加预算								
GDP 占比	1.2	2.4	0.0	1.5	0.4	0.3	0.0	1.0
（万亿日元）	6.1	12.3	0.0	7.6	2.0	1.7	0.0	5.0
其中赤字融资债券								
GDP 占比	0.4	1.6	0.0	0.7	0.0	0.3	0.0	0.5
（万亿日元）	2.0	7.6	0.0	3.7	0.0	1.4	0.0	2.6

Source：Ministry of Finance and authors' estimates.

● 发现与教训

1997 年调控计划的经验，说明了经济增长变动和其他宏观经济、金融冲击的重要性。计划快速脱轨归咎于两个因素：经济活动的下滑（和银行系统的问题）对财政收入的直接影响；政策的优先倾向，从稳定财政转向了刺激经济活动。事实

---

① 并非所有预算中的刺激计划都使用了，但是与 1997 年的原计划相比，这仍然促成了大规模的超支事实。

上，强势的政治领导层催生了初始的财政结构改革，这从通过细化开支条目来设定明晰的中期支出上限的举措中可见一斑。但是，随着经济形势的恶化，政策制定者们不得不从政治角度致力于刺激经济。① 这样一来，财政刺激一旦到位，就很可能已变得根深蒂固。

财政调控计划的设计反映了对增长发展的潜在性关注。支出上限并没有约束实际开支，只不过限制了初始预算的水平，当然这都是与上一年相比较而言。另外，实现财政目标的必要措施，没有在计划的初始阶段得以充分而明晰的界定。这些设计特征可能导致了财政调控大幅度偏离于初始规划。然而，这一点或许会遭到反驳：设计本身之所以这样，就是为了允许这些偏离的产生，因为刺激增长的需求受到普遍关注。而且，经济界人士或许已经明白了这一点，并敦促了附加性财政刺激项目的诞生。

在某种程度上，对计划的偏离，也和已被事实取代的宏观经济假设有关。宏观经济假设与新近获取的经济信息并不一致。1997 年的经济受到亚洲金融危机和国内银行系统危机的负面冲击，但国内银行系统危机对经济的影响，还没有被充分理解。因为这种不确定性，尤其是由于一种强烈的下滑风险，一项财政调控计划不得不留有备份方案，如为了防止负面经济冲击的规避条款。②

7.3 中期财政调控计划：2002 财年及以后

在其间的年份里，增长惨淡无光、难以估摸，而负债率持续稳步攀升。在这样的背景下，2001 年 4 月就职的日本首相小泉将财政结构改革又提上了议程，提出了"不改革无发展"的口号，来倡导结构改革。第一步，致力于把中央政府总账户的"日本政府债券"（JGB），限制为 2002 财年预算的 30 万亿日元（GDP 的 6%）。与此同时，政府意识到了经济复苏的脆弱性，在 2001 财年后期通过了两项追加预算。

2002 年 1 月的中期财政框架③设想：如果政策效果明显、经济形势有利，那么政府会在 21 世纪第二个 10 年的初期实现基本盈余。这个中期财政框架勾画了政府从 2002—2006 五个财政年度的结构改革与财政经济政策的基本策略。④ 这一框架专注于支出改革以提高开支的质量；在社会保障开支一直上升的背景下，加强对中央和地方政府的开支控制；寻求改进公共建设工程效率的出路。在这个框架下，广

① 首相桥本龙太郎刚从东盟（ASEAN）峰会归来，1997 年 12 月 17 日举行了新闻发布会。在此次新闻发布会上，桥本声称他已在峰会上明确表示，日本不会引发世界性的经济衰退，而且，在此背景下，他已经决定通过 1997 财年追加预算，来实行 2 万亿日元的税收刺激方案。
② 在这样的环境下，不是公布规避条款，而是要表明对财政结构改革法案的坚决承诺，同时还要考虑在该法案的范畴内，采取可能的刺激措施。
③ 这个名为"结构改革和中期经济财政前景"的 5 年滚动式框架，是在 2002 年 1 月公布的，这依然在 2001 财年（财年的时间跨度为当年 4 月至次年 3 月）的进程内，先于议会对 2002 财年的预算讨论。内阁办公室出台了中期宏观经济和财政规划，以此作为财政框架的量化参考。
④ 对于包括实现基本盈余在内的财政结构改革而言，中期财政框架所考虑的时期较长，超过了 2006 财年。

义政府支出（以 GDP 百分比表示）将在 2002 财年封顶（GDP 的 37.6%）并一直维持到 2006 财年。这个框架设想，在 21 世纪第二个 10 年的早期实现广义政府收支的基本盈余（排除社会保障基金），这主要靠降低中央和地方政府的支出以及经济持续增长的支持。2002 年 6 月，当局的"基本政策"——财政政策和启动改革的年度指南——正式把 21 世纪第二个 10 年早期的基本盈余设定为目标之一。2003 年 1 月中期财政框架被修正。

由于经济的低迷，当局在缺乏坚实的经济复苏迹象的情况下，避免采取具体措施。2002 年 1 月，经济开始复苏，随后持续了 5 年多，但这一复苏在早期十分微弱，2002 年实际 GDP 只增长了 0.1%，2003 年上半年出现了收缩（见图 7-2）。由于持续的通货紧缩、结构性疲软（如过高的私营经济债务和无回报的贷款），经济前景的悲观情绪持续弥漫。在这种背景下，当局受尽了 1998 年创伤经历的折磨，对稳定财政可能对经济造成的不利影响十分敏感。因此，当局更乐意保持财政政策实施的灵活性，其手段是把具体的、过于恢宏的措施推迟到 2005 财年①，那时经济已从 2004 年的疲弱中恢复。

随着复苏的稳定，政策讨论的焦点转移到设计财政调控总体措施中支出和税收的构成。2005 年伊始，考虑到所必需的大型财政调控仅仅依赖于削减支出的难度，当局展开了紧张的讨论，以制定支出税（expenditure-tax）的改革。在设计这些改革时，当局意识到公众知道还有削减"浪费"开支的空间，所以要首先削减开支，以限制税负加重。政府强调，经济增长与财政稳定应齐头并进。

基于这些讨论，2006 财年的"基本政策"，明确设定了实现基本盈余的时机，并规定了主要支出项目的上限数值。2006 财年的基本政策（2006 年 7 月得到批准）设定了到 2011 财年实现基本盈余的目标，并决定逐步削减债务对 GDP 的比率，一直到第二个 10 年的中期。

7.3.1 调控计划和目标

始于 2002 年 1 月的中期财政框架②，在年度政策制定中得以制度化。它的运行与基本政策齐头并进，这是内阁的一项先于预算筹备的决策。这里说的预算筹备，是针对主要宏观经济政策和结构政策的，而这些政策将在下一个财政年度预算中得到反映。财政稳定计划因而被纳入这些政策框架和相关文献之中。

这一 5 年中期财政框架年复一年地得以实施。出于分析的目的，这一部分选择了两套中期财政调控计划，并查看其中的细节：（1）2002 年 1 月和 2003 年 1 月的中期财政框架。（2）2006 财年的基本政策和 2007 年 1 月的中期财政框架。这两个次级时间段分别具有不同的政策着眼点。第一个次级时间段，政策意图几乎全部聚

---

① 对于 2003 财年和 2005 财年之间的每一个年度预算，当局都旨在把总账户支出及其相关政策下中央政府的"一般性开支"，控制在上一年的水平。
② 5 年宏观经济财政规划均由内务省筹备。先前，财政部推出过中期财政估算，而以前的经济计划机构（自 2001 年起成为现在的内务省）提交过中期宏观经济。

焦于支出方面，但政府没有每项支出的具体数值目标。相比之下，第二个次级时间段，明确规定了每项支出的上限数值，并彰显了对加强税务行动的需求（虽然这一点并没有转化为具体的政策举措，也没有纳入规划），但同时依旧强调支出的削减。这两套财政调控计划的重要特征有：

1. 2002 年 1 月和 2003 年 1 月的中期财政框架

● **2002 年中期财政框架目标**

（1）由广义政府支出占 GDP 的百分比来衡量的政府规模，直至 2006 财年，都应该保持在 2002 财年水平或者低于这一水平（这正是中期框架的时间段）——这也意味着除社会保障基金以外的支出将被削减，这是因为社保花费不断上涨。

（2）应该在 2010—2020 年这 10 年间的初期，实现广义政府收支（剔除社会保障基金）的基本盈余（假设框架时间段之后，稳定行动进一步加强，且经济继续增长）。

● **2002 年中期框架的措施**

财政结构改革包括：优先处理的支出；提高公共建设工程效率；充分利用外包和公共资金主动权（PFI）。对于主要支出种类，假设了以下几项稳定行动：

（1）公共建设工程：予以优先处理，提高其效率以便到 2006 财年将其降低至 20 世纪 90 年代后期的通常水平。

（2）社会保障：通过实行医疗改革方案，尽可能地控制社会保障开支。

（3）人事费用：通过减少公务员的数量，尽可能地控制人事费用。

（4）其他一般性支出：通过优先处理和全面审查来控制其支出水平。

● **2003 年 1 月的中期财政框架，是总体政策框架的第一次更新**

虽然因为经济增长较为薄弱，以致近期财政目标表现得并不十分恢宏，但这一中期框架还是很大程度上维持了 2002 年框架所启动的中期目标和措施。

政府计划几乎全部靠削减基本开支，并以每年约 0.5 个 GDP 百分点来调控基本结余（见表 7-4）。同时，还计划地方政府比中央政府对支出实施更多的削减（见图 7-5），这反映出当时已把政府之间的财政关系改革纳入了讨论之中。[①] 这一改革旨在实现财政稳定以及提高地方政府支出的效率，这些目标的实现，主要通过以下手段：（1）削减特定地方项目的补助金；（2）将税收资源从中央政府转移到地方政府；（3）减少来自中央政府的地方分配税收总额（非特定用途款项转账）。

2. 2006 财年的基本政策和 2007 年 1 月的中期财政框架

随着 2005 年之后经济复苏开始强劲，财政调控路径也向前推进，这在 2006 财年的决议中有着详细的记录。

---

① 关于地方政府财政、政府间的财政关系和改革讨论等方面的细节，请参阅 Iakova 和 Komori（2004，《国际货币基金组织选定问题》）。

表 7-4　　　2003 年 1 月中期财政框架与结果（以占 GDP 的百分比表示）

	实际（t）2002 财年 p	计划（p）2007 财年 p	Δp	实际（a）2007 财年 a	Δa	超出预期估计（实际相比计划）2007 财年 a–2007 财年 p = 2007 财年实际–2007 财年计划
收入	20.5	19.7	−0.8	21.7	1.2	2.0
税务收入	15.9	15.4	−0.5	17.8	1.9	2.4
周期性	0.3	0.0	−0.3	1.7	1.5	1.7
结构性	15.6	15.4	−0.2	16.1	0.5	0.7
其他收入	4.6	4.3	−0.3	3.9	−0.7	−0.4
	24.7	21.8	−2.9	22.0	−2.7	0.2
基本支出	24.7	21.8	−2.9	22.0	−2.7	−0.2
剩余误差[a]	−1.4	−0.8	0.6	−0.9	0.4	−0.1
基本结余	−5.6	−2.9	2.7	−1.2	4.4	1.7
结构性基本结余	−4.5	−2.1	2.4	−2.0	2.5	0.0

Source：Cabinet Office and authors' estimates.

[a]剩余误差部分地反映了中央政府特种账户的支出，不包括在基本支出之内。

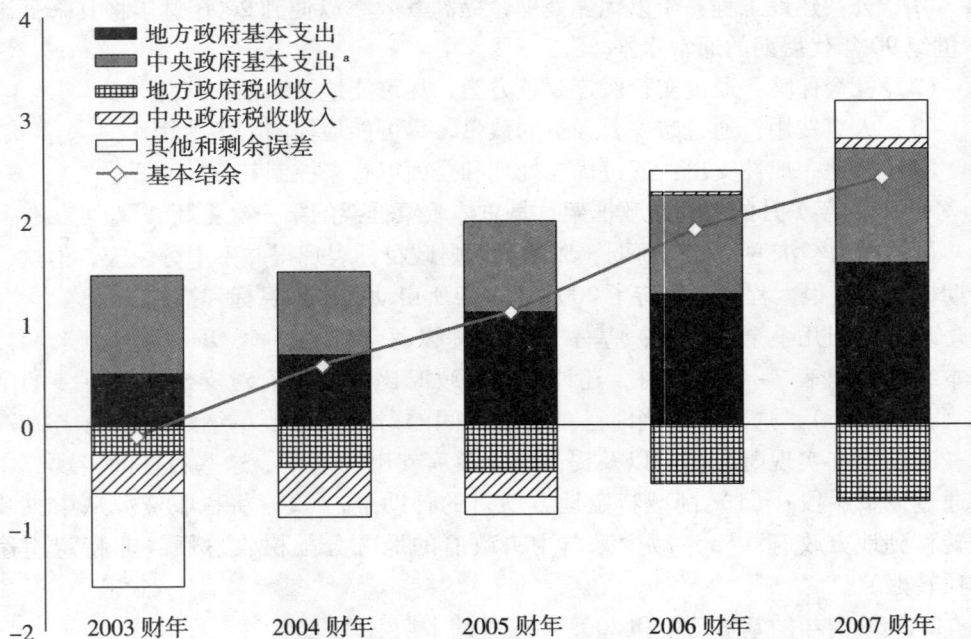

图 7-5　2003 年计划：基本结余中的计划性累计改善（广义政府支出，
剔除社会保障基金，以占 GDP 的百分比表示）

Source：Cabinet Office and authors' estimates.

[a]排除地方分配税补贴（从中央政府转账到地方政府）。

- **2006 财年基本政策宣布的中期财政目标**

首要目标有两点：

（1）到 2011 财年，实现广义政府基本结余（剔除社会保障基金）。

（2）到 21 世纪第二个 10 年的中期，通过维持基本结余来削减债务对 GDP 的比率。

- **2006 财年基本政策中的措施**

据估算，要到 2011 财年取得基本结余，所必需的财政调控（与当局的基线相关联）要达到 16.5 万亿日元（约为 GDP 的 3%）。政府当局通过"支出和收入的综合改革"给出了财政调控的方案。重要的原则就是：如果不考虑调高税额，就采取彻底的支出削减，那么调控的效果将会被降低到最小程度。明确了支出总额为 11.4 亿～14.3 亿日元的措施；调控的其他部分，被收入措施所覆盖（2011 财年所计划的支出削减见表 7-5）。为了让所有计划与经济发展协调一致，到 2011 财年为止，每个财政年度都要重审支出削减计划。在 2006 财年的基本政策中，没有明确（或者没有对此做出承诺）具体的收入措施。

表 7-5　　　　　　　2006 财年的基本政策：贯穿 2011 财年的开支改革

（万亿日元）	2006 财年	2011 财年			用于预算和相关改革
		基线	改革	调整	
社会安全	31.1	39.9	38.3	1.6	进一步优化和改进医疗福利效率
个人支出	30.1	35	32.4	2.6	进一步改革公务员数量和工资结构
公共投资	18.8	21.7	16.1～17.8	3.9～5.6	公共建设工程相关费用（一般账户）：减少 1%～3%；降低成本、优化和改善地方政府效率的持续影响（每年名义项目 3%）；导致公共建设工程减少 1%～3%
其他	27.3	31.6	27.1～28.3	3.3～4.5	科学与技术：+1.1%——经济增长的官方开发援助线：减少 2%～4%
总计	107.3	128.2	113.9～116.8	11.4～14.3	

Sources：The 2006 Basic Policies for Economic and Fiscal Management and Structural Reform (approved in the Cabinet on July 7，2006)．

注：上面的数额（单位是万亿日元）是中央和地方政府削减开支的总额（以全国账户为基础）。每一项目的目标增长率适用于中央政府的一般性开支预算。地方政府领导的公共建设工程的增长率归于地方预算计划（这由总务省筹备）。

- **2007 年 1 月的中期财政框架和 2006 年的基本政策是一致的**

这说明每年基本结余调控平均为 GDP 的 0.4%（见表 7-6）。这个计划依赖于支出的削减（5 年中约 GDP 的 2%），也预期了周期性税额的增加。虽然政府承认，必须扩大收入到 2007 财年实现基本盈余，但并没有明确提高收入的具体措施。相反，所假设的收入增长完全是周期性的，是建立在潜在的宏观经济假设基础之上的；而这一宏观经济假设以首相安倍晋三所倡导的提升增长为依据，而预测了提前到来的经济复苏。[1],[2] 相应地，财政调控也被期望能提前实施，实现基本盈余的目标年份基本与上一年所计划的相同。那些潜在性的规划预计，2007 财年的调控额度要在 1% 以上，随后，贯穿 2011 财年的平均年度调控额度为相对平缓的 0.2 个GDP 百分点。

表 7-6　　　　2007 年 1 月的中期财政框架（以 GDP 的百分比表示）

	计划			
	2006 财年	2007 财年	2011 财年	计划调整 （2011—2006 财年）
收入	**21.8**	**21.9**	**21.1**	**−0.7**
税收	17.5	18.6	18.4	0.9
周期性	0.0	1.1	0.9	0.9
结构性	17.5	17.5	17.5	0.0
其他收入	4.3	3.3	2.7	−1.6
基本支出	**22.2**	**22.2**	**20.1**	**−2.1**
居民[a]	−1.2	−0.3	−0.7	0.5
基本结余	**−1.7**	**−0.6**	**0.2**	**1.9**
结构性基本结余	−0.5	−1.4	0.0	0.5

Source：Cabinet Office and authors' estimates.

[a]剩余误差部分地反映了中央政府特种账户的支出，不包括在基本支出之内。

7.3.2　结果——对计划的偏离

这一部分采用与上一节相同的研究方法，观察主要财政目标的实际发展状况——主要财政目标是指广义政府的基本结余（不包含社会保障基金）与其他的财政及宏观经济变量。目的是考查现实结果对计划的偏离程度及其原因。

1. 财政和宏观经济成果相对于计划轨迹的偏离[3]

● **基本余额**

尽管 2002—2003 财年的财政赤字有所上升，但 2004—2006 财年的财政结果，

---

① 继小泉政府之后的安倍政府（2006 年 9 月—2007 年 9 月）强调拉升增长的思路。因此，2007 年 1 月公布的潜在性宏观经济假设反映了高增长的倾向。

② 2007 年 1 月发布的中期宏观经济和财政策略，提供了两种方案——"增长方案"和"风险方案"。前者依赖于乐观假设，比如，在 2008—2009 财年之间，平均增长利息率差额非常利好，几近为零。后者则包含了一种不太利好的增长环境。但是，该策略并没有指出，"增长"和"风险"哪一种方案（或两种结合起来）更可能变成现实。

③ 就占 GDP 的比率而言，正如在图 7-7 和图 7-8 所示，一方面，非预期的（较高或较低）经济增长，通常主要影响支出比率，因为政府支出大部分是外因造成的。另一方面，政府收入一般会和经济活动一起波动，因此收入占 GDP 的比率较少会受到经济变化的影响。

还是好于原计划。2002 财年基本赤字激增的原因，在于税收收入的下降以及一揽子刺激措施的实行。然而，2004—2006 财年之间的基本平衡提升的幅度（每年约为 GDP 的 1.3%）快于原计划（平均每年约为 GDP 的 0.7%），这反映出税收收入的强劲势头（参见图 7-6）。如此的快速提升之后，2006 财年的基本平衡，赶上了原计划的水平。

2007 财年之后，基本平衡因全球衰退而急剧恶化，大幅偏离原计划设定的路径。2007 财年，基本平衡的提升（仅为 GDP 的 0.2%）步幅比原计划小得多，这反映了较低的税收收入。继全球金融危机之后，日本经历了收入的严重短缺，政府出台了一系列大规模的刺激措施组合（总值超过 GDP 的 5%）。结果，2009 财年的基本赤字上升为 GDP 的 8%（参见图 7-6）。

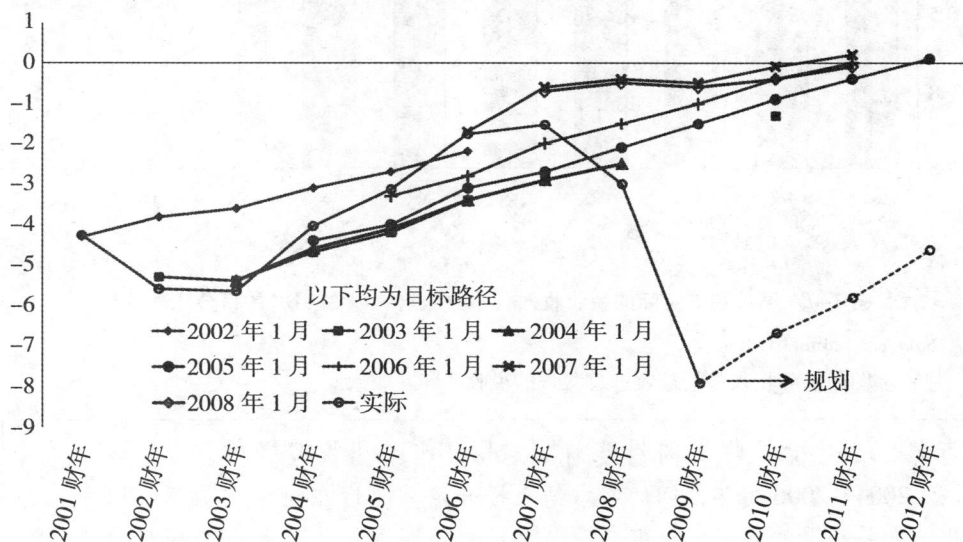

图 7-6 计划的基本平衡和实际的基本结余（广义政府，
不包括社会保障基金，以占 GDP 的百分比表示）

Source：Cabinet Office and authors' estimates.

● 税收收入

税收收入方面的偏离，在两个方向上都特别大。在 2003—2006 财年之间，税务收入均超过了其计划（或者预算）水平（见图 7-7）。税收收入增长的幅度，较之名义 GDP 增长幅度更快，这一事实表明了较高税收弹性的存在，这是与来自于收入与产出缺口之长期税收弹性相比较而言的。相比之下，2007 财年的修订计划，设定税收占 GDP 的比率，比原计划高出 GDP 的 1% 还多，而实际税收收入受到经济滑坡的重创。尽管缺少明确的收入措施，税收占 GDP 的比率上调还是发生了。而且，尽管早先政府曾承诺，在 2009 财年增加国民养老金的比重，但却没有实施相应的收入措施。（参见专栏 7.1）

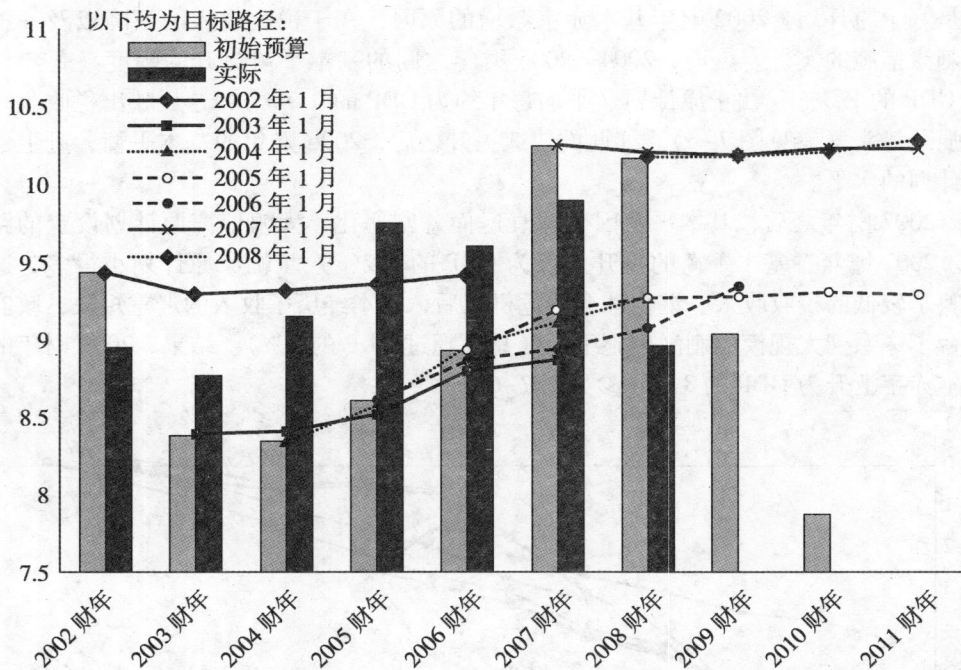

图 7-7　原计划与实际的税收收入（中央政府，以占 GDP 的百分比表示）

Source：Cabinet Office.

注：上图的税务收入包括被收进总账户的税收和印花收入。

**专栏 7.1：税务收入的易变性（volatility）和税收弹性*

　　2004—2006 财年期间的基本结余提升及其随后在全球金融危机期间的恶化，主要基于如下因素，即中期财政框架下实际税收收入出乎预料地大幅偏离。税收对产出急剧下滑的反应，比长期收入弹性所显示的要大，这一点在其他国家也可以观测到（Sancak，Velloso 和 Xing，2010），但是这一现象或许与日本的税收收入结构相关——其税收收入结构是朝着直接税偏移。例如，在日本，所得税（企业和个人）占整个税收收入的 57%，而长期以来消费税仅占整体税额的 28%。相比之下，在经济合作与发展组织（OECD）的成员国内，所得税与消费税平均分别占整体税额的 48% 和 43%（2007 年）。而且，日本的企业所得税和程度略轻的个人所得税，表现出相当高的周期敏感性，这一周期敏感性是由与产出缺口相关的所得税弹性来衡量的。尤其是，日本的企业所得税弹性（1.65）在 OECD 成员国内算是最高者之一：[1]

---

　　[1]　一方面，获取一致的消费税弹性的跨国估算有着实质性的困难，所以 Girouard 和 Andre（2005）假设了经合组织成员国的统一弹性。另一方面，Sancak 等人（2010）在一个跨国回归统计中，获取了一组发达经济体的增值税（VAT）收入弹性为 1.12 的估算值。（但是，日本没有被包括进他们的分析中）

税收收入构成和税收弹性		所得税	财产税	消费税
日本	总税收收入份额	57%	15%	28%
	税收弹性	个人税：1. 17	——	1
		公司税：1. 65		
国家平均	总税收收入份额	48%	9%	43%
	税收弹性	个人税：1. 26	——	1
		公司税：1. 50		

注：2007 年的数据来自于日本财政部和 OECD。与产出缺口相关的税收弹性，见 Cirouard 和 Andre 著作（2005）。

*矩形方框由 Jaejoon Woo 制作。

● **开支**

整个 2006 财年的计划支出和实际支出，都以弹道曲线的形式持续下滑，而一般性支出对 GDP 的比率（中央政府和地方政府），在 2002—2005 财年的每一年，都远远高出预期，但却逐渐削减，直至最后低于 2006 财年的计划水平。对于一项重要的刺激成分（亦即与公共建设工程相关的支出）而言，实际开支总体上超出了预算水平，部分是由于上一年份的开支下移（参见图 7-8）。

● **宏观经济变量**

通货紧缩比所预计的大了很多，这不仅仅是抵消了对经济的实际增长率的积极性刺激。正因为通货紧缩，名义 GDP 被高估了（参见图 7-9）。在 2004—2006 财年之间，事实上的经济实际增长超出了当局的保守假设（比如说，与国际货币基金组织（IMF）的《世界经济展望》（WEO）相比，参见表 7-7）。然而，年度 GDP 紧缩指数的变动是负的，自 2002 财年以来，其变动量平均低于-1%，大幅偏离原有规划。

● **政府对全球金融危机的反应**

和其他大部分发达经济体一样，全球衰退使得日本当局的财政稳定计划偏离了轨道。尽管纳入 2008 财年初始预算中的财政态势起初是相当中性的，但是为应对全球衰退以及税收收入急剧下降，而推行了一揽子刺激措施，这导致了财政赤字的激增，同时也使得政府到 2011 财年实现基本盈余的承诺变得遥不可及。2009 年 1 月，发布了中期到长期宏观经济和财政策略[①]，政府亦承认这一承诺已经不再有实际意义，但依然提及到 21 世纪第二个 10 年的中期稳定，进而减少债务对 GDP 比率的目标。在收入改革方面，官方勾画了一个收入和社会保障改革的中期

---

① 这替代了之前的中期计划，延长了所覆盖的时期。

承诺①，这需要在 2011 财年前出台新的法规，当然是在经济复苏的条件下。

表 7-7 不同机构的经济预测的比较

			真实 GDP 增长（百分比）					
预测	公布		2002	2003	2004	2005	2006	2007
有效性预测ᵃ	1 月	2002	−1.2	0.7				
私人机构	1 月	2003		0.4	0.8			
IMF WEO	10 月	2001	0.2	2.0	3.4	3.6	3.6	
	4 月	2002	−1.0	0.8	2.2	2.9	2.9	2.9
	9 月	2002	−0.5	1.1	2.5	2.6	2.5	2.5
	4 月	2003	0.3	0.8	1.0	1.7	2.2	2.3
中期项目ᵇ	1 月	2002	0.0	0.6	1.5	1.5	1.6	
（日本政府）	1 月	2003	0.9	0.6	0.9	1.3	1.5	1.6
			名义 GDP 增长（百分比）					
预测	公布		2002	2003	2004	2005	2006	2007
中期项目ᵇ	1 月	2002	−0.9	0.6	2.3	2.5	2.7	0.0
（日本政府）	1 月	2003	−0.6	−0.2	0.5	1.5	2.2	2.6

ᵃ 一致性预测是由"共识经济学学会"（Consensus Economics）所搜集的 20 家私人机构各自预测的简单平均值（方式）。

ᵇ 财政年度基准。

鉴于财政形势的迅速恶化，2009 财年的基本政策（2009 年 6 月下发）宣布了新的中期财政目标，包括：（1）除临时性刺激措施外，5 年内将基本赤字减半；（2）在 10 年内实现基本盈余（除社会保障基金外）；（3）到 21 世纪第二个 10 年，中期稳定债务占 GDP 的比率（除社会保障基金外），并在第三个 10 年早期，使之逐步下降。② 在 2010 年 6 月，（新）政府宣布了一项财政管理策略，设定了到 2020 财年实现基本结余的目标。

7.3.3 对偏离原计划的分解

针对实际基本结余之于目标路径的偏离，本小节做出了更程式化的分解。

起始于 2003 财年的次级时间段中③，周期性税收的复苏，导致了基本结余的正偏离。贯穿 2007 财年的基本结余的超常表现（GDP 的 1.7%），大部分来源于周

---

① 内阁决议，"关于可持续的社会保障机制及其稳定集资的中期项目"，2008 年 12 月 24 日。
② 关于债务占 GDP 的比例，并没有具体化的数值目标。
③ 该分析将 2003 年 1 月的计划作为目标路径。

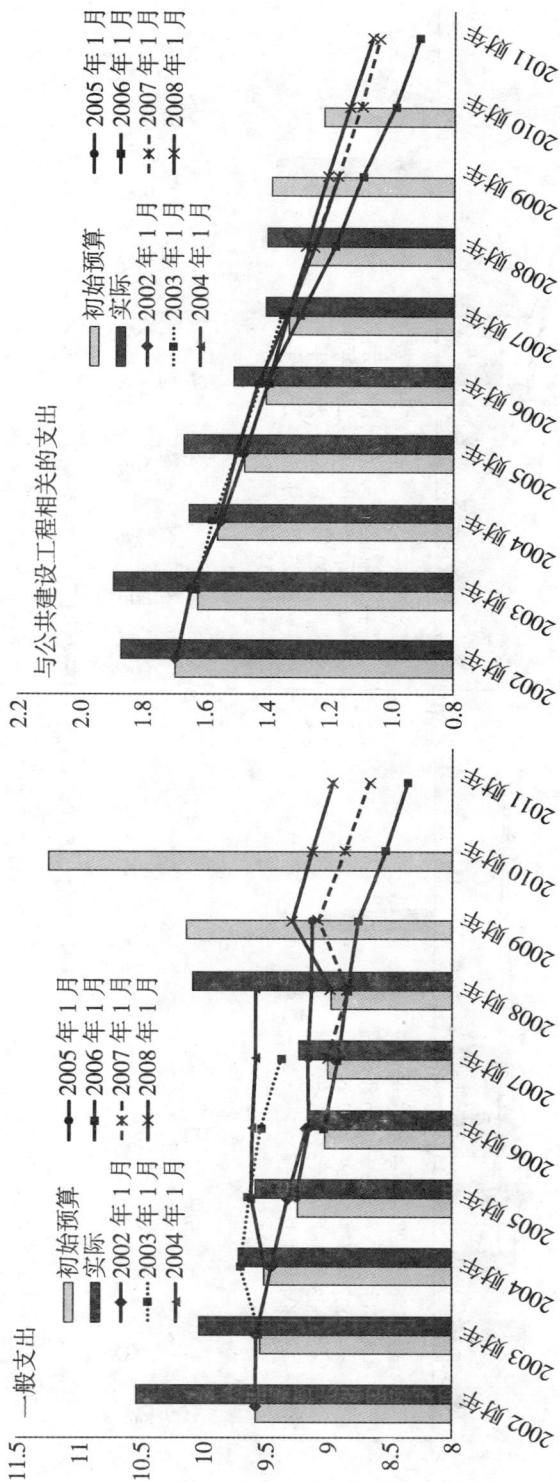

图 7-8　原计划与实际支出（中央政府，以占 GDP 的百分比表示）

Source: Cabinet Office and Ministry of Finance.

注：以上支出以总账户为基础。初始预算不包括上一年的留存。2009 财年的初始预算包括一个一次性因素（从特种账户中的转账）。

名义 GDP 增长

展望	
实际	
2002 年 1 月	
2003 年 1 月	
2004 年 1 月	

2005 年 1 月	
2006 年 1 月	
2007 年 1 月	
2008 年 1 月	

实际 GDP 增长

2005 年 1 月	
2006 年 1 月	
2007 年 1 月	
2008 年 1 月	

展望	
实际	
2002 年 1 月	
2003 年 1 月	
2004 年 1 月	

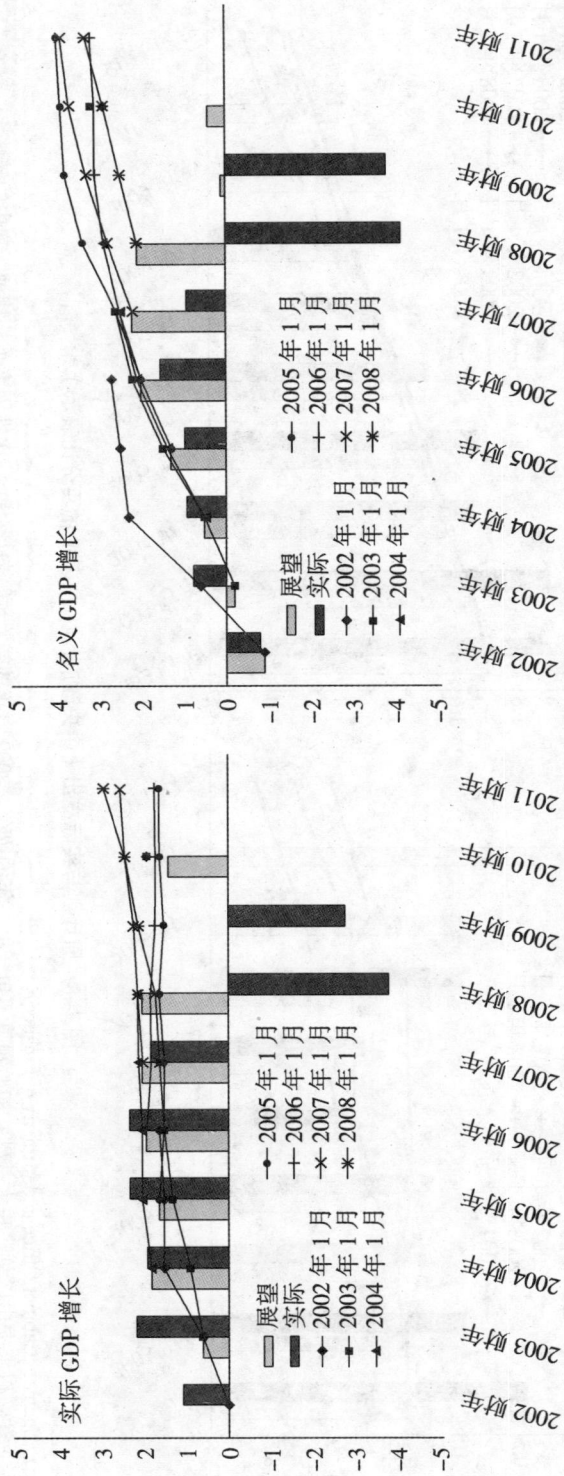

图 7–9　原计划与实际的宏观经济变量（百分比的变化）

Source: Cabinet Office.

期性税收收入的增加（参见表 7-4 和图 7-10），这比原计划要强烈得多——企业税收收入尤其活跃。在 2006—2007 财年期间，随着早前个人所得税削减的分期实施，结构性税收收入增加，变得极为显著。

起始于 2007 财年的次级时间段中，随着 2008 财年全球金融危机的开始，基本结余开始明显偏离原计划，并且这种偏离在 2009 财年进一步扩大（参见图 7-10）。这主要是因为周期性税收减少和大规模的刺激性开支，这种开支在 2009 财年和 2010 财年总共占到了 GDP 的 5%。

7.4　结语

从 2002 财年开始的财政调控计划，吸取了 1997 年财政调控的一些教训。新近推行的 5 年滚动框架，有助于使财政调控计划更灵活地应对宏观经济的冲击。由于受经济危机的影响，这两次财政调控都大幅度偏离了原计划。但是，在第二次财政调控中，政府能够坚守而不是舍弃中期到长期的财政稳定目标。然而，由于全球金融危机带来的史无前例的经济下滑，实质性的修订矫正无法避免。在以后进行的财政调控计划中，一个重要的目标就是，要进一步改进计划的设计和实施，以便在保持计划的中期目标和可信度的同时，增加面对经济冲击的灵活性。

尽管有所改进，这些财政调控计划还是和 1997 年那次一样，被一些相似的问题所困扰。这两个案例都没有制定明晰的提升收入措施；而开支上限既无约束力，也不是以结果为导向的。更具体地说，尽管政府承认，有必要实施一些增加收入的措施，但是为了确保有稳定的资金来增加国民养老金的份额，政府并没有详尽规划具体措施①；频繁地大幅追加预算和公共投资的留存结转，使得开支继续超出原计划的支出水平。

而且，"放马后炮"地说，假如经济条件有所改善，那么政府的计划和实施原本应该更恢宏一些。早期超出预期的财政调控，得益于政府收入的周期性增长，但是一旦经济活动减速，财政调控的步伐也会放缓。就庞大的公债而言，财政调控需要贯穿于整个经济周期的始终。因此，财政调控计划需要考虑到经济的衰退和繁荣两方面对财政形势的影响，并且在计划的实施中，要避免危害增长或过度刺激经济。

日本经验强调了内在机制的重要性，应对突发经济形势变动的同时，还要实现既定的财政调控目标，需要这种内在机制。以下措施可能会使财政调控计划更加有效：

■ 更清晰地表述财政调控方案的进程和时机，以及相应的（恰当标示的）支持措施（适当地确认）

---

① 政府勾画了一个收入和社会保障改革的中期承诺，要在 2011 财年以前出台新的法规，而且要在 21 世纪第二个 10 年中期分阶段执行该法规。

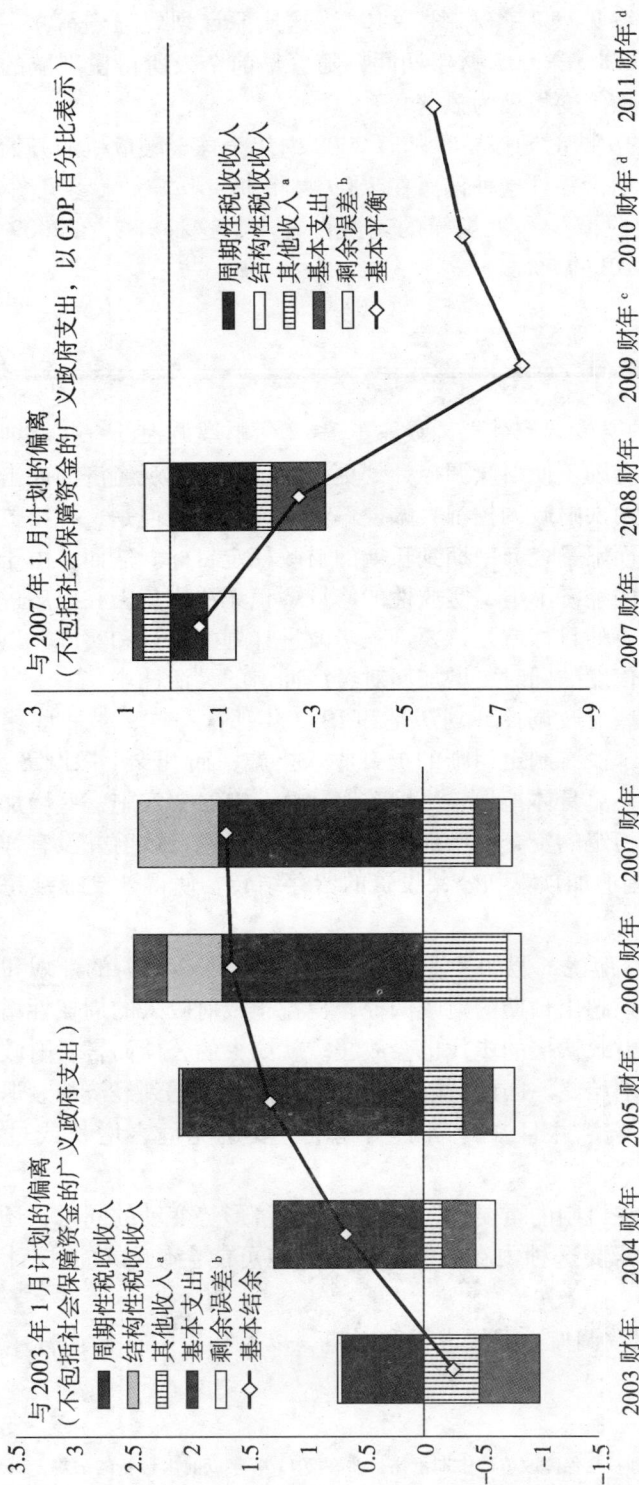

图 7-10 2003 年 1 月和 2007 年 1 月的计划：在财政调控中的偏离

Source：Cabinet Office and authors' estimates.

a 包括税收以外的收入，比如各种手续费。

b 剩余误差部分地反映了中央政府特种账户中的支出，与原计划的偏离（原计划水平没有公布）。

c 内务省的估计。

d 内务省的规划。

■ 界定周期性调控指标，以减少周期前的偏离

■ 把追加预算限定在已圈定的情形（比如，自然灾害、年度福利开支调整）

■ 采用中期预算（或开支）框架①，以加强对开支的控制

尤其是需要用中期财政调控来管理税收收入的高度易变性。估算短期税收弹性的难度，彰显了对一种机制的需求，这种机制是财政调控计划中用来管理易变的税收收入的。税收收入的大幅波动，可能已经被直接税占高比例的日本税收结构所放大。这种税收收入的大幅波动，不仅和 GDP 的波动有关，也和其他因素相关，比如 GDP 构成的变化、资产价格波动、企业结转的损失数额。因此，可以考虑在中期财政调控计划中设计一种内在机制，来管理不可预期的周期性税收意外增加或者紧缺不足。

附录 7A　Bohn 的财政可持续性测试②

直观地说，博恩（Bohn）的测试（1998）意在求证，基本盈余可以上升到何种程度，来应对公债比率的上升。具体地说，这个测试试图通过把财政基本结余，回归于对公债和其他基本结余决定因素，来检验财政之可持续性。债务的正系数意味着财政的可持续性，也就是说，财政政策通过改善基本结余来回应公债的累积，这样一来就可以实现对跨期预算的抑制。

为博恩财政可持续性测试所做的回归，可以用以下公式表达：

$$PB_t = \alpha + \beta \cdot D_{t-1} + \gamma \cdot Z_t + \varepsilon_t \tag{1}$$

在上式中，PB_t 是与名义 GDP 相对应的基本结余；D_{t-1} 是前一阶段结束时债务占 GDP 的比例；Z_t 为不包括债务在内的一套基本结余决定要素；ε_t 是一个误差项。根据 Barro 的税收平滑模型（tax-smoothing model）（1979），Bohn（1998）和其他与博恩财政可持续性测试有关的文献资料，都把临时性政府开支（GVAR）和 GDP 中的商业周期波动（YVAR）假设为除债务以外的其他基本盈余决定要素（Z_t）。因此，方程式（1）可以改写成：

$$PB_t = \alpha + \beta \cdot D_{t-1} + \gamma_1 \cdot GVAR + \gamma_2 \cdot YVAR + \varepsilon_t \tag{2}$$

表 7A-1 报告了用日本从 1947—2009 年之间的广义政府数据，进行博恩财政可持续性测试的回归结果。本附录所用的数据摘自日本 1955—2009 年的"国民核算账户"（日本内务省经济和社会研究所）和 1946—1954 年的"日本经济百年统计"。本附录所使用的财政数据（总债务、基本结余、实际支出）是针对开始于 1955 年的广义政府支出而言的，早于 1955 年的数据，是针对联合在一起的中央和地方政府而言的（覆盖范围的这一变动所涉及的近似值，对宏观经济而言意义不大）。

---

① 比如，主要政策领域设定的支出上限（在 1997 年财政结构改革法案中制定）和开支削减方案（在 2006 财年的基本政策中采用），可以看成是一个中期预算（或支出）框架。

② 附录内容由高桥敬子收集撰写。

表 7A–1　　　　　　　　　　　　博恩财政可持续性测试[a]

样本	1947—2009			
独立变量	广义政府支出基本结余 （GDP 占比）[b,d]			
	I	II	III	IV
连续的	0.808	0.891	0.840	0.913
	(1.639)	(1.910)	(1.863)	(2.132)
	[0.107]	[0.061]	[0.068]	[0.037]
D_{t-1}[b]	−0.030	−0.031	−0.030	−0.031
	(−5.481)	(−5.892)	(−6.020)	(−6.443)
	[0.000]	[0.000]	[0.000]	[0.000]
产出差距[c]		0.273		0.245
		(2.688)		(2.615)
		[0.009]		[0.011]
政府支出差距[c]			−0.317	−0.295
			(−3.342)	(−3.269)
			[0.001]	[0.002]
Adj. R[b]	0.366	0.444	0.480	0.542

[a] *Source*：Cabinet Office, Japan, Hundred-Year Statistics of the Japanese Economy, and authors' estimates.

[b] 前一年年末债务占 GDP 比率。

[c] 产出缺口和政府支出缺口对 HP 滤波趋势（实际期限）的百分比偏离。

[d] 所有估算值都是用年度数据进行普通最小二乘估计（OLS）；（）＝t-统计值；［］＝p 值。

对于非债务的决定要素，我们和 Mendoza 及 Ostry（2008）一样，使用产出缺口和政府开支缺口。从该测试来看，整个时间段的 D_{t-1} 的系数明显为负，这表明在 1947 年至 2009 年整个期间，财政政策并非是可持续性的，也就是说，政府没有提升基本结余来应对债务水平的增加。

为了更具体地找出根据这一测试财政政策是（不是）可持续的次级时间段，在下列两种情形下，对同样的回归做出了递归性估算：（a）在 1947—2009 年间所有可能的 25 年时间空隙；（b）从 1947 年起，所有可能的次级时间段。估算的 D_{t-1} 的斜率和相应的 P 值参见图 7A–1。晚近时期的历史中，唯一的一段债务率斜率为正且具有显著统计意义（P 值不大于 0.05）的次级时间段，始于 20 世纪 60 年代中期，截止于 20 世纪 90 年代中期。在此基础上，该测试应该已经显示出，至少从 20 世纪 90 年代中期起，财政可持续性就处于风险当中。

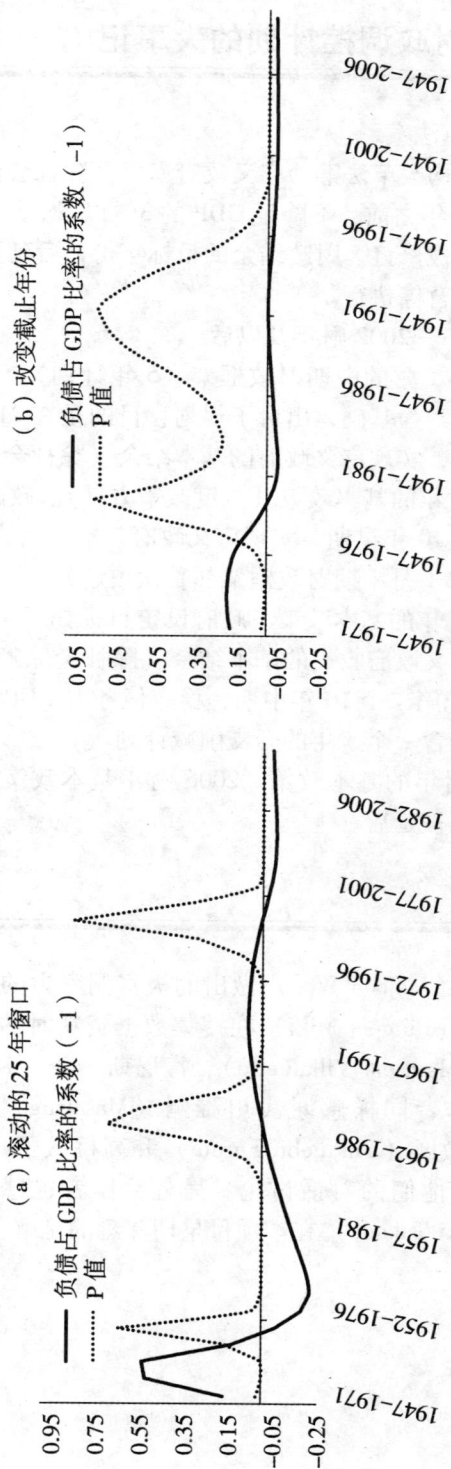

图 7A-1 博恩测试中 D_{t-1} 的递归系数和 P 值

（a）滚动的 25 年窗口

—— 负债占 GDP 比率的系数（-1）
.... P 值

（b）改变截止年份

—— 负债占 GDP 比率的系数（-1）
.... P 值

注：横轴表示博恩回归估算的样本时间段。

附录7B 日本中期财政调控计划的大事记

1. 1997 年财政结构改革法案

1997 年 11 月　财政结构改革法案。广义政府赤字（除社会保障基金外）应在 2003 财年之前，下降至 GDP 的 3% 以下。

1998 年 5 月　该法案被修订。财政结余的目标年份，后延至 2005 财年。

1998 年 12 月　该法案暂停执行。

2. 中期财政调控计划——2002 财年及以后

2002 年 1 月　2002 年 1 月的中期财政框架（5 年计划）。该框架以受欢迎的政策方案为基础，出台了规划，目的是在 21 世纪第二个 10 年的早期，实现广义政府的基本结余（除社会保障基金外）。

2002 年 6 月　2002 财年的基本政策（年度政策方针）。政府设定了在 21 世纪第二个 10 年早期，实现广义政府基本结余的目标。

2003 年 1 月　2003 年 1 月中期财政框架（首次更新）。

2006 年 7 月　2006 财年的基本政策。政府设定目标如下：（1）到 2011 财年实现广义政府收支的基本结余（除社会保障基金外）；（2）到 21 世纪第二个 10 年中期，稳定债务占 GDP 的比例。该基本政策还包含一个 5 年的开支削减计划。

2009 年 6 月　2009 财年的基本政策。2006 财年基本政策中，设定的目标实现时间被延后。

7.5 致谢

作者十分感谢禹在中（Jaejoon Woo）做出的极富洞察力的评论和非常有价值的补充，感谢邦佩·米克（Bumpei Miki）在搜集数据资料时的大力协助，也感谢莫里西奥·维拉弗尔蒂（Mauricio Villafuerte）、肯尼斯·姜（Kenneth Kang）和编辑人员的指导和建议。作者同样感谢浅川雅嗣（Masatsugu Asakawa）、有泉茂（Shigeru Ariizumi）、古田敬展（Yukinobu Furuta）和高桥敬子（Atsuko Takahashi）弥足珍贵的评论，以及和他们的对话讨论。另外，作者也感谢矢野弘二（Koji Yano）和高田秀喜（Hideki Takada）在本项目早期深刻的见解。

第 8 章 欧盟大型财政调控计划的运行：跨国统计分析

阿里·阿巴斯（S. Ali Abbas）

福亚德.哈萨诺夫（Fuad Hasanov）

保罗·莫罗（Paolo Mauro）

朴俊亨（Junhyung Park）

8.1 引言

这一章，我们开始对既往财政调控计划进行系统的统计分析——包括事前设计分析和事后效果分析。前面章节的个案研究，分别对 7 个国家各自的财政稳定尝试进行了深入分析，而在这一章，我们将从宽广的视域范围内，力图覆盖过去 20 年间所有的欧盟成员国。这样一来，我们就不能像个案研究那样，对计划及计划设计的动机、各项措施的构成、抑或政治和体制方面的细微差别等，进行详尽的探究。当然，我们通过数据覆盖和众多严谨的数据分析，也获益颇多，因此这是对前面章节研究结果的补充。从某些方面来看，对那些想要从其他国家的具体经验中学习借鉴的决策者而言，个案研究或许能引起他们强烈的共鸣，而对于学术型或职业型经济学家而言，正规的统计分析或许更有说服力。在我们看来，令人颇受鼓舞的是，不管是在个案研究中，还是在统计分析中，都有好几个关键性资讯得以清晰地显现。

正如本书导论部分所言及的，以前也有跨国统计分析，针对成功的财政调控案例进行了甄别，但大部分都是考察政府债务或者整体性财政平衡得以最大限度地改善和提高。[①] 而在本书后续章节中，我们的主要关注点在于，被确认为最大规模的事前型财政调控计划，这些大型调控计划意在降低周期性调节的核心预算赤字。因而，在本章中，我们规避了实际的事后财政成果，而从事前计划型财政调控入手。我们将分析根植于计划设计中的决策者意图，进而研究大型财政调控计划的执行情况，跟踪事后成效，把事后成效与事前计划进行比较，力图揭示调控结果偏离计划

---

① 这些研究关注的是，当财政调控依赖于削减支出而不是增加税收时，在引发非凯恩斯增长反应方面，是否持续得更长久、更有效。对发达经济体而言，这些研究强调的是，以支出为导向的调控（尤其是削减公共就业、公共工资、转让金）在增长后劲方面，是否更持久、更有效。这其中包括供给层面的经济影响原因。对新兴经济体而言，以收入为导向的调控，也被证明是有益的，特别是在收入/GDP 比值很低的时候。

目标的潜在性因素。例如，我们要观察诸如经济增长之类的宏观经济变量，相对于计划拟订之初所预期的目标，形成的偏离程度。

然而，在系统性统计分析的情境下，本章也会关注事前计划与新近研究的结合，这些新近研究的分析是已公布的、使用"实时"财政数据的预算可信度和执行情况。本章也将关注点聚焦于欧盟成员国，因为这样可以获取相对标准的趋同准则，而且，欧盟的《稳定与增长公约》（SGP）项目制订了大型财政调控计划（Strauch et al.，2004；Beetsma and Giuliodori，2008；Cimadomo，2008；Beetsma et al.，2009；and von Hagen，2010）。这些研究的关注点在于，鉴别确认计划财政调控的规模和方向（例如初始财政状况、政治经济周期平台），还有就是影响整个预算计划实现的因素。研究讨论了以下几个方面：（1）欧盟预算总体上落实不力；（2）越是恢宏的财政调控计划，其实施情况越是薄弱；这些宏大计划通常是在选举前为彰显实力而拟定的，而且（抑或）是在初始赤字高居不下的情况下拟定的；①（3）意外的正向增长和强势的财政机构，对计划的实施提供了帮助。

我们进行实验性分析的动机，与"大型财政调控"的文献研究法相似，但更为理想且更重要的方法论，却来自于"财政政策可信度"的文献研究，因而我们把这两种研究的有益原理糅合在一起。本章我们专注于所计划的大型（下文将予以定义）财政调控，而在前几章的"财政政策可信度"研究中，不但关注了大大小小的财政稳定尝试实例，同时也着重探讨了财政拓展方面的实例——我们认为这些实例有着本质上的不同。本章我们从中期视野（三年）对大型财政计划予以评估，而前几章的"财政政策可信度"研究，则基本是按年度频率来运行的。②我们对大型中期计划的关注，正是受当前的政策环境所驱动，因为，目前很多国家都在针对大规模财政稳定，而制定多年期长远战略，以期下调危机后时代负债率的历史高位。而且，多年期调控计划较之单年度计划，更容易实现中期财政目标，因为单年度计划的构成和成效，很可能会受到各种短期因素的干扰。最后一点，本章我们所讨论的样本时限——从1991年开始——也比前面几章的研究时限要长。

我们对计划的设计和实施进行了实验性分析，从中得到以下几项重大发现：

■在设计方面，我们发现，较为典型的大规模财政调控计划，体现为削减支出而不是增加税收，在预想中扮演了更为重要的角色（实际上，大多数个案计划的是降低税收）。有1/3的计划设计了增加收入，其中只有不到一半的计划，由具体的税收政策措施来支撑，而大部分个案的措施都得以实施并带动了收入的实质性增长，而且增长的持续时间已然远远超出了计划的预设范围。许多计划都是以改善宏观经济环境的假设为基础的，然而其增长预测并没有像当初发表在《世界经济展望》上的国际货币组织（IMF）官员所预期的那样乐观。初始赤字高达马斯特里

---

① 初始债务水平和"结构"平衡，不会影响整体财政结余的恢宏度。换句话说，在引发财政修正举措方面，SGP（超额赤字程序）的修正功能要比预防（对周期的中立立场）和阻滞功能（债务对GDP的比率不能超过60%）更有效。

② 早先的研究，比较了 $t+1$ 年内实际调控和计划调控，抑或 $t+2$ 年内实际和计划"与上年同期数字相比"的调控。我们比较的是，3年期内累计计划调控和累计成效。

赫标准的国民生产总值（GDP）的 3%，并且处于在欧洲货币联盟（EMU）的筹备阶段，此种境况下，财政调控计划更为气势恢宏。

■在实施方面，我们发现，如果不是调控的构成经常与原计划有所出入，平均有 3/4 的调控计划，能够借助收入超常增加来抵消支出超额而得以实现。计划的实施并不会受到计划恢宏度的严重影响。只有部分迹象表明，诸如欧洲货币联盟成立之类的"胡萝卜"和诸如欧盟的超额赤字处置程序之类的"大棒"，能够加强对财政调控计划的坚持；经济衰退时，其他一些因素、特别是意外增长遭到抑制，此种境况下，这些"胡萝卜"和"大棒"，就起不到一点作用了。增长的突然出现，是导致计划偏离其成效的最重要因素：增长高于预期一个百分点，总结余就会提高 0.5 个 GDP 百分点。恶劣影响（贸然调整初始财政平衡）就会引发最终财政平衡目标的一系列细节变动，因而，这意味着对计划的实施效果产生重大影响；而计划的实施效果，是通过计划中的财政平衡改进与实际改进情况的对比来加以衡量的。国家财政制度越严格、议会中的分歧越微小、政府稳定性改善越大，那么计划的实施情况也就越喜人。

在本章接下来的部分，我们要对数据、方法论、最终成果进行讨论。第一部分剖析了数据和方法论问题，也阐释了一个包含欧盟内 66 项大型调控计划的样本；这 66 项趋同性计划隶属 SGP 项目，公开发布于 1991—2007 年之间。第二部分报告了样本中各项计划的设计和实施的统计摘要，并且提供了描述性统计数据和主要利率变量的图示。接下来，介绍了计划实施的潜在驱动因素的计量结果，这些驱动因素包括初始宏观财政环境、所计划的稳定目标、宏观经济刺激、针对媒体的政策反应、来自体制和政治方面的变量等。结论部分主要阐述核心政策方面的事宜。

8.2　数据、样本选择和方法论

我们的出发点是一个统计全域，这个域是由 229 个趋同性计划组成的，隶属于 25 个欧盟成员国在 1991—2007 年制定的 SGP 项目；其中 1998 年后的 175 个计划，是从欧盟经济和金融事务总局（DG ECFIN）的网站上获得的；1998 年前的 54 个计划，来自于国家权力机关、图书馆和 IMF 档案。2006 年及以后所公布的计划时间跨度，和全球金融危机的期间，具有值得关注的交叉和重叠，而且这次金融危机的影响，会严重影响此类系统性统计分析的所有结果，并使其发生偏差，所以我们重点关注 2005 年底之前的 178 个计划。我们提取了关键宏观金融变量的所有时间序列信息——主要是对年度 t（计划公布的年份）的估算、上一年 $t-1$ 所报告的收支余额、对第一年度 $t+1$、$t+2$ 和 $t+3$ 的收支余额预测等。财政变量包括：基本财政结余、财政收入、基本支出、利息付款和公共债务等级。宏观经济变量包括：实际国民生产总值和名义国民生产总值的增长率及水平、通货膨胀和利率。同时，恢复了可行性周期调整平衡计划（大约占一半的计划）的信息，并对其信息测算做了自己的补充，我们知道要运用精心构建的实时产出缺口——也就是说，我们用的只是当前才可以观察到的信息（参见附录 8A）。我们从欧洲委员会年度宏观经济数据库中，获取了同种变量的事后数据。

从 2006 年前的 178 个计划（表 8-1 中的所有阴影单元格）开始，我们将那些在未来 3 年中为高于 1 个 GDP 百分点的基本财政结余，预设了累积性调整的计划，定义为"大型计划性财政调控"，这样，就确定了整整 100 个大规模财政调控计划（表 8-1 暗灰色的阴影单元格表示）。最后，排除每个国家中的两年及两年以上相互重叠的计划，这样就剩下了 66 个提高了基本结余的大型调控计划，从而组成了我们的分析样本。[①]

表 8-1　　　　　　　　　如何从计划全域中选取 66 项大型调控计划

	1991	1992	1993	1994	1995	1996	1997	1998	1999	2000	2001	2002	2003	2004	2005
奥地利						●				●					●
比利时		●				●			●						
塞浦路斯														●	
捷克共和国															
德国			●			●					●				●
丹麦					●	●									
爱沙尼亚															
希腊		●		●				●		●				●	
西班牙	●						●								
芬兰					●				●						
法国			●									●		●	
匈牙利															●
爱尔兰															
意大利	●						●				●				
立陶宛														●	
卢森堡															●
拉脱维亚															
马耳他														●	
荷兰	●			●									●		
波兰														●	
葡萄牙			●												●
瑞典						●		●					●		
斯洛伐克															●
斯洛文尼亚														●	
英国			●											●	

■ 计划全域　　　　■ 大于 1% 的调控　　　　● 非重叠大型计划

[①]　我们也进行了一次平行性试验。在这次试验中，计划的筛选依据是对结构性基本结余与潜在 GDP 比率的计划提高数额。为达到这一目的，我们设了一个门槛，即提高 0.5 个潜在 GDP 百分点（接近于结构性基本结余对潜在 GDP 比率的中期提高数额），以此来界定大型计划性调控。这样做的结果是，我们有 78 个计划的样本，其中 48 个是非重叠计划（如前文所释）。这个样本的研究结果，与本章所描述的结果非常相似，因篇幅原因，不再赘述。

如表 8-1 所示，66 个计划中有 27 个计划是在 1998 年前发布的。由于 ECFIN 网站只发布 1998 年以后的计划，所以在财政政策可信度研究中，这 27 个早期计划未能得以详尽的探查。然而，这些计划的意义却是极为重大的，尤其是因为它们囊括了以大型财政调控为特征的国别或年份，而且是在 EMU 筹备阶段制订的。这些早期计划中，17 个计划是在 1992—1996 年之间制订的，其中 12 个计划的目标，是在 1997 年将赤字降低到 GDP 的 3%（1997 年是 EMU 成立并进行第一轮运转的测试年度）。

确定了我们要探查的计划之后，现在讨论界定财政调控计划和跟踪计划实施的两个关键步骤。

1. 界定财政调控。我们是这样界定事前调控计划的：正如当年（t）所公布的计划中设想的那样，在计划公布之年（t）和接下来的 3 年（$t+3$）之间，财政结余对 GDP 的比率所要提高的百分点；计划预期需要提高这样的百分点，就是事前型计划性调控。我们界定与之相对应的事后调控如下：正如计划实施后的期末数据（2009 年 AMECO 数据库）报告中所显示的那样，在计划公布之年（t）和接下来的 3 年（$t+3$）之间，财政结余对 GDP 比率实际提高的百分点；这个实际提高的百分点就是事后型调控。[①] 除去整体财政结余及其收入和支出构成之外，我们也跟踪考察了对周期性调整的基本结余调控，进而将周期性调整的基本结余细分为周期性调整的收入与基本支出。

2. 衡量实施情况。我们对计划的实施情况进行了两个方面的衡量：（A）实施比率，即对于每一个计划的实施误差，衡量其 3 年内所观测到的财政结余，较之 GDP 比率的实际累计增长，与对应的计划增长之间的比值（B），即对于每一个计划，从财政结余对 GDP 比率的计划性增长值中，减去实际增长值后，所得到的差额。最好的实施情况是：实施率为 1 或者实施误差为 0。当然，计划的过度实施（实施率大于 1 或者实施误差小于 0）也是可能存在的。

运用实施率的好处在于：它可以恰当地衡量计划中的财政调控目标（改善财政平衡），在现实中的实际表现，因而，在回归框架（参见"描述性分析"部分）中，亦即计划目标未能得到操控的情形下，各种计划之间也就有了可比性。运用实施误差率的好处是：既然计划实施的衡量单位是 GDP 百分点，那么在回归框架中使用误差率，就便于解释计划的实施情况。所以，我们在计划目标得到适当操控的回归框架中（参见"回归分析"部分）使用了实施误差率。

8.3　描述性分析

在这一部分，我们提出了总结性统计数字，目的是揭示样本中计划设计的关键

---

① 通过从单一计划文件中剔除所有事前信息和从单一 AMECO 年份中剔除所有事后信息，我们限制了在事前数据或者事后数据之内（但这样的差异可能在事前和事后数据之间出现）基础效应和财务定义不一的影响。

因素；还汇总了关于计划实施情况的统计数字，也对推动计划实施的潜在因素做了一些描述性分析。

8.3.1　规划设计

下表一目了然地显示出，计划样本中，各种计划在诸方面所拥有的共同特征，可以借此做出有趣的比较。图 8-1 也初步提供了某些研究结果，这些结果在后面几部分中，将通过更加系统的分析而得以证实。

计划的各种特征	66 个计划所占比例（%）
日期在 1998 年前	41
初始赤字>3 个 GDP 百分点	56
初始债务>60 个 GDP 百分点	59
筹备 EMU 期间制定的	23
期间政府有变动的	47
第一年之内有>50% 的改善	23
预测产出缺口增加	77
支出方面有>50% 的改善	87
列明增加收入的措施	17

如前所述，2/5 的计划是 1998 年以前的。超过一半的计划制定之时的初始赤字或者债务，分别超过《马斯特里赫特条约》规定的上限，即 GDP 的 3% 和 60%。而且，半数计划在其 3 年调控期内，遭遇了政府内的变动，尽管在计划制定之初，这并不总是为人所知。不到 1/4 的计划设计了提前调整（亦即在第一年就调整了计划中的多半内容）。

我们的样本中，有 3/4 的计划预计了宏观经济条件的改善，这种改善是在计划的通盘视野下通过产量缺口来衡量的（实际产量偏离于潜在产量的差额百分比）。这不足为奇，因为政策制定者的核心目标之一是拉动经济增长，也因为欧洲货币同盟（EMU）的条款上或者更宽泛意义上的欧洲一体化运动，曾对经济效益做出承诺。图 8-1 显示，计划中所包含的实际 GDP 增长率假设，并不是特别乐观；该图同时显示，计划中的这些假设很大程度上接近于发表在《世界经济展望》近几期上的 IMF 官员的预测（大部分预测都 45 度线左右）。[①] 因此，计划之外的事后增长奇迹，必定要归结于真实的宏观经济的不确定性，而不是什么系统性的预测偏见

---

① 就计划所假设的经济增长率与 WEO 在同一时间公布的增长率之间的偏差，进行了一次"t-测试"；t-测试没有排除零假设，即这些偏差的分布集中在 0 以上。对所预报的非偏差进行的测试进一步证实：计划所预报的增长，相对于"实际"增长率，没有发生偏差。

在与 WEO 增长率发布的同一年计划中，对经济增长率的偏离进行 T 检验，接受零假设：这些偏差的分布集中在 0。检验预测无偏性进一步确认了预测增长率与实际增长率的无偏性。

（也见于 IMF，2009）。

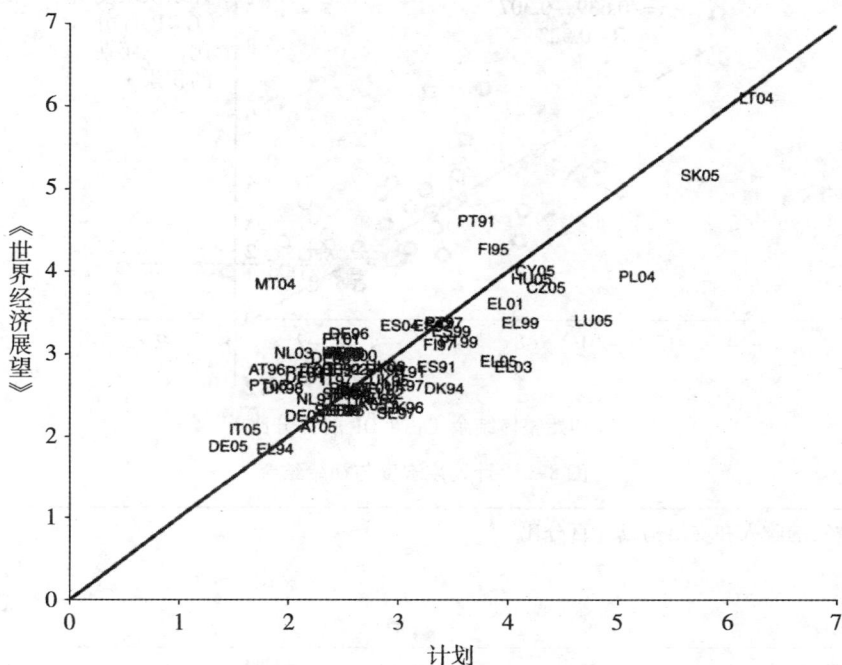

图 8-1 《世界经济展望》增长预报对计划增长的比率
（每年的百分比，年累计数额的年度平均值）

初始赤字越高，调控计划就越是恢宏，这一现象在高赤字水平上更加明显。图
8-2 分别显示了两种计划中初始赤字高低与调控恢宏度之间的二元关联性：一种计
划制订之时，初始赤字大于 EMU 规定的上限，即 GDP 的 3%（黑色圆圈和实回归
线）；另一种计划制订之时，初始赤字已经在 3% 之下（灰色圆圈和虚回归线）。计
划极为恢宏同高涨的初始财政赤字之间，具有密不可分的联系（斜线表示的系数
大于 0.6），但是这种情况只出现在赤字大于 3% 的情况下。当赤字小于 3% 时，相
对应的计划恢宏度基本上是零。决策者规划行为的总体模式，还是很鼓舞人心的，
因为财政可持续发展的一个必要条件是，当初始财政很弱的时候，财政调控力度/
表现必须是非常强劲的。[1]

如果计划是采用支出—收入的混合实施措施来进行编写和构成的，那么这样做
就极为有利于削减支出，而不是提高收入。大约 90% 的计划设想，应该将主要调
控重点置于削减支出（占 GDP 的份额）。而且，大约 2/3 的计划设想，收入占 GDP
的比重将会被削减，因而，要求在财政平衡中削减开支的比重要超过财政平衡的总
体调控力度。

---

[1] 更准确地讲，为了应对公共债务对 GDP 比率的增长，基本财政结余必须得到改进。

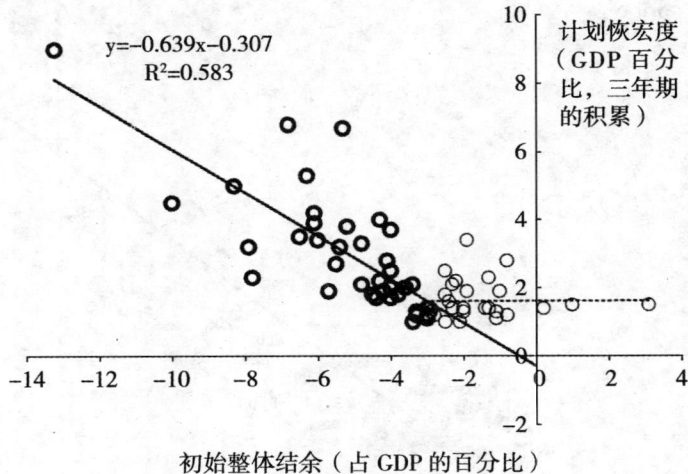

$y=-0.639x-0.307$
$R^2=0.583$

计划恢宏度（GDP 百分比，三年期的积累）

初始整体结余（占 GDP 的百分比）

图 8-2　计划恢宏度与初始结余

66 个方案的收入和支出构成（百分比）

		支出		总体
		增长	减少	
收入	增长	10	27	37
	减少	0	63	63
		10	90	100

　　值得注意的还有这样一个事实：1/3 的方案规定了收入占 GDP 比率的增长，而只有 10 个方案以详尽的税收政策变动为支撑（例如，利率增长或者废除既定的免税）；其余计划只是提及了改善税收管理和制度遵守情况、打击逃税力度或者扩大一般性税基。因此，不到 1/6 的大型财政稳定计划，设想了以具体详尽的措施为基础、审慎地提高收入比率。

　　这就引导我们转换视角来看待那些由使用事后成效的传统文献所鉴别的、以收入为基础的大型财政调控。例如，Alesina 和 Ardagna（1998）的著述中，所有的实例都有一个共同的特征，即收入至少增长了 GDP 的 1%；被 Alesina 和 Ardagna（2009）鉴别为大型财政稳定计划中，有 2/3 的实际性财政行为都致力于收入方面。

　　当我们对比事前和事后的大型财政调控的定义时，怎样区分收入所扮演的不同角色呢？正如下文将要表明的那样，在事前方案设计中，政策制定者意图依靠削减支出，而不是提高收入（实际上，在前述个案中，他们寄希望于充分削减开支，以便为降低税收制造空间），但是事后型调控的构成结果却与预料的有出入：因为支出的削减比原计划要少，政策制定者不得不指望（经常是暂时的）收入的增加高于原计划，也就是经常违背降低税收的承诺。

8.3.2　计划实施

在表 8-2 中，通过观察样本中 66 个计划的平均值，列出了成效与初始计划的对比结果。实施情况总体上表现良好：平均而言，原计划在 3 年期内基本（总体）结余的提高值为 GDP 的 2.5%，其实际提高值为 GDP 的 2%，计划实施的误差率只有 GDP 的 -0.5%。实施率（总结余的实际提高值与原计划提高值之间的比率）为 0.8。排除高于原计划利率账目储蓄金的影响，实施率下降到 0.7，但仍然是相当高的实施程度。

表 8-2　　　　　　　　　　对计划实施情况的统计总汇——依据财政变量

	变量	Δ 计划	Δ 实际	执行率=Δ 实际÷ Δ 计划 （1 是好的）	执行错误= Δ 实际-Δ 计划 （0 是好的）
GDP 占比	总体平衡	2.5	2.0	0.8	-0.5
	收入	-0.1	0.5	–	0.6
	支出	-2.6	-1.5	0.6	1.0
	基本	-2.1	-0.9	0.4	1.2
	利息	-0.5	-0.7	1.3	-0.1
	基本结余	2.0	1.3	0.7	-0.7
潜在 GDP 占比	周期性调整基本结余	1.6	0.9	0.5	-0.7
	周期性调整收入	-0.4	0.5	–	0.9
	基本支出	-1.9	-0.3	0.2	1.6
	备忘：周期性收入	0.2	0.5	2.5	0.3

然而，实际调控的构成却与原计划所设想的有相当大的出入，这是因为政策制定者们并没有充分履行大幅削减基本支出的承诺，也没有履行降低税收的附加承诺。具体而言，原计划设想基本支出的削减额平均为 GDP 的 2.1%，而实际的削减额只达到 GDP 的 0.9%。收入以其占 GDP 的 0.6% 的超常表现，为支出做出了部分的弥补。尽管很大程度上预测到了利率项目的降低，但这为 GDP 意外上涨了 0.1% 做出了解释。总体上，计划设想，4/5 的调整来自于基本开支的削减，剩余的部分依靠利率项目储备金，而事实上不到一半的调控来自于基本开支的削减，这其中还包括收入所弥补的 1/4，其余的调控在来自于利率项目储备金。

从周期性调控角度来分析计划的实施情况（见表8-2的底栏，所有变量用潜在GDP百分比表示），我们可以观察到三个事实。首先，实施率（0.5）稍微低于整体变量（换句话说，如前所述，结果证明周期环境比预想的好一些——周期性收入超过了GDP的0.3%）。其次，利用周期性调控变量和潜在（不是名义）GDP作为标准变量，这就进一步降低了削减支出对整体调控的影响。尽管原计划要把基本开支降低到足够水平，以实现降低周期性调控结余的目标，但事后分析却表明，基本开支的削减在整体调控中只占很小的份额，而周期性调控收入的增长，在周期性调控结余中，占整体调控将近2/3的份额。周期性调控收入如此之大的影响，是由超出计划将近1个GDP百分点所引起的。

是什么因素造成周期调控收入如此意想不到的增长呢？给出完整解答需要更深入的分析，但我们在此还是要给出四个方面的考虑。第一，整体而言，各国政府执行了计划中所详尽列出的措施：就我们能检索到的税收政策措施执行记录来看，很少有措施被延迟执行或者被遗漏，同时也很少有补充增加的措施。这里几乎没有推迟或者忽略的政策，但也没有新增的（在这一点上，可以参见对G7成员国的个案研究）。第二，尽管计划中概述得相当模糊，但对扩大课税基础以及改善法律遵从情况的努力似乎还是有一定的成效。第三，几个欧盟成员国依赖于一次性财政收入，特别是在EMU预备阶段的关键时期（比如，参见法国和意大利的个案研究）。第四，在我们看来也是最重要的一点，相当一部分的超常表现反映出，缺乏政策扶持的财政收入来自于一些临时性因素，例如非同寻常的资本市场强劲表现，这是标准性周期调控方法所不能剔除掉的因素。特别是，几个欧盟成员国在暴涨的股票市场和房地产价格泡沫中受利颇多，这带来了始于2008年的全球危机之前的收入大幅度增长，但事后的结果明确显示，这种增长有着暂时性本质。[①]

8.3.3 解析成功的决定性因素

我们通过一个简单的二元变量图表，着手探究计划实施程度的潜在决定性因素，随后还要在下一部分进行一个更正规的多元变量回归分析。具体而言，我们要考察：计划的财政政策变动程度所可能发挥的作用（计划的恢宏度）；财政制度的力度；财政初始状况；意外的经济增长和通货膨胀；政治和选举变量。

- **计划的恢宏度**

计划的恢宏程度或许原则上与实施率相关。例如，或许可以假设恢宏程度很高的计划，得以完全实施的可能性就会很低。我们将样本中实际的调控与原计划的调控对比（基于计划的3年期视野），绘制成了一个简单的分布图（见图8-3），此图没有显示对那种假设的支持。二元回归系数是0.8（排除5个有影响力的观察数

---

① 相比之下，根植于有形计划型税务政策变动的收入增长表现得更为持久。在80%的税收政策明显紧缩的案例中，半数以上的收入对GDP比率的结果性增长，在计划期限结束后，又延续了三年。

据，如灰色数字所示），也就是说，同表 8-2 所示的实施率一样，这表示实施率和计划的恢宏程度高低之间并没有关系。[①]

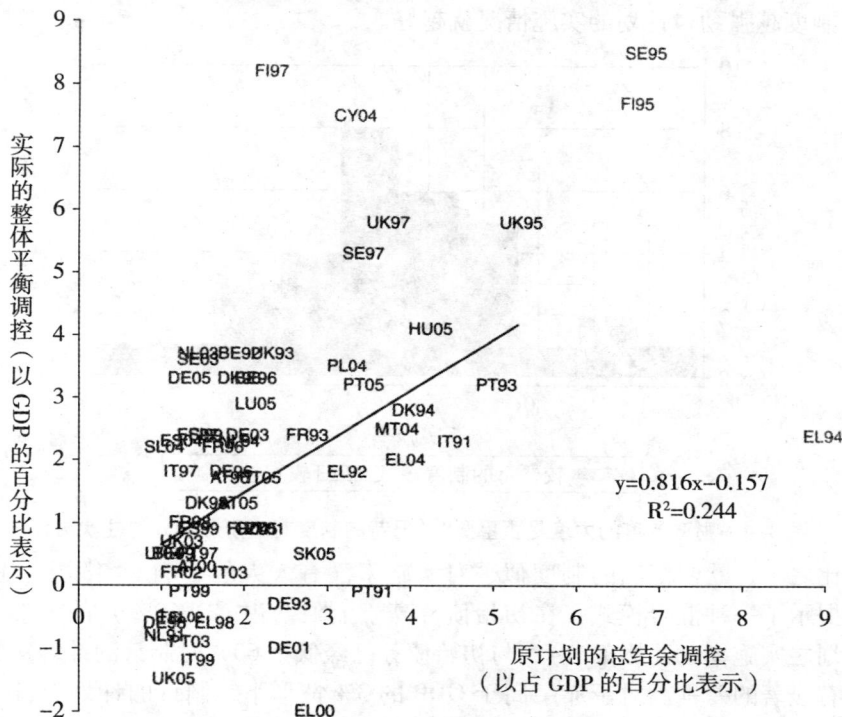

图 8-3　实际调控对原计划调控（恢宏度）（以百分比表示）

- "大棒"：财政制度

虽然对于财政制度的利弊，许多经济专家和决策者进行了激烈的争论，但我们依然有理由期望，强劲财政制度的存在，能促进政府计划更好地得到执行。[②] 在我们对财政制度的定义中，既包含了神圣不可侵犯的法律范畴下的国家财政制度（一旦财政指数逼近或者破坏临界点，这些法律法规就会强制地做出财政修正），同时也包含界定明确的超国家财政制度，如欧盟的"马斯特里赫特的纠正和劝阻规则"（分别指赤字低于 GDP 的 3%，债务低于 GDP 的 60%）。违背这些规则主要会导致信誉方面的损失，在某些情形下也会被施以惩处。

国家财政制度的力度（通过财政制度力度指标 FRSI 测算，这一指标由欧盟的 DG ECFIN 编制——其官方网站上可以找到完整的描述），似乎强有力地转化为计

[①]　因而，我们不能证实早先研究所得到的发现；早先的那些研究使用以一年为频度的较短样本期限，并且依据其研究发现而判定计划越恢宏，其被实施的可能性越小。我们使用 STATA（一般目的统计软件包）中的 DFBETA（线性回归算法），确认了有影响力的观测项目；当我们把这些有影响力的项目包括进来时，所报告的回归（图 8-3）中斜率大约为 0.8，这一点也值得注意。

[②]　事实上，财政制度的拥护者常常主张，通过低债务、赤字目标以及更好地执行目标，财政制度就能改善财政纪律。反之，财政制度的反对者则指出，因设定反映经济周期的目标而产生的挑战（财政制度会带来倾向于周期的财政政策），也指出要通过财务策略来加大刺激性措施以实现目标。因此，很多财政制度的反对者可能会认为，制度提高了遵守政府计划的可能性。反过来，财政制度的拥护者则认为，即使财政制度确实能提升计划实施率，但不管是支持还是反对财政制度，它都不能搞定所有情况。

划的实施。图 8-4 显示了总结余计划实施率的分布，其中既有制度强度（从其设计和强制力度来评判）大的案例（阴影部分），也有在强度小的案例（原色部分）。[1] 制度越强劲，计划的实施情况就越好。

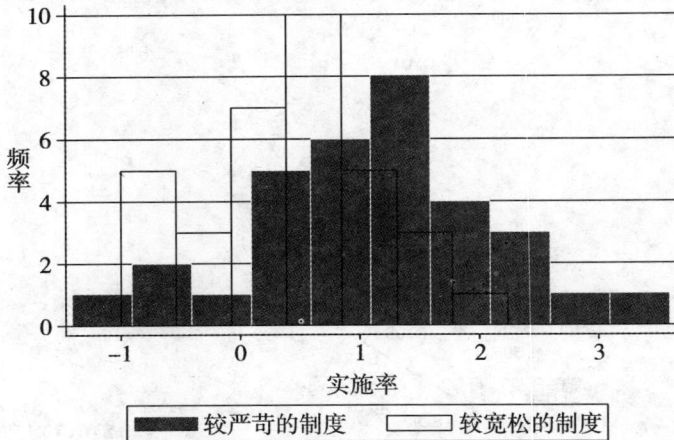

图 8-4　财政制度的力度是否重要？（严苛的制度对应阴影部分的柱状图）

　　相比之下，欧盟范围的制度似乎对实施率没有太大的影响。实际上，图 8-5 充其量揭示了一种混合模式：在初始债务高于上限（占 GDP60%）的情形下，制订的计划之实施率（阴影部分），与初始债务已经低于 60% 时制订的计划实施率之间，没有显著的差别。对于赤字高于 GDP 的 3% 情形下，制订的计划而言（阴影部分），与赤字率已经低于上限 3% 时制订的计划相比，其实施率的频数分布略偏向右边，但这一差别的统计意义并不重要。不过，如前所示，GDP 的 3% 这一赤字上限，很可能对计划的恢宏度产生了重要影响，我们会在本章后面的部分，对这一问题进行深入探究。

　　• "胡萝卜"：欧洲货币联盟 EMU 的正式加入

　　表 8-3 获取了 EMU 准备阶段的计划实施的动态特征。对欧元可行性的"考核时点日"是 1997 年 12 月 31 日，所以 1994 年制订的计划是最严苛的，这是因为这些计划必须在 1997 年底将赤字降到 GDP 的 3% 以下。[2] 然而，1995 年和 1996 年的计划本来也更为重要，因为它们离"考试日"更近，也因为 EMU 在 1999 年初才会生效。我们可以清楚地看到，在 1994 年原计划的总结余改善，在 GDP 的 3%～5% 之间浮动，从那以后便逐渐降低。实际的改善情况也是遵循了相似的模式，但总也达不到原定的计划目标。甚至对事关欧元命运的 1994 年的那些计划而言，也只有 2/3 的调控预测得以实现（相对应的实施误差是 GDP 的 -2%）。这并没有影响在 1997 年保持 GDP3% 的赤字目标之达成，原因是：（i）计划性调控的目标设定很高，从而提供了一个"下滑的缓冲空间"；（ii）1994 年的平均赤字，在

---

[1]　中性制度强度被用作划分样本的确切界限。
[2]　附录 8B 列出了欧洲货币整合的时间表，表内有重要的财政政策方面的关键数据。

1995 年被下调了 GDP 的 1% 以上，但赤字目标得以保持。因此，EMU 准备阶段，如果把计划的恢宏度、意外增长和恶性影响考虑在内，计划的实施没有出现意外的强劲或者不同。[1]

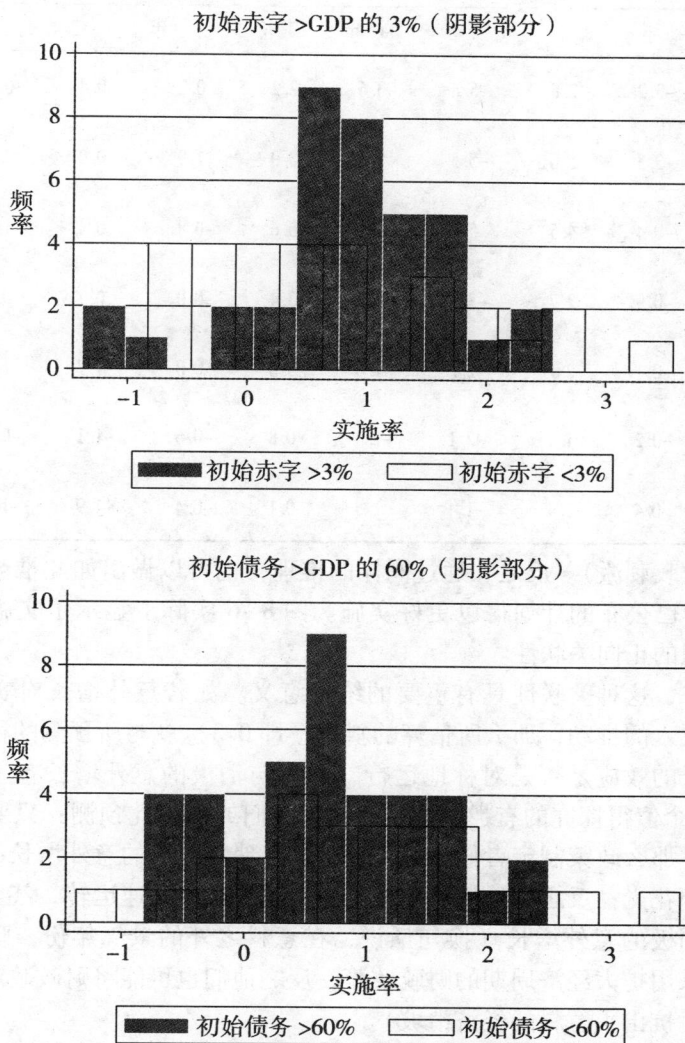

初始赤字 >GDP 的 3%（阴影部分）

初始赤字 >3%　　初始赤字 <3%

初始债务 >GDP 的 60%（阴影部分）

初始债务 >60%　　初始债务 <60%

图 8-5　马斯特里赫特标准下的次级样本计划的实施率分布图

注：没有阴影的分布指的是初始债务低于 GDP 的 60% 时拟订的计划（下图）和初始赤字低于 GDP 的 3% 时拟订的计划（上图）。

● 意外的增长和通胀

可以这样预测，消极的意外经济增长会导致实施率下降，一方面通过直接的途径（微弱增长意味着低收入），另一方面通过间接途径（政策制定者的意愿，从财

---

[1]　对欧元实施或者 1997 年前的虚拟性进行了测试，我们没有发现任何有统计意义的影响。

表 8–3   EMU 准备阶段的计划设计与实施（总结余以 GDP 百分比表示；
其中包括重叠计划；方法见前文）

年份	计划			实际			实际–计划			
	t 年	$t+3$ 年	增长	t 年	$t+3$ 年	增长	t 年	$t+3$ 年	增长	意外增长
1993	–6.0	–3.2	2.8	–5.8	–3.6	2.2	0.2	–0.4	–0.6	–0.5
1994	–7.4	–2.5	5.0	–5.5	–2.5	3.0	1.9	0.0	–2.0	1.5
1995	–4.9	–0.4	4.5	–5.6	0.0	5.6	–0.8	0.4	1.2	1.2
1996	–3.5	–0.9	2.7	–3.6	–0.2	3.4	0.0	0.7	0.7	1.8
1997	–2.2	–0.1	2.1	–2.2	1.6	3.8	0.0	1.7	1.7	2.5
1998	–1.6	–0.2	1.3	–2.1	–1.3	0.8	–0.6	–1.1	–0.6	0.8
1999	–1.0	0.4	1.4	–1.4	–1.5	–0.1	–0.4	–1.9	–1.5	–1.1

政调控转向财政刺激）。反之，通过同样的推理，也可以做出如此推测：积极的意外增长会使得已公布的计划得以更好实施。图 8-6 实际上显示了实施误差和意外增长之间强烈的正向关联性。

通常说来，这种关联性具有重要的统计意义。如若意外增长对实施误差的影响，就是对收入的推动，那么所估算的斜率（即 0.3）就与所预测的很接近了。[①]

意外增长的效应是否是对称地运行（积极与消极的意外增长有一个相同的系数），这是一个值得探究的有趣问题。比如，人们或许如此预测：只要基本赤字目标可以保持，那么政策制定者们就可以理直气壮地将积极的意外增长部分，花费一部分甚至全都花光；反之，他们也会放手让自动稳定器全速运转，甚至采用刺激性措施来应对消极的意外增长（换句话说，在意料之外的景气年份，政策制定者们或许会冒险采用扩大经济周期的财政政策；反之他们也可能将财政政策当作反周期的工具，来对抗出乎意料的经济滑坡）。

也可以从采取"结构性"财政行动的激励举措（亦即提升周期性调控的财政平衡）角度，来描述应对意外增长的行为，还有就是这些是如何被意外增长所影响的。一方面，一个意料之外的景气之年，或许会为推行不受欢迎的改革创造更大的政治空间；另一方面，如果积极的意外增长使基本财政平衡"不费吹灰之力"就得以提升，那么就可以不用费力不讨好地去推进财政调控了。总的说来，这两种对立的效应，很可能恰好彼此抵消。

---

① 我们的样本国家有平均占 GDP40% 的收入和 GDP 中收入的单位弹性，其系数为 0.4。稍微小一些的系数会反映出反周期财政措施。

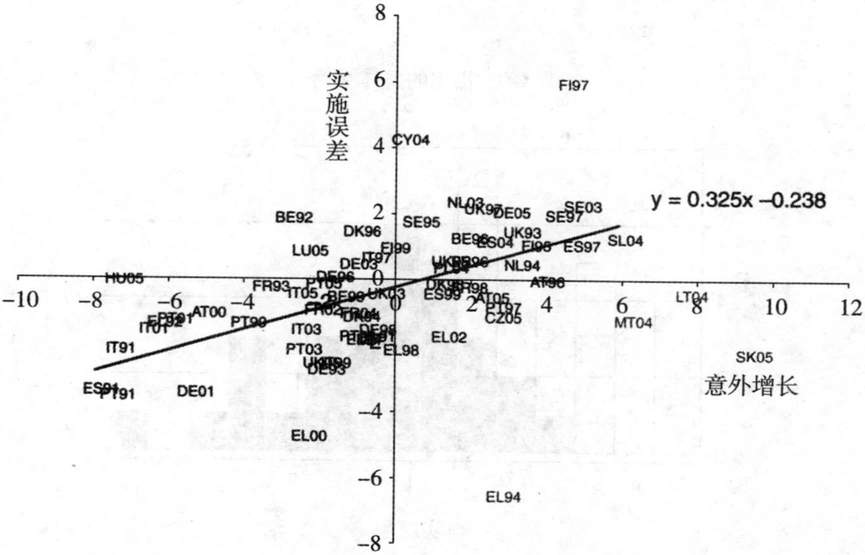

图 8-6 实施误差和意外增长（以百分比表示）

图 8-7 比较了意外正增长和意外负增长影响下的计划实施率频度，这一对比性的柱状图表明：对财政总结余而言，意外增长明显对实施率有着强烈影响（上图），但对周期性调控的基本结余而言，意外增长和实施率之间几乎没有什么关联（下图）。这与上一段里所描述的"对意外增长的行为反应彼此抵消"的观点是一致的。

通胀率适当的话，积极的意外通胀会被预测为对财政调控产生有利影响，这来自于两个方面：纳税人的额外负担对税收方面产生的影响（如果不及时调整，通胀会将纳税人推向更高的税率）；实际的事后紧缩对支出方面的影响（如果因为通货膨胀而把支出设定成名义项目，而后名义 GDP 出乎意料地上升，那么支出对 GDP 的比值就会下降）。[1] 从数据上来看，意外的通货膨胀与计划实施之间并无根本的关联。通货膨胀增高没有对计划实施产生影响，对这种现象的一个可能解释是，在过去的 20 年里，欧盟内普遍的通胀水平很低（每年 3% 左右）。因为通胀的易变性（和不确定性）一般与通胀水平相关联，所以在过去 20 年间，平均性意外通胀率（以每年绝对值来表示）也很小——仅有 0.3 的百分点，还不到中性的经济意外增长绝对值的 1/3。而且，正如我们是从 3 年期的视野来考察财政调控计划一样，也希望以 3 年为期进行调控的政策制定者们拥有了充足的时间，通过调整税率和名义支出水平来应对意外的通货膨胀。

---

[1] 通货膨胀率很高的情况下，所谓的凯恩斯-奥利维拉-坦齐效用就会介入。然而，赋税收入的实际价值随着通货膨胀的上扬而下跌。这和我们过去 20 年间的样本计划所涉及的国家没有什么关系。

与 GDP 相比的整体平衡

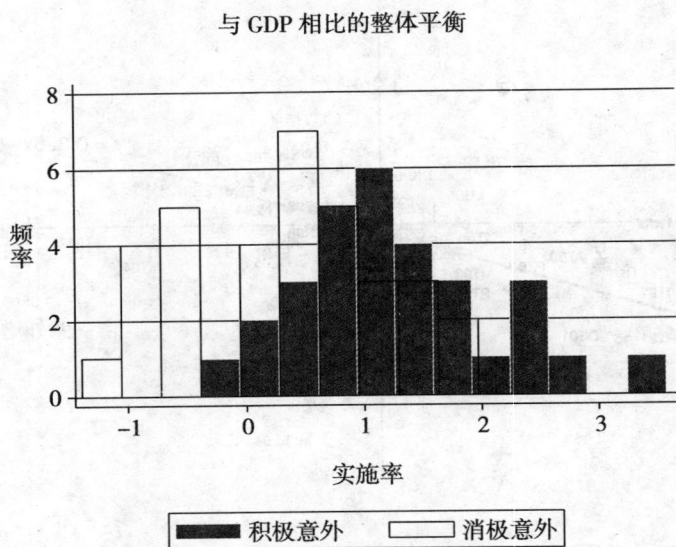

与潜在 GDP 相比的周期性调控下的总结余

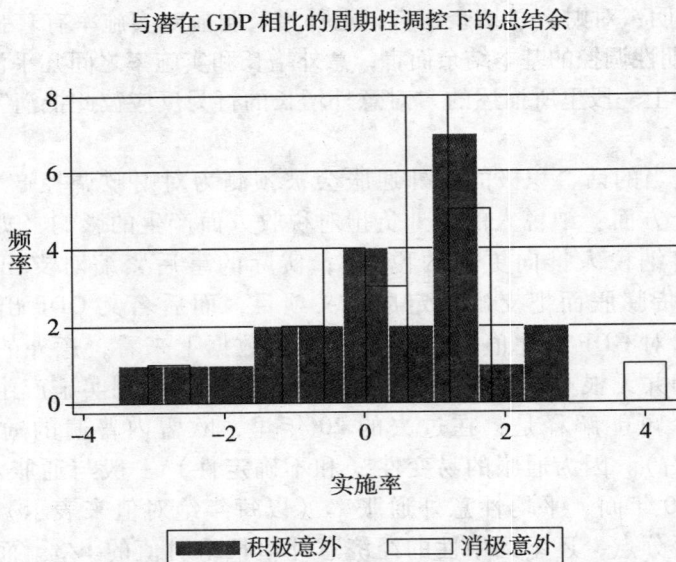

图 8-7 消极意外和积极（阴影部分）意外增长影响下的实施率

• **修订初始财政状态（"基础效应"）**

对于许多政策制定者而言，对数据进行突发性的大幅度修订，是极为正常的事。在多年期计划及其实施的情境中，这样的数据修订，尤其是对初始财政状态数据的修订，会对调控需求和激励产生意义重大的影响。为了解释得更为清楚些，可以想象一下这样的场景：把年度 t（3 年期调控计划的初始年）所估算的财政平衡在 $t+1$ 年上调（突然调整）1 个 GDP 百分点。政策制定者们可以用好几种方式回应这一"新闻"：如果他们希望在 $t+3$ 年原计划设定的财政平衡目标保持不变，那么他们将会在计划之外的年份中采取降低 1 个 GDP 百分点的财政行动；但是，如果他们在计划结束之后仍然致力于保持调控成效，那么他们将会把 $t+3$ 年的财政平衡目标调高 1 个 GDP 百分点。在前一种情形下，实施误差（被定义为实际调控减去原计划调控之差）将会降低一个 GDP 百分点；而在后一种情形下，实施误差不会受到数据修订的影响。

在 66 个样本计划中，平均性绝对值上的基础效应（从 t 年的财政结余对 GDP 的比率而言）其实是 0.9 个百分点。与所计划的平均调控值相比（比如 2.5 个 GDP 百分点），这个数字是相当可观的。平均来讲，大约半数的基础效应在一年之内就在计划文本中显现了。这意味着决策者们通常会拥有足够的基础和时间，校准计划年外的财政行动，如果他们希望如此的话。尽管在我们的样本中，负面的基础效应比正面的出现得更为频繁（3/5 对 2/5），但二者的平均量级是相似的。从原则上讲，政策制定者们对于正面基础影响的反应很可能不同于对消极影响的反应。这种可能存在的不对称性反应，背后的或然性逻辑是：决策者们更倾向于对初始赤字全力"付出"积极地修订（因而，修订的幅度会致使实施误差恶化），然而对负面基础效应的弥补却不够充分（实施误差会保持不变）。我们会在下文正规的回归框架中进一步探究这一假设。

- **政治变量**

一些政治因素可能会对计划的实施程度产生决定性的影响。在此，我们重点讨论两个可能很重要的政治变量，对此我们有充分的数据和直观的假设：

■ 计划期间政府的变动——通常意义上，这会使得实施水平变差，因为新政府很可能不会太关注前任政府的计划。

■ 议会纷争——计划期间，议会纷争的严重程度很可能会减弱对大型的、难度较大的财政调控之执行能力。[①] 随之而来的是，议会纷争很可能表现为：随机从立法机关选出的两名代表，将会属于不同的党派（这一变量的数据从世界银行政府机构数据库中搜集得来，2010 年）。

图 8-8 通过简单的图表探究了这些假设，对比了有政府变动的计划个案（阴影部分）与无政府变动的计划个案（下图）之间的实施情况，同时也对比了高度议会纷争与低度议会纷争的个案计划之间的实施情况。在这些二元变量实验中，没

---

① 议会纷争严重也会导致保守的增长计划。事实上，政府会极力避免意外负增长，这转而会迫使财政调控计划的重新谈判——重新谈判在一个纷争的议会中是极为繁琐的过程。这一效应往往带来意外正增长（von Hagen，2010）。

有清晰的模式出现——至多只能说，政府变动或者高度纷争似乎没有对实施造成阻碍。考虑到有必要控制其他因素，我们会在多元变量背景下进一步探究政治因素。

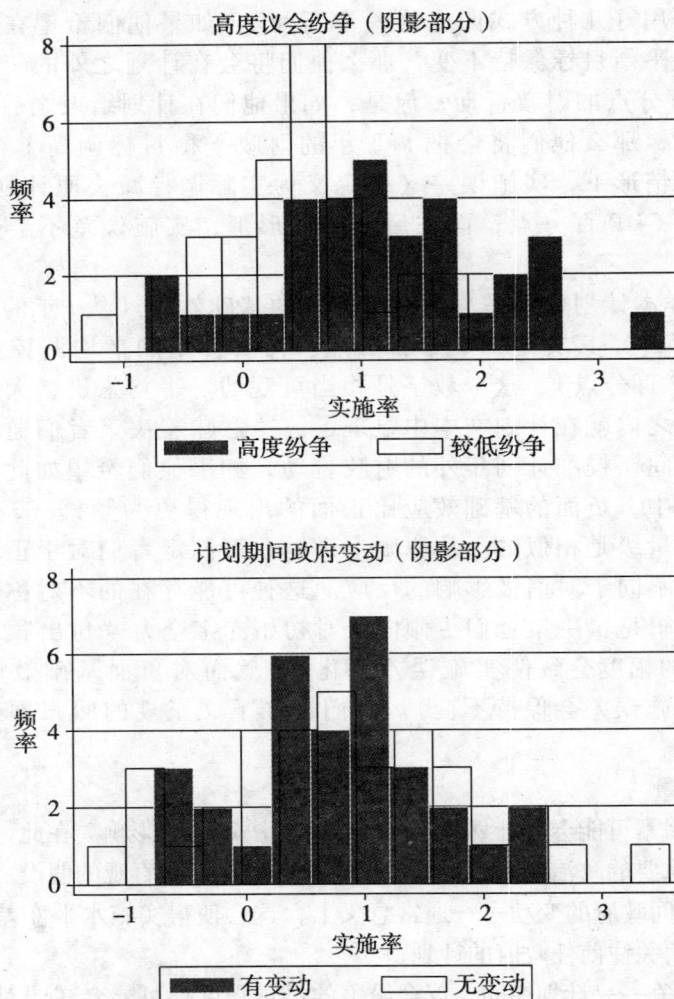

图 8-8   政治变量下次级样本的计划实施率

8.4   回归分析

前面的描述性分析通过简单的二元变量关系（大部分的插图式分析是通过样本子集的"实施率"分布完成的），初步揭示了计划实施的可能性决定因素。我们现在转向正规性回归分析，通过多元变量来调查"实施误差"的决定因素（亦即实际调控减去原计划调控，所有数值都以 GDP 衡量）。[1]

　　与前面的讨论相一样，我们探究的是几个解释性变量。在第一组相对简单的估算值（与表 8-4 对应）中，我们关注五个核心变量（稍后讨论）。接着，在更为详尽的估算值里（与表 8-5 和表 8-6 对应），我们探究其他体制性和政治性变量——以及意外正增长和意外负增长的非对称影响（和基础效应）。

表 8-4　　　　　　　　　　　　　核心变量的基线回归

独立变量：执行误=实际−计划调整

变量	固有影响			FE 工具变量		
	(1)	(2)	(3)	(4)	(5)	(6)
基于影响的总结余	−0.61 ***	−0.61 ***	−0.53 **	−0.82 ***	−0.85 ***	−0.53 ***
	(0.17)	(0.16)	(0.19)	(0.22)	(0.24)	(0.13)
初始财政结余	−0.26		−0.38	−0.27 *		−0.39 *
	(0.22)		(0.24)	(0.16)		(0.18)
真实 GDP 意外增长	0.34 ***	0.34 **	0.12	0.52 ***	0.53 ***	−0.029
	(0.059)	(0.059)	(0.13)	(0.088)	(0.094)	(0.079)
计划恢宏度	−0.37	−0.19	−0.29	−0.29	−0.14	−0.29
	(0.47)	(0.32)	(0.47)	(0.33)	(0.29)	(0.33)
对初始亦字的偏离从 GDP 水平的 3%		0.18			0.24	
		(0.18)			(0.19)	
时间假设			Yes			Yes
观察样本数	66	66	66	66	66	66
R-平方	0.456	0.422	0.662	0.367	0.320	0.177

　　注：括号内是稳健标准误差。

　　*** $p<0.01$，** $p<0.05$，* $p<0.1$

---

　　[1]　具体而言，把实施误差定义为实际调控（t 年和 $t+3$ 年之间的实际财政总结余对 GDP 的比值之差）和计划调控（t 年和 $t+3$ 年之间的所有计划总结余之差）之差。因此，一个积极的实施误差与调控结果比原计划有超佳表现相对应。一个消极的实施误差意味着，调控结果比原计划要差劲。当我们把实施率转换成实施误差时，我们控制了计划的恢宏度。在一个回归模型中使用实施误差有两个好处：第一，边际效应按占 GDP 百分比衡量，结果会更直观；第二，财政政策可信度研究所采用的回归分析中，实施误差是标准的因变量，因此有利于与先前的研究进行比较。

表 8-5						

政治变量和不对称的附加回归

独立变量：执行误=实际-计划调整

变量	FE 工具变量					
	(1)	(2)	(3)	(4)	(5)	(6)
基于影响的总结余	−0.82 ***		−0.83 ***	−0.84 ***	−0.68 ***	−0.87 ***
	(0.22)		(0.22)	(0.21)	(0.21)	(0.22)
初始财政结余	−0.27 *	0.27 *	−0.31	−0.39 **	−0.30 **	−0.30 *
	(0.16)	(0.16)	(0.19)	(0.16)	(0.13)	(0.17)
真实 GDP 意外增长	0.52 ***	0.50 ***		0.49 ***	0.45 ***	0.50 ***
	(0.088)	(0.089)		(0.080)	(0.088)	(0.087)
计划恢宏度	−0.29	−0.26	−0.33	−0.40	−0.46	−0.29
	(0.33)	(0.32)	(0.33)	(0.32)	(0.28)	(0.34)
积极的基于影响的总结余		−0.92 ***				
		(0.34)				
消极的基于影响的总结余		−0.71 ***				
		(0.31)				
积极的意外增长			0.37			
			(0.29)			
消极的意外增长			0.58 ***			
			(0.16)			
财政规则强度				0.61 **		
				(0.30)		
政府稳定性变化					3.07 ***	
					(1.12)	
议会纷争						−3.62 *
						(2.09)
观察样本数	66	66	66	66	66	65
R-平方	0.367	0.380	0.375	0.426	0.493	0.382

注：括号内是稳健标准误差。
*** $p<0.01$，** $p<0.05$，* $p<0.1$

表 8-6	被排除的异常值回归							

独立变量：执行误=实际-计划调整

变量	固有影响				工具变量			
	W (1)	(2)	(3)	(4)	(5)	(6)	(7)	(8)
基于影响的总结余	-0.70***		-0.82***	-0.72***	-0.87***		-1.22***	-0.85***
	(0.20)		(0.21)	(0.20)	(0.20)		(0.34)	(0.18)
初始财政结余	-0.14	-0.13	-0.19	-0.30**	-0.15*	-0.14	-0.30**	-0.30***
	(0.11)	(0.12)	(0.11)	(0.13)	(0.091)	(0.097)	(0.12)	(0.10)
真实 GDP 意外增长	0.38***	0.37***		0.34***	0.54***	0.52***		0.45***
	(0.056)	(0.049)		(0.048)	(0.092)	(0.090)		(0.064)
计划恢宏度	-0.0044	0.033	-0.076	-0.26	0.11	0.14	-0.16	-0.15
	(0.19)	(0.21)	(0.19)	(0.18)	(0.16)	(0.16)	(0.20)	(0.15)
基于影响的积极总结余		-1.64***				-1.69***		
		(0.47)				(0.47)		
基于影响的消极总结余		-0.46**				-0.64**		
		(0.18)				(0.25)		
积极的意外增长			0.21**				-0.087	
			(0.090)				(0.30)	
消极的意外增长			0.48***				0.82***	
			(0.066)				(0.23)	
财政规则强度				0.41*				0.38**
				(0.23)				(0.16)
政府稳定性变化				2.68***				2.25***
				(0.82)				(0.70)
议会纷争				-0.47				-1.18
				(2.64)				(1.67)
观察样本数	58	58	58	57	58	58	58	57
R-平方	0.582	0.611	0.602	0.713	0.496	0.534	0.437	0.665

注：括号内是稳健标准误差。

*** $p<0.01$，** $p<0.05$，* $p<0.1$

五个核心变量如下：

8.4.1　解释性变量和方法论

1. 初始财政结余，这由 t 年的总结余（按 GDP 的百分比）来衡量的。越大的初始结余（较好的起始财政状态）很可能意味着财政调控计划的实施越差劲。

2. 财政基本结余效应，由对总财政总结余的事后修订衡量（按 GDP 的百分比）。对初始结余的上调会降低对调控行动的需求，因而可能削弱计划的实施。

3. 实际 GDP 的意外增长，由 3 年期计划视野下实际累积增长率和计划增长率之间的百分比差（抑或相等的数值是第 3 年结果中意外增长的百分点）来加以衡量。在缺少政策制定者积极响应的情形下，对财政基本结余的直接影响与自动稳定的影响（亦即大体上就是第 3 年结果中的意外增长百分点，也就是在收入总和在 GDP 中所占份额）基本相等。[①]

4. 计划的恢宏度，由在 t 年与 $t+3$ 年之间原计划对财政结余的提高来衡量（按 GDP 的百分比）。这用来探究更为恢宏的计划是否会面临更多的挑战。

5. 初始赤字从 3 个百分点处（马斯特里赫特/EDP 临界值）的偏差，由 GDP 的百分点来衡量（当初始赤字小于 3% 时，就计为 0）。距离 GDP 的 3% 之处的偏差越大，则会诱发更为紧急的行动，来采取矫正财政措施，从而带来更加强劲的计划实施。

样本的性质（有着 22 个国家的非均衡组合）和解释性变量，要求我们对一些方法论方面的问题进行处理（这一段落的其余部分从技术层面看很重要，所以非技术性的读者可以跳过，也无伤阅读的连贯性）。和以国家组合为基础的大多数估算一样，很可能因变量与解释变量同那些没有被观测的国家的特征都是互为关系的。为了避免这一问题，我们通过面板数据固定效应（FE）估计量（用稳健标准误差），采用标准技术来控制国家特征（不会随时间而变化的特征）。另外，也可以合理地关注因变量（整体财政平衡中未预期到的发展）和经济增长意外（解释性变量之一）之间的双向因果关系。[②] 为了避免结果性偏差，我们采用了工具变量估计（FE-IV）。具体而言，我们采用其他国家实际 GDP 意外增长的平均值，来作为国家 i 的意外增长的工具变量（这与 Beetsma 及其他人的方法相似，2009）。直观地讲，确定性假设是，其他国家的 GDP 意外增长与实施误差发生关联的唯一渠道，就是通过被观测国的 GDP 意外增长，而且单个国家的实施误差对其他国家的 GDP 意外增长基本上没有影响。

8.4.2　回归结果

表 8-4 的基线回归表明，基础效应和意外增长是实施误差的主要驱动力。初始财政结余似乎发挥了作用。其他潜在的解释性变量，包括计划的恢宏度或者初始

---

① 例如，在一个收入占 GDP40% 的经济体中，在计划的第 3 年，一个 2% 的积极意外产出会带来首要财政结余 0.8 个 GDP 百分点的"自动"增长。

② 要想更好地理解"内生性"问题，需要考虑：总结余的实际增长体现在较高的实施误差（因变量）之上。只要充分发挥财政增长对实际产出的凯恩斯效应，财政就会得到改善，实际 GDP 的意外增长（解释变量）就会有降低的趋势。这会导致估算值的偏差。

赤字对 3 个百分点的偏离，在实施结果中没有多大意义。

结果表明，基础效应在所有的回归模型中都很重要，它的系数在-0.5 ～ -0.8 之间变动。这个系数的量级相当大，这说明决策者在修订初始财政结余时，并没有对初始设定的赤字目标做出很大的调整，所以最终是通过财政稳定来调整和初始计划的相关性。换而言之，如果初始结余向上（下）调整一个 GDP 百分点，实际实施率会以修订数值的 1/2 到 4/5 下降（上升）。在某些具体情况中，这一系数在统计意义上，与-1 没有多大差别。在该情形下，政策制定者们坚守最初的总结余目标这一无效假设，是不能被排除的。值得注意的是，前面的解释隐含着一个猜测，即这一系数是与正面和负面基础效应相对称，我们将在下文的阐述中，进一步探究这个臆测。

对于意外增长而言，使用固定效应（FE）估计，其系数是 0.3，使用固定效应工具变量（FE-IV）估计，其系数是 0.5。这意味着，3 年累计意外增长上升 1个百分点，就会导致实施误差增加 0.3 ～ 0.5 个 GDP 百分点。这与我们样本中占GDP 的 40% 的政府规模是一致的，对于 GDP 而言，也就是大约有一个单位的收入弹性。稍后，我们会分别考察在正面意外增长与负面意外增长的情形下，这一系数是否相似。重要的是，引入时间（单年）虚拟变量，导致了意外增长的影响在两套回归模型中都消失不见了（参见表 8-4，第 3 栏和第 6 栏）。这是可以预测到的，因为所有欧盟成员国的增长很大程度上受共同因素的驱动。借助于 FE 和 FE-IV 之间系数大小的差异，就可以知道，比较小的 FE 系数与向下的偏差有关，这种偏差源于相反的因果关系，这种移动的量级也证明了工具变量的重要性。

初始财政结余系数在-0.25 ～ -0.4 之间变动，尽管没有什么与之对应的重要含义，但可以给这一系数一个直观的解释：当政策制定者们面临初始赤字（和计划初期所看到的一样）越高，他们会做出越多的努力来降低实施误差。一般来讲，这意味着，当初始总赤字增加一个 GDP 百分点时，实施误差减少 0.25 ～ 0.4 个 GDP 百分点。这一估算值与前面的财政政策可信度研究所报告的估算值，是相似的。

其他回归因子意义的欠缺也蕴含着重要的信息。计划恢宏度证明是计划实施的非重要预示因素，这一情况表明，成效对原计划的偏离——平均来讲，控制了其他决定因素——对恢宏度较大的财政调控计划和对恢宏度较小的财政调控计划而言都是相似的。[1] 有关初始赤字偏离三个百分点限值的系数，其意义的欠缺说明，欧盟范围内所设计完成的财政制度，与计划恢宏度相关联（如前面所示），但并没有从本质上加强计划的实施。[2]

在考察了核心解释性变量之后，现在我们开始分析一些更复杂的回归范式。在表 8-5 中，我们探究了允许基础效应和意外增长影响之间非对称性的范式，同时还探究了体制和政治变量的作用。

---

[1]　这个发现也质疑了早前的研究结论——早前的研究是以较短的样本年限内的年度数据为基础的——早前的研究结论是，计划越恢宏，其实施情况就越差劲（Beetsma 等，2009）。
[2]　因为初始财政结余与初始赤字偏离 3% 这一限值，具有很强的相关性，我们就不把这些因素囊括在同一回归模型中，这样就避免了共线性现象的发生。

允许正面基础效应和负面基础效应拥有不同的系数（第 2 栏），据此我们发现，正面（利好）基础效应系数的绝对价值要高于负面基础效应，尽管这个差别在统计上没有什么意义（但当通过标准程序确定能产生过分影响的观测因素被排除之后，这个差别就具有了统计意义——参见下文）。平均来讲，其他因素相等时，一个 GDP 百分点的正面基础效应，会导致实施率下降 0.9 个 GDP 百分点；而一个 GDP 百分点负面基础效应会使得实施率上升 0.7 个百分点。换句话说，如果初始财政结余，比计划制定之时所估算的要好，那么 3 年期结束之时的财政结余结果几乎不变；但是，如果初始财政结余比计划制定之时，所估算的要差劲（被修订为比如 1 个 GDP 百分点），那么 3 年期结束时的赤字只比不做修订情况的赤字恶化 0.3 个 GDP 百分点。这些研究成果为一种假设提供了某些支持，这一假设即是：初始财政状态如果意外地出现了利好，那么就很可能诱发大程度的财政扩张，而不利的意外则会引发额外的财政紧缩。

还有关于意外正增长与意外负增长之间非对称实验性（其统计意义不重要）的证据（第 3 栏）。这些估算值表明，在意外正增长的背景下，政策制定者们基本上放任自动稳定器自动运转（具体地说，第 3 年末产值意外增长一个百分点，财政结余就会有 0.4 个 GDP 百分点的提升）。然而，当高速增长表现为消极的状态下，基本财政结余偏离计划 0.6 个 GDP 百分点，这意味着政策制定者们在放任自动稳定器充分运行的同时，还实施了各种相机抉择的刺激性措施。值得注意的是，事实上财政波动在意外负增长的情况下，比积极的情况下要大得多，这与基础效应情形下所取得的模式形成了鲜明对比（在不利的基础修订情形下，波动量要小一些）。但是，这是直观印象。因为在面对一个比预期要弱的经济体时，政策制定者们很可能采取反周期财政措施；而在负面基础效应的情况下，就不会存在这样的紧急或激励性措施。

我们也找到了一些证明体制和政治变量，发挥作用的实验性证据。有三个看来非常重要的变量是（在常规层面具有重要的统计意义）：国家财政制度的强度、政府稳定性的变动、议会纷争的程度。具体而言，我们发现，欧盟 DG ECFIN 的财政制度强度指数，每提升一个点（或者是从匈牙利到瑞典所有成员国内，标准偏移都增长一个点），实施误差就会有大约 0.6 个百分点的改进（第 4 栏）。对政府稳定性的变化而言（根据计划视野内每年否决者退出政府的平均份额判断，数据来自于世界银行政府机构数据库，2010 年），其结果也意义重大（第 5 栏）。如果否决者退出的份额从 0 上升到 20%，那么计划实施情况就会得到 0.3～0.4 个 GDP 百分点的改进。关于议会纷争（随机选出两名代表其属于不同党派的可能性——可能性增加就意味着纷争情况严重），标准偏移上升一个点会导致实施情况恶化 0.4 个 GDP 百分点（第 6 栏）。[①]

我们通过若干检验来检测研究结果的稳健性，主要包括：排除由标准化自动程

---

① 要注意的是，这一直观的结果是抑制意外增长这一变量后才获得的；正如早前已讨论过的那样，意外增长很可能在联合建制中更为活跃，因为这一建制所固有的激励措施与保守计划相关联（保守型计划避免了在意外负增长情况下再次就财政项目进行谈判的代价）。

序鉴别出的重大观测值；运用重叠计划；采用不同的"大型"财政调控计划的定义。在排除重大观测值的样本上，运行同样的回归分析（参见表 8-6），其结果大体相似。① 事实上，正面基础效应与负面基础效应影响之间（第 2 栏和第 6 栏）、意外正增长与意外负增长影响之间（第 3 栏和第 7 栏）的不对称性，其统计意义也变得重要起来。然而，议会纷争却失去了其重要性。

我们也使用了有 100 项观测值的重叠样本，除系数不对称性较弱的证据之外，其他结果都大体相似。此外，当我们用 0.5 个 GDP 百分点的临界点（而不是 1 个 GDP 百分点）来定义大型财政调控政策时，其结果也没有发生实质意义上的变化。

最后一点，在研究中列出所有被分析的变量也是很好的业务实践。除去本章我们已经详尽报告过的变量，还有其他一些非常重要的变量：财政结余变化的方向/态势、债务、增长、计划初期的实际汇率；其他政治变量（政府变动、任期所剩年限、执政党和其他党派的两极化程度），体制特征（官僚品质、腐败、法律和规范、民主问责制）。就绝大部分而言，如果把本章主体部分所讨论的主要变量纳入回归分析，我们发现，刚刚提及的这些变量的系数具有重要的统计意义。

8.5 结语

在本章中，我们分析了 1991—2008 年间欧盟大型财政计划的设计和实施情况。考察了计划的主要特征，也研究了宏观经济及财政环境、政治和体制变量对计划实施的影响。我们的主要研究结论如下：

8.5.1 计划的恢宏程度

■初始赤字越高，计划越恢宏。然而，当初始赤字很低（低于 GDP 的 3%），二者之间的联系就表现得很弱。这一点还是让人很欣慰的。因为平均而言，这与政策制定者们都追求财政的可持续性这一观点是一致的。

■总体来讲，计划的实施相当不错，没有受到计划恢宏度的严重影响。

8.5.2 宏观经济因素和财政数据的修订

■意外增长对提升实施情况产生了强烈的影响（1 个百分点的增长，会导致实施率增加 0.5 个 GDP 百分点）。有某些证据表明了不对称性：源于意外正增长的财政结余的改善，大体上与财政收入的自动增长相一致，而意外负增长通常都和财政结余的大幅恶化有关（与计划相比较），后一种情况意味着政府除了要运行自动稳定器，还需采取一些刺激性措施。

■增长预测总体上是不偏不倚的，与公众舆论一致，因此任何意外增长很大程

---

① 我们使用 STATA（一般目的的统计软件包）中的 DFBETA（线性回归算法）确认了有影响力的观测项目以及这些项目对回归系数的大范围影响。从 66 个计划组成的整版样本的回归中进行了 8 个观测项目：奥地利（2000），希腊（1992，1994，2000），芬兰（1995，1997），英国（1997，2005）。

度上都不可预测。这表明，财政委员会的其他功能，或许并非提供独立的增长预报。

■意外通胀无关紧要，可能是因为通胀水平（和不确定性）在样本计划时期内很低。

■对初始财政总结余的顺向修订，似乎对最终财政结余没有什么影响（在一些案例中，相比不做修订时，财政平衡甚至更为恶化）。在逆向修订的情况下，对初始财政结余逆向修订 1 个 GDP 百分点，会导致最终财政平衡有 0.5 个 GDP 百分点的恶化。

8.5.3 财政调控的构成

■事前计划主要以开支为主导，但事后实施则较为均衡。尽管所观测计划的超好表现，并非总是反映结构性努力，但在事后看来，收入增长确实发挥着重要作用。事实上，只有 1/6 的计划预计了收入增长，而且是以具体的税收政策措施为基础的。这些措施大部分得以实施，并带来收入在 GDP 中的增长，这些增长在计划结束后大体上得以保持。然而，收入的增加也反映了一些一次性措施和临时性因素，而这些措施和因素源自于经济发展，这种发展并非是因经济周期常规性矫正措施所带来的（比如资产价格暴涨）。

■与过去那些基于事后数据所进行的大型财政调控研究形成的有趣反差是，这些发现引导我们采用更为良性的视角来看待收入型调控的持久性。其实，相比于以往那些包含意想不到的临时性收入增长的调控，政策制定者们决意要以收入为基础，并根植于改革的调控，更有可能持久不衰。

■计划性调控的构成似乎不会对实施的成功或者失败造成影响。

8.5.4 体制和政治因素

■与欧洲货币联盟（EMU）相关联的"胡萝卜"和"大棒"并不总是那么有效，尽管有证据表明，EMU 的组建确实驱动了更为恢宏的计划设计，也使计划得以更好地实施，对 1994—1996 年间公布的计划而言，更是如此。

■国家财政制度和体制的力度能够改善实施情况；超国家的财政制度（特别是 EDP）在设计阶段会发挥一定的作用，但在实施阶段作用不大。

■议会纷争程度越低，政府稳定性越大，就会有越高的实施率。但政府内的变动和实施，则没有太大关系。

这些结果与未来的政策有相当大的关联性。如果说过去有任何的指导意义，那么下述五大观察结果，会对未来几年很多国家要采用的严峻的财政调控，具有特别的关联意义。第一，计划的恢宏程度和计划的实施率没有相关性，这表明，政策制定者们没有必要仅仅因为担心更为恢宏的调控不能得以实施，而过于保守地进行计划。第二，宏观经济的意外增长对实施产生重大影响，这就要求在计划中详尽明应对可能发生意外增长采取得当的政策举措。第三，修订初始财政数据所产生的重大影响，不但彰显了高质量数据和及时监管的重要性，而且也突出了在发现财政初始状态，较之预测更糟糕的情况下，加强调控措施的必要性。第四，以往实施中，大幅度缩减支出和非计划性的财政增加所造成的挑战，需要我们做出加倍的努力来确保预算支出的额度，并考虑是否采取一些税收制度和其他持续性收入政策。第五，国家财政体制的积极效果——如财政制度的力度、对制度的遵守和执行——表明了该体制所发挥的作用。在本书的结论部分，即第 9 章，我们还要对这些方面进行讨论。

附录8A　数据问题和周期性调整

8A.1　核心数据集

1998—2007 年计划中的财政和宏观经济变量来自于欧盟 SGP 文件，由 Beetsma 等编写（2009）。[①] 这个数据集延长到 1991 年，用了 39 个趋同计划的印刷版。不像 1998 年后的趋同计划，1998 年前的文献是在同一年的不同时段公布的。趋同计划文献一般在 T 年（界定起始状态）的 6 月或者稍后的月份中发布，其财政调控时限跨度为 T+1 年，T+2 年，T+3 年。但是，在特定案例中，会在 1 月至 5 月间（包含 1 月和 5 月）发布，所以发布年接近 T+1 而不是 T 年。在每一个案例中，T 年 10 月份的 WEO 数据用于计算产出缺口。[②]

8A.2　周期性调控

如果在计划文献里得不到周期性调控变量，这些变量可以通过假设生成：关于产出缺口，假设收入弹性就 1，收入弹性为 0：

$$\frac{R}{Y^P} = \frac{R}{Y} + \frac{R}{Y}\ \frac{y-y^P}{y^P}$$

总计　结构性　周期性

在这个公式中，R 是名义收入；Y 和 Y^P 是名义 GDP 和名义潜在 GDP；（$y-y^P$）$/y^P$ 是产出缺口 y 和 y^P 分别是实际 GDP 和实际潜在 GDP。[③] 66 个计划构成了我们的首要样本，其中 22 个包含了以 GDP 份额计算的产出缺口和结构性基本结余方面的信息；[④] 这些数据都是直接从趋同计划和 SGP 项目的文献中获得的。在这些案例中，结构性收入是由基本支出加上结构性基本结余所计算得来的，均以 GDP 百分比表示，这样就以杠杆作用平衡了植根于计划的结构性计算方面的所有弹性信息。在其余的案例中，结构性收入和周期性收入——都以占名义和潜在 GDP 的百分比表示——是通过 HP（Hodrick-Prescott）滤波工具所得到的产出缺口来计算的。

---

① 9 个变量是：基本结余、收入、支出、利息支付款和债务（都以 GDP 百分比表示）；名义增长和实际增长、通胀（百分比表示）、GDP 消除通胀指数。
② 联合国有个例外情况是，其 1998 年前的文件都是用财政年度报告的，而不是日历年度。例如，英国衔接计划在 1997 年发布，其中包括 1996—1997 年（T 年）的估计财政结算数据和未来·3 年的目标：1997—1998，1998—1999，1999—2000（T+1 年，T+2 年，T+3 年）。当移植到日历年度上时，1996—1997 年的结算计为 1997 年，1997 年春季 WEO 年份用于结构平衡计算。
③ 当表示成名义 GDP 的比率时，相等的等式是：
④ 在附加的 6 个案例中，只报告了结构性基本平衡。

　　HP 滤波平移了以下显示的实际 GDP 序列。对每一个趋同性计划而言，计划年（T）之前的全部历史性实际 GDP 序列，来自于相应年份的 WEO。接下来，计划期间（T 年至 T+3 年）的实际 GDP 序列，是通过计划的文件提供的实际增长率来推算的；对于 T+3 年之后 10 多年的实际 GDP 序列推算，是将 T+3 年的增长率假设为长期增长率。选择 200 为平移参数，以使得计划所报告的产出缺口和使用 HP 滤波所估计的产出缺口之间的平均绝对差最小化。

　　结构性收入和潜在 GDP 的事后数据取自欧盟 AMECO 数据库。用事后 WEO 数据填补了所有数据缺口（参见表 8A–1）。

表 8A–1　　　　　　　　　　结构性变量的计算方法

	结构性基本结余	产出差距	结构性收入占潜在 GDP 的百分比计算
案例 A	用于计划	用于计划	结构性基本结余+基本支出；从"计划"产出差距扩展到潜在 GDP
案例 B	用于计划	不详	结构性基本结余+基本支出；从"HP 过滤器"产出差距扩展到潜在 GDP
案例 C	不详	不详	等于计划收入与差距比率；HP"过滤器"产出差距需要退出周期性收入占潜在 GDP 百分比

附录8B　欧洲货币整合的时间表（1990—2009 年）

表 8B–1　　　　　　　　　欧洲货币整合的时间表（1990—2009 年）

1990 年	EMU 第一阶段的展开：更紧密的经济政策协调和资本流动的自由化
1991 年	对加入 EMU 达成五项马斯特里赫特趋同标准（包括赤字小于 GDP 的 3%，债务小于 GDP 的 60%）协议
1994 年	EMU 第二阶段的启动：创建欧洲货币协会（EMI）。要求成员国在 1997 年末履行五项马斯特里赫特标准。财政稳定计划必须在 1997 年末使赤字小于 3%，债务小于 60%
1995 年	马德里欧盟峰会：命名单一货币为欧元，并启动了 EMU 的第三阶段方案——欧元的产生
1997 年	阿姆斯特丹欧盟峰会中，SGP 达成协议，以确保预算准则在合适的 EMU 成员国内的推行。SGP 强力推行超额赤字程序（适用于赤字超过 GDP3% 的国家）。引入了成员国和渴望加入的国家所要具备的资格，即每年向 ECOFIN 分别提交"稳定计划项目"和"趋同计划项目"
1998 年 5 月	欧盟理事会在 1999 年 1 月 1 日同意展开 EMU 的第三阶段活动，并宣布有 11 个国家达到采用单一货币的标准：比利时、德国、西班牙、法国、爱尔兰、意大利、卢森堡、荷兰、奥地利、葡萄牙和芬兰
1999 年 1 月 1 日	EMU 第三阶段的启动：向 11 个成员国发行单一货币欧元。但是，欧元只能作为虚拟货币
2001 年 1 月 1 日	遵照马斯特里赫特标准，希腊成为第 12 个加入欧元区的国家
2002 年 1 月 1 日	欧元钞票和硬币在 12 个欧元区成员国内流通
2005 年春	出于欧盟内倾向于周期性财政政策的考虑，修订了 SGP，并设定了以周期性调控平衡来描述的特定国家中期目标（MTOS）
2007 年 1 月 1 日	2007 年斯洛文尼亚成为第 13 个欧元区成员国
2008 年 1 月 1 日	塞浦路斯和马耳他分别成为第 14 个、第 15 个欧元区成员国
2009 年 1 月 1 日	欧元发行十周年，并且斯洛伐克成为第 16 个成员国

© European Union, 1995 – 2011, ec. europa. eu/economy – finance/emu10/timeline-en. polf (accessed May 2, 2011).

8.6 致谢

我们非常感谢罗尔·比森特玛（Roel Beestma）和安德烈·谢弗切特（Andrea Schaechter）所提出的宝贵意见和建议，同时也感谢凯提亚·陈（Katia Chen），艾丽卡·戴利洛维克（Alica Daelilovic）和帕特里夏·奎洛斯（Patricia Quiros）在不同档案资源中搜集计划。

第 9 章 结论

本书之逻辑起点基于以下前提,那就是,即使当前的环境可能较之过去不同,但从历史经验中仍能领会有益的财政调控计划之经验教训;并且,不论是成功抑或失败的案例,对其加以分析都是很重要的。政策制定者在制订和执行当前的计划过程中,可以收集成功与失误的关键因素,以避免重蹈前辈们的覆辙——也就是说,从既往决策者的视角出发,基于当时可获得信息的条件下,探寻在"当时的情况下"哪些决策是正确的,哪些则是错误的。同样,如果投资者和普通公众具备了评判以往那些财政调控计划的基本知识,对其成效有更好的理解,那么他们就可以更好地评判新推出的计划的成功几率。

过去数十年的经验显示,(财政调控)计划往往面临着相当大的风险,且在执行过程中也始终会遇到实施上的困难,这是基于针对 G7 国家的案例研究(本书第 1~7 章)以及针对欧洲经济体之大规模财政调控计划的跨国统计分析(本书第 8 章)而得出的结论。不可预期的经济增长滑坡,初始财政赤字的不断扩大,优先次序的不断变化,缺乏广大公众的支持,糟糕的计划设计,所有这些都是导致偏离财政调控计划的潜在可能因素。相反,在经济和政治状况有利的情况下,即使计划中的赤字和债务削减是高强度的,这些目标通常也会实现甚至超额完成。

实际上,本书自始至终都在传递这样一个信息:财政调控计划面临的风险是巨大的,这主要源于强烈的经济冲击。因此,调控计划的设计以及相应的支持性预算制度,在特征上需要具有充分的灵活性,以应对(至少是部分应对)巨大的冲击。同时,计划设计要尽可能地详尽,并保持中期财政调控目标的可信度。这一方面是技术方面的问题,我们在下面将会进一步探讨。但除技术问题之外,还有政治上的因素,因为应对危机的政策需要为普通民众所接受。这就要求政府不但要向民众有效地通报其战略,这些战略是基于对未来经济发展的一系列合理预测而提出的,而且让民众知晓政府如何应对不可预测的境况。民众对财政调控基本理论知识以及各种冲击应对措施的了解,将有助于调控目标的最终实现。

对于既往经验的回顾和评价也表明,某些冲击远较另外一些更为重要。的确,决定调控计划成功与否的最重要因素是经济增长。当(经济)增长好于预期时,收入也会高于预期,实现计划目标也就变得更加容易;反之,当(经济)增长低于预期时,收入的减缓常常导致财政调控的实际成效偏离其既定目标,并且增长的低迷也经常致使政府优先考虑财政刺激,而不是财政调控。在其他导致结果偏离计划的因素中，对于初始赤字的调整也是非常重要的：当起步状态较之最初的预计更加糟糕时，政府经常会发现，要实现财政平衡的目标，会比预想的更加困难。①

更为普遍的是，我们的研究结果显示，经济冲击远远超过政治因素之影响。事实上，尽管这并非我们考察的核心命题，但我们还是认为，政治变量——特别是政府内部的变动——与实现财政调控目标的几率之间，并没有直接的联系。实施其所承诺的财政调控计划，与政府是否失去权力之间，也没有多大关系。在案例分析中，我们发现，诸如政府或其下属机构的变动会对调控计划的实施构成风险之类的例子非常少见，并且政治因素（以诸如各政党在议会中所占比重来衡量）在解释计划目标的实现程度方面，仅具有限的功能。这并非是说政治不重要。恰恰相反，政治因素相当重要。然而，表面看来最具关联性的并非是政府在议会中的优势地位，而是广大民众对于调控计划必要性的了解程度、对于债务与赤字的削减及其采用手段的了解程度，以及公众所给予的支持程度。在某种意义上，这是一个具有积极效应的信息。这意味着，即使是政治上较为羸弱的政府，只要能够通过理性的辩论，成功地引导公众的意见，也能够实现调控计划。

9.1 核心发现：以往财政调控尝试中的成败得失

在前面几章中，我们借助更为具体的方法论和研究结果，对 G7 成员国逐一进行了个案研究；我们的分析专注于大规模财政调控计划的设计与实施问题（追踪事后结果与事前计划的比较，以及导致偏离的因素）。在这些国家中，如何选择事前强化（ex-ante consolidation）之特定措施的尝试，主要基于这样几个方面的考虑：计划调控的规模、正式公开的调控承诺、细节的规划以及中期视角。我们采用系统的跨国统计方式，基于欧盟国家在 1997—2007 年间的 3 年期"趋同"计划（convergence）或平稳和增长计划，针对案例研究进行了补充（最终涵盖了 66 项"大规模财政调控计划"，这些计划在 3 年期内使得政府总结余至少累计提升了 GDP 的 1%）。在此基础上，我们得到了 3 个方面的研究成果：（1）既定财政调控计划的原理及设计；（2）宏观因素的贯彻与施行程度；（3）实施过程中的政治和制度因素。

9.1.1 财政调控计划的原理及设计

在财政调控计划的基本原理、方案设计以及潜在的宏观经济假设方面，我们得出了新的结论。

---

① 我们在本书中研究的主要风险，尽管对于未来几年意义重大，但仍需注意的是，其他类型的风险或许也很重要，但我们的研究并没有涉及这些风险，因为我们主要关注的是 2008 年经济危机爆发之前的发达经济体（特别是最大的经济体）。事实上，在我们之前，一些同行（Cebotari 等，2009）也基于事前法与事后法的对比分析进行了研究，其研究涵盖了发达经济体和新兴经济体。从这些同行们的著述以及近来的危机所带来的经验教训中，我们得知，银行风险和汇率风险也应列入最重要的财政风险。

- **基本原理**

在 G7 经济体中，财政整顿计划背后的动机是逐步发展而来的。20 世纪 70 年代以及 80 年代初期的调控聚焦于削减财政赤字，以解决诸如通胀率上涨和经常账户赤字等宏观经济的不平衡问题（如法国、德国和英国）。自 20 世纪 80 年代以来，调控计划的潜在动机转向中期以及长期的财政可持续问题，这些计划经常用来回应高涨的公共债务。在我们考察的国家中，再融资（refinancing）已不再是关注的主要因素，但就其中的某些案例而言（如 20 世纪 90 年代的加拿大、加入欧盟过程中的意大利），针对周边国家的情况来提升利息成本（interest cost）与债务展期（spread）仍旧是具有激励意义的。在欧洲，财政调控努力的通常驱动力，主要是建立并运作欧洲货币联盟的进程，其主要依据是马斯特里赫特标准，稳定和增长公约以及超额赤字处置条款（the Excessive Deficit Procedure），将政策制定者与公众的注意力聚焦于财政调控目标。

- **财政调控的设想与构成**

大多数调控计划以财政支出的削减为核心，在我们分析的发达经济体中（特别是欧洲国家），这与其较为庞大的政府初始规模是相一致的。事实上，在我们基于欧盟 66 个大规模财政调控计划的跨国分析中，大多数计划的构想是，财政调控的一多半内容是由支出削减实现的（依据其占 GDP 的份额）。甚至差不多有 2/3 的调控计划设想要削减收入在 GDP 中所占的份额，这就要求在财政平衡中，支出削减的比率要超出总体财政调控计划的预期。其余 1/3 的调控计划规定，应提高收入占 GDP 的比重，但其中只有 10 项是以举措得当的税收政策为根基的。这引发了另一种大规模的以收入为基础的财政调控，这种调控计划被视为基于事后结果的预先研究。固然有那么一部分传统文献已经认定以往的财政调控计划中有大部分是"以收入为基础"的，然而，我们对事前计划的分析表明，尽管有几项调控结果证明是事后型的，但最初方案就设计成"以收入为基础"的调控计划并不多见。

- **宏观经济假设**

无论是在个案研究还是在跨国分析中，调控计划背后的宏观经济假设，几乎都与独立观察家的分析一致（例如《一致性预测》（Consensus Forecasts）和国际货币基金组织的《世界经济展望》）。换言之，经济增长中（以及其他宏观经济变量中）所出现的意外，在很大程度上不仅超出计划设计者的预料，也超出了所有观察家的预料。

9.1.2 计划实施情况及其背后的宏观经济因素

将我们对政策制定者之意图的研究结果，与实际发展状况的研究结果结合起来，就进一步揭示了计划实施情况的决定性因素，以及财政调控"成功"的确切内涵。

- **计划实施情况及计划的恢宏程度**

个案研究和跨国分析中，所涉及的计划实施情况是混合在一起的。基于欧盟的

66 个调控计划样本，在结构性的财政平衡中，所计划的年均余额为 GDP 的 1.7%（三年累计），而实际结果只有 0.9%。从积极的一面来看，实际上的计划实施并没有被其恢宏的规模所削弱：一般来说，调控计划的高预期与调控的高度实施是密切相关的，是一对一的关系。这一例证表明，"大计划"是可行的，因为与谨小慎微的计划相比较，气势恢宏的计划往往能产生更多的实际意义上的调控。

- **收入—支出的混合效应：基于结果与计划的对比**

在大多数的个案研究中，支出削减的目标实现情况，并未达到最初所设想的程度；相比之下，收入却常常比所预期的高出很多，部分原因是利好的周期性发展。我们在跨国分析中所得到的统计数字，验证了这些发现：计划原来设想的是，结构性基本开支的平均削减额度为 GDP 份额中的 1.8%，而实际的削减额度只达到0.3%。收入则呈现出相反的模式——实际收入的增长超出了计划所预期的 1%（收入在潜在 GDP 中所占的份额）。收入的这种超预期表现，或者源自于收入措施的引入（经常是暂时性的）。这些措施用来化解在实施支出削减计划中所出现的难题（参见 20 世纪 90 年代法国和意大利的案例）。这种超常表现抑或源自其他一些暂时性因素，如异常强势的资本市场状况，而标准型的周期性调控手段，则很难预测出这种市场状况。以往，有人对基于事前数据所进行的大规模财政调控进行了专门研究；如若我们要与那些既往的研究做一番有趣的辩驳，那么这些发现就会使我们对收入型财政调控的持久度有一个良好的认识。实际上，如果政策制定者真正打算启用收入型财政调控，并将其作为改革的根本，那么这种收入型财政调控之持久度大大提高的可能性，会比所推断的要高得多，尤其是当这种推断是基于既往经验所得出的。那些既往经验中，并没有将收入增长纳入计划（正如传统文献所显示的那样）。事实已经证明，那些没有把收入增长纳入计划的财政调控，是极为短命的。

- **经济增长的作用**

经济增长对最初预期的偏离程度，是决定计划中硬性目标实现状况的关键性因素。有好几项调控计划（如 70 年代的德国，90 年代后期到 20 世纪初的日本）因为遭遇了意外的经济滑坡而失去了控制。有时候，这种失控在经济滑坡之初就发生了。低增长对周期性收入有直接的副作用（而且会在较小程度上导致一些支出项目的增加），从而导致了最重要的财政平衡的恶化（未根据周期调整）。此外，低增长间接地影响了管理当局对稳定财政还是刺激财政的倾向。反过来，一些计划的成功得益于高于预期的增长和资产价格的提高。在某些个案中，当高增长伴随着股票市场的暴涨和房价急升，收入的增长更是远远超出预期（如美国 90 年代中后期成功的财政调控）。在跨国分析中，比所预期的高出一个百分点的增长，就意味着在基本财政平衡中 GDP 平均提高了 0.5 个百分点。

- **结构性改革**

个案研究表明，如果财政调控计划被实施于结构改革之中，那么这些计划更有可能实现其目标。这一点在以下几个例证中是显而易见的：20 世纪 80 年代的德国和21世纪初的德国，当时都在进行着社会福利制度的结构性改革；在英国80年代的"劳森调控"中，对支出的扼制成为当时的首相撒切尔夫人重新界定国家作用的一项措施；在90年代的加拿大，对支出进行全面评估，以此来表达对重塑国家地位的支持。相比之下，在同一国家，那些规避改革的财政调控计划却没能实现自己的目标。同样，在日本，财政调控计划的目标没能得以实现；本来这些计划设想了收入增长，但其背后的具体措施没有得到明细化，因而最终也没有实施。

9.1.3　财政部门与政治因素

我们的研究结果也涉及对财政调控有利的财政部门和政治因素的方方面面。

1. 财政部门的特征

财政部门从好几个方面影响着财政调控计划的实施程度：

■　对财政结算额的监督以及数据调整的政策应对。在这些方面的欠缺是一个重要因素，尤其是在意大利，大部分实际余额对于计划的偏离，反映了对初始赤字的上调，并且随后的中期计划不能对这些调整予以弥补。在跨国分析中，如果在计划拟订之时发现初始财政结余比估计的要好的话，则3年后财政结余的结果相对于计划并没有什么改变；然而，如果在计划拟订之时，初始财政结余被做了调整，比如说，比原来估计的下调一个GDP百分点，那么3年后赤字就会多0.5个GDP百分点；如果不做如此调整的话，就不会有此种情况发生。

■　设定中期限制。虽然中期计划的有无是选择个案研究的标准之一，但是这些中期计划所包含的对支出限制的设定程度各不相同。随着时间的推移，中期限制的设定也日渐合法化，对支出目标的实际执行也随之得到改善。这种模式在美国、法国以及英国表现得非常明显（在美国，在利好的增长和资产价格提升的环境下，对任意支出的限制使财政平衡得以较为快速的改善）。

■　应急储备。一些计划有效地运用应急储备来构建妥善应对有害冲击的空间，加快了调控速度；在严峻的冲击没有发生之时，应急储备还可以为减缓纳税负担创造回旋空间。在英国，应急储备在财政调控目标的实现中起到了一定的作用，在加拿大也是如此，不过起到的作用稍有逊色。

■　在各级政府之间的协调。虽然大多数调控计划最初是为中央政府设计的，但也有一些计划因规模的缩减而被转交给地方政府或者其他一些公共机构。那些机构对相应的财政整顿计划的分担程度极为重要，这些决定着中央政府或地方政府财政平衡是得以改善（如在加拿大），还是遭遇重重挑战（如法国和英国）。

■　财政制度。跨国统计性分析发现了一些初始证据，这些证据表明国家财政制度的强化程度（用现行指数衡量）与（财政调控）目标实现程度之间，呈正态性关系。

2. 政治因素

如前文所言，跨国分析显示了有关政治因素作用的信息是含混的：在某种程度上，议会中党派之争越小，政治稳定性越强，计划实施的情况就越好；然而，恢宏计划的实施与政府中的频繁变动并没有什么关系。这种由政府变动及其他政治因素所起作用的有限性是一个重大发现。其他研究者运用传统的基于事后的方法也得到类似的结论。① 然而，有一个问题挥之不去，即这些研究者的结论是否会被事前方法所推翻，这种方法不仅包含在成功的财政调控计划样本之中（政府依然大权在握），也存在于因公众的抵制而受挫的财政调控计划样本之中（公众的抵制常常导致政府中的变动）。我们发现，事态的结果表明，那些对失败的调控企图与垮台的政府有关联的担忧，似乎并没有得到相关数据的有效证实。

3. 公众对财政调控的支持

在个案研究中，公众支持的重要性是显而易见的。例如，在加拿大，20 世纪90 年代中期财政整顿计划之前的民意调查显示，公众广泛支持削减公共债务。当局对此加以利用，设置了一项信息公开策略，以便加强对其调控计划的支持。在德国，20 世纪 80 年代的经济政策制定范式的大调整（与积极的短期需求管理相对）和 21 世纪的左派改革，均得到了广大民众的广泛支持，这有助于财政调控的持续。

9.2　计划性调控的寓意

如果妥善利用这些发现的话，那些它们会为未来几年（和几十年）财政调控计划的设计和实施，提供什么样的经验呢？②

9.2.1　政策如何应对冲击，应详加说明

目前的财政调控计划并未充分阐明其所设想的政策如何应对冲击。如前所述，冲击，特别是对经济增长的冲击，经常使财政调控偏离其既定轨道。事实上，如今对未来宏观经济发展的不确定性，比过去那些财政调控尝试性计划刚起步时很可能更为严重。因此，计划需要包含清晰明了的冲击应对机制，计划在留有灵活性的同时，还要保持中期整顿目标的可信度。以下是有益的机制范例：

■ 多年期支出限制。为了确保财政整顿顺利进行，计划应该对支出项目设定限额，并加以详尽的界定，并且这些计划最好取得政府和议会的双重支持。上限可排除那些周期性支出项目（如失业津贴）或者非任意性项目（如付息）。也就是说，计划应针对非周期性项目设置中期路径，同时允许收入和其他周期性项目与其周期运行相呼应。只要这些项目是周期性的，不管其发展周期有多长，都不会对中期调控目标构成威胁。

■ 周期性调控目标能运用自动稳定器应对周期性波动。为了确保可信度，周

① 关于最近的详细统计分析，参见 Alesina, Carloni 及 Lecce（2010）。在一份较旧但依然有力的个案研究分析中，Boltho（1992）指出，在好几个欧洲国家，少数派、联合政府以及频繁变动的政府，之所以能够降低负债率和财政赤字，还要归因于民众对财政调控的广泛支持。
② 关于 G20 成员国和其他一些发达经济体所制定的 2011 年及后续之财政调控计划的信息，是由 Bornhorst 等（2010）提供的。

期性财政变量的调节方法，应服从外部监管。

■ 现实而审慎的宏观经济假设会降低错失财政目标的风险。与独立观察家的评论相比，有些假设是比较保守的。然而，在不确定性极高的环境中，要用这些保守的假设来设置一个"审慎缓冲地带"，事实会证明这样做是合情合理的。但是，为了不降低计划的可信度，还是少用那些保守的假设。我们的研究结论显示，在调查过的样本中，政府计划中使用的宏观假设，并不比独立观察家的预测更为乐观。这一点始终没有得到我们所调查样本国家的关注。[①] 然而，当经济预测受限于更加异乎寻常的不确定性时，这可能会极为重要。

9.2.2　监管与问责

可靠且及时的信息获取对于计划的设计与实施更为有利。事实上，可以根据公共财政初始状态的信息完整性及准确性，来设置合理的财政目标以及达到目标所要采取的措施。对初始状态的任何变化，都应该对调控路径进行微调，同时还要设法保证中期目标的实现。更确切地说，如果上调初始赤字，那么明智的做法应是允许近期的赤字对原定目标有所偏离，但随后要尽快改进财政平衡，以便紧紧盯住既定的中期目标。如果下调初始赤字（财政平衡比最初估计的要好），那么恰当的做法应是对整个的财政平衡路径进行逐一调整，以便提前实现原来设定的中期目标。中期调控计划一旦设计完成并予以公布，财政部门及其同级监管程序，要对目标与实现目标所采用的措施之间是否一致，加以证实并批准生效，而且还要对计划的实施加强问责。[②]

9.2.3　财政调控的构成

收入—支出混合型的财政整顿计划，需要反映具体国别的社会偏好及结构性财政特征。进一步说，正如既往的财政调控计划所表现的那样，在许多发达的经济体，特别是在欧洲，为限制支出而制定了诸多措施，而对这些措施的依赖，大体要和具体的国情相一致。话又说回来，鉴于未来几年里需要大规模调控，极为可能的情形是，有好几个发达经济体也需要在它们各自的调控计划中，加入一些提高收入的措施，用以稳定其负债率，并逐渐把负债率降低到更为稳健的水平。从既往计划（这些计划中，收入增加部分地弥补了支出的超额）实施情况的经验来看，以下措施是可取的：（1）加强监管，并提升制度性机制，来确保恪守支出上限；（2）在收入方面预先安排一些高效率的附加措施和改革举措，一旦支出超额，就可以充分加以利用。

---

① 事实上，前面几章的分析已表明，核查政府对宏观经济预报的实际意义，似乎并非是向独立财政政策委员会优先提议的重要动机。然而，这种核查对其他行动则很有价值，比如说，确认政府对财政政策新举措所起作用的估计是否有效。

② 例如，欧盟最近推出了"欧洲半年期"（每年有为期六个月的时间。在这一段时间内，对成员国的政策进行复审，目的是甄别所有的不一致性和新出现的不平衡），这是期望在重大的预算决策尚未出台之前，能加强协调与合作。正如前面所证明的那样，这是整个进程中更为深入的一步，借此，欧盟相关机构正大力谋求对成员国财政调控的激发和培养。

9.2.4 结构性改革

正如既往经验所示，进行结构性改革需要强化大型财政调控计划的成功实施。不管是削减支出还是提高收入，如果都是以深思熟虑的改革举措为基础，那么二者就极有可能长久保持下去。未来几年里，这些改革需要采行以下的措施：果断处置产生支出压力的最为棘手的、根源性的因素——那些来自养老金，特别是健康补贴等方面的压力。在很多国家，其他一些相关性改革还包括公共管理和社会福利制度等方面。在我们的个案研究中，有一些比较成功的调控计划，在公共管理和社会福利制度改革方面曾取得了意义重大的收获。

9.2.5 加强公众支持

如前所述，与在议会的优势地位相比，公众的支持反而是财政调控成功与否的关键性决定因素。因此，先期经验中的优先举措就是加强公众支持。这一举措可以通过政策制定者、机构中的独立观察家、智囊团以及学术团体等发起的信息交流活动来加以实现。这些活动的目标是：使公众了解需要解决的财政难题的严重性，以及解决这些难题的理论依据；向公众解释这些理论依据可以通过改革来得以应用和实现，而不会使纳税人的负担过重，也不会过分地削减所必需的公用设施。

参考文献

Alesina, Alberto, and Silvia Ardagna. 1995. "Tales of Fiscal Adjustment," *Economic Policy* (Vol. 13, No. 27), pp. 489–545.

Alesina, Alberto, and Silvia Ardagna. 2009. "Large Changes in Fiscal Policy: Taxes Versus Spending," *NBER* Working Paper 15439.

Alesina, Alberto, and Roberto Perotti. 1998. "Fiscal Expansions and Adjustments in OECD Countries," *Economic Policy*.

Alesina, Alberto, Dorian Carloni, and Giampaolo lecce. 2010. "The Electoral Consequences of Large Fiscal Adjustments," *Hanvard university*, unpublished.

Amato, Giulano. 1990. *Due anni al Tesoro*, Bologna, I1 Mulino.

Auerbach, Alan J. November 1, 1999. "U. S. Fiscal Piscal Policy in a (Brief?) Era of Surpluses." Paper prepared for a panel discussion sponsored by the Center for Japan-U. S. Business and Economic Studies, NYU Stern School of Business.

Auerbach, Alan J. March 27 – 28, 2003. "Fiscal Policy, Past and Present." Paper prepared for the Brookings Panel on Economic Activity.

Auerbach, Alan J. June 2004, revised March 2005, "American Fiscal Policy in the Post War Era: An Interpretative History." Paper presented at the federal Reserve Bank or Boston's conference on "the Macroeconomics of Fiscal Policy."

Auerbach, Alan J., Jason Furman, and William G. Gale. 2008. "Facing the Music: The Fiscal Outlook at the End of the Bush Administration." Mimeo.

Auerbach, Alan J. January 2009. "U. S. Experience with Fedral Budget Rules." *CESifo Dice Report*.

Ayuso-i-Casals, Joaquim, Diana Gonzalez Hernández, Laurent Moulin, and Alessandro Turrini. April 3–5, 2007. "Beyond the SGP: Features and Effects of EU National-level Fiscal Rules," *Fiscal Sustainability*; *Analyitcal Developments and Emerging policy Issues*, Proceedings of the 9th Banca d'Italia Workshop on Fiscal Policy, Perugia. www. bancaditalia. it/studiricerche/convegni/atti/fiscal-sustainability.

Balassone, Fabrizio, G. Cesaroni, G. Gisci, B. Mazzotta, F. Mocavini, and D. Monacelli. July 2008. "Fiscal Consolidation in an Evolving Institutional" Framework: The Italian Experience, paper prepared for the Ministry of Economy and Finance (General Accounting Department) conference on *Budget Discipline and*

Public Sector Efficiency, Rome. http: //www. rgs. , ef. gov. it/_ Documenti/ VERSIONE-I/RGS-comuni/Eventi/WORKSHOP-2/completo_ 080798_ ENG. pdf.

Balassone, Fabrizio, Daniele Franco, Sandro Momigliano, and Daniela Monacelli. March 21–23, 2002. "Italy: Fiscal Consolidation and Its Legacy," *The Impact of Fiscal Policy*, Proceedings of the 4th Banca d'Italia Workshop on Fiscal Policy, Perugia.

Balassone, Fabrizio, Daniele Franco, and Stefania Zotteri. 2006. " EMU Fiscal Indicators: A Misleading Compass?" *Empirica* (No. 33), pp. 63–87.

Balassone, Fabrizio, Daniele Franco, and Stefania Zotteri. June 2006. "The Reliability of EMU Fiscal Indicators: Risks and Safeguards," Temi di Discussione, Banca d'Italia (No. 633).

Baldacci, Emanuele, Benedict Clements, Sanjeev Gupta, and Carlos Mulas-Granados. November 2006. "The Phasing of Fiscal Adjustments: What Works in Emerging Market Economies?" *Review of Development Economics*, Blackwell publishing (Vol. 10, N. 4), pp. 612–631.

Baldacci, Emanuele, Benedict Clements, Sanjeev Gupta, and Erwin R. Tiongson. 2005. "What Sustains Fiscal Consolidations in Emerging Market Countries?" *International Journal of Finance and Economics* (Vol. 10), pp. 307–21.

Barro, Robert J. 1979. "On the Determination of Public Debt," *Journal of Political Economy* (Vol. 87, No. 5), pp. 940–971.

Beetsma, Roel and Massimo Giuliodori. 2008. " Fiscal Adjustment to Cyclical Developments in the OECD: An Empirical Analysis Based on Real-Time Data" CEPR Discussion Paper (6692), London, United Kingdom.

Beetsma, Roel, Massimo Giuliodori, and Peter Wierts. 2009. "Planning to Cheat: EU Fiscal Policy in Real Time," *Economic Policy* (Vol. 24, No. 60), pp. 753–804.

Berglund, Per Gunnar and Matias Vernengo. November/December 2004. "A Debate on the Deficit," *Cballenge*, pp. 1–42.

Bladen-Hovell, Robin. 1996. "Fiscal Policy and the Budget," in Artis, Michael J. (ed.), *The U. K. Economy*, London: Oxford University Press.

Bohn, Henning. 1998. "The Behavior of U. S. Public Debt and Deficits," *Quarterly Journal of Economics* (Vol. 113, No. 3).

Boltho, Andrea. 1992. "Disavanzo pubblico e strategie di rientro in alcuni paesi europei," in "Il disavanzo pubblico in Italia," Part II, Ente Luigi Einaudi, Il Mulino, Bologna, Italy.

Bornhorst, Fabian, Nina Budina, Giovanni Callegari, Asmaa A. El-Ganaiany, Raquel Gomez Sirera, Andrea Lemgruber, Andrea Schaechter, and Joong B. Shin. 2010.

"A Status Update on Fiscal Exit Strategies," IMF Working Paper (No. 10/272).

Bourgon, Jocelyne. 2009. "Program Review: The Government of Canada's Experience Elimination the Deficit, 1994-1999: A Canadian Case Study," The Centre for International Governance Innovation.

Bouthevillain, Carine, Philippine Cour-Thimann, Gerrit van den Dool, Pablo Hernandez de Cos, Geert Langenus, Matthias Mohr, Sandro Momigliano, and Mika Tujula. September 2001. "Cyclically-Adjusted Budget Balances: An Alternative Approach," European Central Bank, Working paper (No. 77).

Buchanan, James M. and Richard E. Wagner. (1977). *Democracy in Deficit*. Academic Press, New York.

Buettner, Thiess and Bjoern Kauder. 2010. "Revenue Forecastion Practices: Differences across Countries and Consequences for Forecastion Performance," *Fiscal Studies* (Vol. 31, No. 3).

Cabinet Office, Japan, various issues, *Medium-Term Macroeconomic and Fiscal Projections*.

Calmfors, Lars. March 18–19, 2010. "The Swedish Fiscal Policy Council-Experiences and Lessons," Paper Prepared for the Conference on Independent Fiscal Policy Institutions, Budapest.

Cebotari, Aliona, Jeffrey M. Davis, Lusine Lusinyan, Amine Mati, Paolo Mauro, Murray Petrie, and Ricardo Velloso. 2009. "Fiscal Risks: Sources, Disclosure, and Management," IMF Fiscal Affairs Department, Depart-mental Paper No. 09/01.

Champsaur, Paul and Jean-Philippe Cotis. 2010. "Rapport sur la situation des finances publiques," report available at: lesrapports. ladocumentation francaies. fr/BRP/104000234/0000. pdf.

Cimadomo, Jacopo. 2008. "Fiscal Policy in Real Time," European Central Bank Working Paper No. 919, Frankfurt, Germany.

Commission des finances du sénat. July 6, 2010. "Rapport d'information sur le débat d'orientation des finances publi1ues pour 2011."

Congressional Budget Office. May 2008. *Sources of the Growth and Decline in Individual Income Tax Revenues since* 1994. Washington, D. C.

Cottarelli, Carlo and Andrea Schaechter. September 1, 2010. "Long Term Trends in Public Finances in the G-7 Economies," IMF Staff Position Note.

Courchene, Thomas, J. 1997. "The International Dimension of Macro-economic Policies in Canada." In *Macroeconomics Policy in Open Economies*, eds. M. U. Fratianni, D. Salvatore and J. von Hagen. Westport, Connecticut: Greenwood Press, pp. 495–537.

Courchene, Thomas, J. 2005. "Balanced Budgets: A Canadian Fiscal Value." Paper prepared for the International Conference: *The Long-Term Budget Challenge: Public Finance and Fiscal Sustainability in the G7.*

Crescenzi, Antonella (ed.). 2007. I Documenti di Programmazione. Rome, LUISS University Press.

Debrun, Xavier, David Hauner, and Manmohan Kumar. 2007. "Discretion, Institutions and Fiscal Discipline," in Manmohan Kumar and Teresa Ter-Minassian (eds.) *Promoting Fiscal Discipline*, International Monetary Fund, Washington, D. C.

Degni, Marcello, Nicoletta Emiliani, Francesca Gasualdi, Giancarlo. Salvemini, and Claudio Virno. 2001. *Il Riequilibrio della Finanza Pubblica negli anni Novanta*, Studi e Note di Economia, Quaderni, No. 7.

Economic Report of the President. Various issues. Washington, D. C.

European Commission. September 2005. "New and Updated Budgetary Sensitivities for the EU Budgetary Surveillance," Information Note for the Economic and Policy Committee, DG ECFIN.

European Commission. 2007. "How to Stick to Medium-Term Budgetary Plans," Part III of "Public Finances in EMU 207," *European Economy* No. 3/2007, DG ECFIN, pp. 149–192.

European Commission. September 29, 2010. *Strengthening Economic Governance in the EU: Proposals for Council Regulations.*

Fedelino, Annalisa, Mark Horton, Anna Ivanova. 2009. "Computing Cyclically-Adjusted Balances and Automatic Stabilizers." IMF Technical Notes and Manuals 09/05, Fiscal Affairs Department.

Francese, Maura and Angelo Pace. 2008. "Italian Public Debt since National Unification: A Reconstruction of the Time Series," *Questioni di economia e finanza* (occasional papers) 31, Banca d'Italia.

Franco, Daniele. 1993. *L'espansione della speas pubblica in Italia*, Il Mulino, Blolgna.

Frankel, Jeffrey and Peter Orzsag. 2002. "Retrospective of American Economic Policy in the 1990s." In Frankel and Orzsagl (eds.), *American Economic Policy in the 1990s.* MIT Press.

Giavazzi, Francesco. Tullio Jappelli, and Marco Pagano. 2000. "Searching for Non-Linear Effects of Fiscal Policy: Evidence from Industrial and Developing Countries," *European Economic Review* (Vol. 44), pp. 1259–89.

Giavazzi, Francesco and Luigi Spaventa. (eds.) 1988. *High Public Debt: The Italian Experience*, Cambridge University Press, Cambridge, England, U. K.

Girouard. Nathalie, and Christophe André. 2005. "Measuring Cyclically-Adjusted Budget Balances for OECD Countries," OECD Working Paper No. 434, Economics

Department.

Government of Japan. June 2002. "Basic Policies for Macroeconomic Management. "

Government of Japan. 2002. "Structural Reform and Medium-Term Economic and Fiscal Perspectives," and its revisions made in subsequent years (from 2003 to 2006) .

Government of Japan. July 2006. "Basic Policies for Macroeconomic Management. "

Government of Japan. 2007. "Direction and Strategy for the Japanese Economy," and its revisions made in 2008.

Greenspan, Alan. April 27, 2001. "The Paydown of Federal Debt. " Remaks before the Bond Market Association.

Gupta, Sanjeev, Emanuele Baldacci, Benedict Clements, and Erwin R. Tiongson. 2005. "What Sustains Fiscal Consolidations in Emerging Market Countries?" *International Journal of Finance and Economics* (Vol. 10), pp. 307–21.

Hahm, Sung Deuk, Mark S. Kamlet, David C. Mowery, and Tsai-Tsu Su. 1992. "The Influence of Gramm-Rudman-Hollings Act Federal Budgetary Outcomes, 1986–89," *Journal of policy Analysis and Management* (Vol. 11, No. 2), pp. 207–234.

Iakova, Dora and Takuo. Komori. 2004. "Reform of Local Government Finances in Japan," Japan, selected issues, IMF.

Inspection Générale des Finances. April 2007. "Rapport sur la gestion pluriannuelle des finances. "

International Monetary Fund. 2010a. "Will It Hurt? Macroeconomic Effects of Fiscal Consolidation," *World Economic Outlook*, Chapter 3, October. International Monetary Fund. 2010b. *Fiscal Monitor*. November. Washington, D. C.

Jounung, Lars and Martin Larch. 2006. "Improving Fiscal Policy in the E. U: The Case for Independent Forecasts," *Economic Policy* (Vol. 21, No. 47), pp. 491–534.

Jonung, Lars and Martin Larch. 2004. "Improving Fiscal Policy in the EU: The Case for Independent Forecasts," European Commission Economic Paper No. 210. DG ECFIN.

Keith, Robert. March 2004. *Budget Sequesters: A Brief Review*. Congressional Research Service Report for Congress.

Koen, Vincent and Paul van den Noord. 2005. "Fiscal Gimmickry in Europe: One-off Measures and Creative Accounting," OECD, Working Paper No. 417, Paris.

Kroszner, Randall S. 2003. "Is it Better to Forgive Than to Receive? An Empirical Analysis of the Impact of Debt Repudiation," University of Chicago Graduate School of Business.

Leidy, Michael. September 1998. "A Postmortem on the Achievement of Federal Fiscal Balance," IMF Staff Country Report No. 98/105.

Ljungman, Göesta. 2008. "Expenditure Ceilings: A Survey," IMF Working Paper

08/282.

Marino, Maria Rosaria, Sandro Momigliano, and Pietro Rizza. 2008. "A Structural Analysis of Italy's Fiscal Policies after Joining the Monetary Union: Are We Learning from Our Past?" *Public Finance and Management* (Vol. 8, No. 3), pp. 451–501.

Martin, Paul. 1996. "The Canadian Experience in Reducing Budget Deficits and Debt," *Federal Reserve Bank of Kansas City Economic Review*.

Martin, Paul. 2008. *Come Hell or High Water: My Life In and Out of Politics*. Mccleland & Stewart.

Martin, Paul. 2010. "Improvement in a Cold Climate," keynote speech for the Guardian Public Services Summit.

Masson, Paul and Michael Mussa. 1995. "Long-Term Tendencies in Budget Deficits and Debt." In *Budget Deficits and Debt: Issues and Options*, proceedings from a Symposium sponsored by the Federal Reserve Bank of Kansas City, Jackson Hole, Wyoming.

Mendoza, Enrique G. and Jonathan D. Ostry. 2008. "International Evidence on Fiscal Solvency: Is Fiscal Policy 'Responsible'?" *Journal of Monetary Economics*.

Milesi-Ferretti, Gian Maria. 2003. "Good, Bad or Ugly: On the Effects of Fiscal Rules with Creative Accounting," *Journal of Public Economics* (No. 88), pp. 377–94.

Milesi-Ferretti, Gian Maria, and Kenji Moriyama. March 21 – 23, 2004. "Fiscal Adjustment in EU Countries: A Balance Sheet Approach," in Public Debt, proceedings of the 6th Banca d'Italia Workshop on Fiscal Policy, Perugia.

Ministry of Finance, Japan. 1998. *Medium-Term Fiscal Projections*.

Miyazaki, Masato. 2006. "Framework for Fiscal Consolidation: Successes and Failures in Japan," *OECD Journal on Budgeting* (Vol. 6, No. 4).

Momigliano, Sandro and Pietro Rizza. 2007. "Temporary Measures in Italy: Buying or Losing Time?" in Magyar Nemzeti Bank (ed.), *Temporary Measures and Off-budget Activities*.

Moulin, Laurent. March 12, 2004. "Expenditure rules à la française: An assessment after five years," ECFIN country focus, Volume 1, No. 5.

Moulin, Laurent and Peter Wierts. 2006. "How Credible Are Multiannual Budgetary Plans in the EU?," proceedings of the Banca d'Italia work-shop on fiscal indicators, March 30 to April 1.

Mühleisen, Martin. 20024. "Overview: Returning Deficits and the Need for Fiscal Reforms." In Martin Mühleisen and Christopher Towe (eds.), U. S. Fiscal Policies and Priorities for Long-Run Sustainability. IMF Occasional Paer 227, Washington, D. C.

Nelson, Edward and Kalin Nikolav. 2001. "U. K. Inflation in the 1970s and 1980s: The

Role of Output Gap Mismeasurement," Working Paper No. 148. London: The Bank of England.

Orszag, Peter. July 25, 2007. *Issues in Reinstating a Statutory Pay-As-You-Go Requirement.* Statement before the Committee on the Budget, U. S. House of Representatives.

Reinhart, Carmen M. and Kenneth Rogoff. 2010. *This Time Is Different: Eight Centuries of Financial Folly.* Princeton Uniersity Press.

Reischauer, Robert D. 1990. "Taxes and Spending under Gramm-Rudman-Hollings," *National Tax Journal* (Vol. 43, No. 3, September).

Rubin, Robert and Jacob Weisberg. 2008. *In an Uncertain World.* Random House.

Salvemini, Giancarlo (ed.). 2003. "I guardiani del bulancio: Una norma importante ma di difficile applicazione" l'articolo 81 della Costituzione, Venice, Marsilio.

Sancak, Cemile, Ricardo Velloso, and Jing Xing, 2010. "Tax Revenue Response to the Business Cycle," IMF Working Paper, WP/10/71.

Sartor, Nicola (ed.). 1998. "Il risanamento mancato. La politica di bilancio italiana: 1986–1990." Rome, Carocci.

Spaventa, Luigi and Vincenzo Chiaorazzo. 2000. "Astuzia o virtù? Come accadde che l'Italia fu ammessa all'Unione Monetaria," Donzelli Editore.

Strauch, Rolf, Mark Hallerberg, and Jürgen von Hagen. 2004. "Budgetary Forecasts in Europe: The Track Record of Stability and Convergence Programmes," European Central Bank Working Paper No. 307 (February). Also available as Economic Working Paper E2004/42, Centro de Estudios Andaluces, Sevilla, Sain.

Summers, Larry. October 1986. *Debt Problems and Macroeconomic Policies.* NBEF Working Paper NO. 2061. National Bureau of Economic Research, Massachusetts.

Tanaka, Hideaki. 2003. "Fiscal Consolidation and Medium-term Fiscal Planning in Japan," *OECD Journal on Budgeting* (Vol. 3, No. 2).

Tsibouris, George C., Mark A. Horton, Mark J. Flanagan, and Wojciech S. Maliszweski. 2006. "Experience with Large Fiscal Adjustments," IMF Occasional Paper 246.

United Kingdom Economics and Finance Ministry. 1997. *Fiscal Policy: Lessons from the Last Economic Cycle.* Lodon: Her Majesty's Treasury.

Van den Noord, Paul. 2002. "Managing Public Expenditure: The U. K. Approach," OECD Economics Department Working Paper No. 341. Paris: Organization for Economic Cooperation and Development.

Van Rompuy. 2010. "Strengthening Economic Governance in the EU: Report of the Task Force to the European Council. www. consilium. europa. eu/uedocs/cms_ data/docs/ pressdata/en/ec/117236. pdf.

Von Hagen, Jürgen, Andrew H. Hallett, and Rolf Strauch. 2001. "Budgetary Consolidation in the EMU," *EC Economic Papers*.

Von Hagen, Jürgen. 2010. "Sticking to Fiscal Plans: The Role of Institutions," *ublic Choice* (144), pp. 487–503.

Von Hagen, Jürgen and Guntram. B. Wolff. 2004. "What Do ZDeficits Tell Us about Debt? Empirical Evidence on Creative Accounting with Fiscal Rules in the EU," Discussion Paper No. 38, Deutsche Bundesbank.

译后记

本书由南开大学经济学院马蔡琛教授、天津财经大学人文学院张慧芳副教授和天津外国语大学赵立丹讲师共同翻译完成。由马蔡琛通读全书、修改审校并定稿。

在早期翻译过程中，南开大学经济学院的张莉、牛万春、尚妍、孟久儿、李宛姝、谢德金、吴晓忠、刘辰涵、郑改改、毕晨琛、赵灿、李田、张铁玲、郭小瑞、谭萱、文珊珊等同学承担了部分初稿的翻译工作。张莉同学协助进行了全书图表的扫描整理。在此一并致谢！

在翻译过程中，美国芝加哥伊利诺伊大学陈立齐教授对于部分关键性术语的译法提供了支持和帮助，东北财经大学出版社的编辑为本书版权的引进和出版做了大量工作，在此一并向他们表示感谢！

"付梓即为千古事"，尽管我们竭尽全力以求准确无误，尽可能表达出作者的原意，但因时间紧迫，水平所限，定有不尽如人意之处，望读者朋友们批评和指正。

马蔡琛
2013 年 6 月于南开园